COMO VENDER QUALQUER COISA A QUALQUER UM

COMO VENDER QUALQUER COISA A QUALQUER UM

JOE GIRARD

com

Stanley H. Brown

Edição revista e atualizada

14ª edição

Tradução
Francisco Manuel da Rocha Filho

BestSeller

Rio de Janeiro | 2023

CIP-Brasil. Catalogação-na-fonte
Sindicato Nacional dos Editores de Livros, RJ

G434c Girard, Joe
14ª ed. Como vender qualquer coisa a qualquer um / Joe Girard com Stanley H. Brown; tradução Francisco Manuel da Rocha. – 14ª ed. – Rio de Janeiro: Best*Seller*, 2023.

Tradução de: How to sell anything to anybody

ISBN 978-85-7684-192-0

1. Vendedores. 2. Vendas. I. Brown, Stanley H. II. Título.

CDD – 658.85
07-1665. CDU – 658.85

Título original norte-americano
HOW TO SELL ANYTHING TO ANYBODY

Publicado no Brasil inicialmente pela
Distribuidora Record de Serviços de Imprensa S.A.

Capa: Sense Design
Diagramação de miolo: ô de casa

Impresso no Brasil

ISBN 978-85-7684-192-0

COMO VENDER QUALQUER COISA A QUALQUER UM

JOE GIRARD
com
Stanley H. Brown

Edição revista e atualizada

14ª edição

Tradução
Francisco Manuel da Rocha Filho

BestSeller

Rio de Janeiro | 2023

CIP-Brasil. Catalogação-na-fonte
Sindicato Nacional dos Editores de Livros, RJ

G434c
14ª ed.

Girard, Joe
Como vender qualquer coisa a qualquer um / Joe Girard com Stanley H. Brown; tradução Francisco Manuel da Rocha. – 14ª ed. – Rio de Janeiro: Best*Seller*, 2023.

Tradução de: How to sell anything to anybody

ISBN 978-85-7684-192-0

1. Vendedores. 2. Vendas. I. Brown, Stanley H. II. Título.

07-1665.

CDD – 658.85
CDU – 658.85

Publicado no Brasil inicialmente pela
Distribuidora Record de Serviços de Imprensa S.A.

Capa: Sense Design
Diagramação de miolo: ô de casa

Impresso no Brasil

ISBN 978-85-7684-192-0

Para a minha santa mãe no céu,
pelo amor que salvou minha vida
e me ajudou a crer
que eu era um ser humano de valor.

SUMÁRIO

1

Introdução

Se você está com este livro em mãos, significa que acha que ele pode ajudá-lo a obter mais de seu trabalho – mais dinheiro e maior satisfação pessoal. Provavelmente, este não é o primeiro livro sobre a arte de vender que você terá lido. É quase certo que já tenha visto e lido muitos outros, todos contendo a promessa de lhe fornecer "segredos", mágica ou inspiração sobre o tema. Possivelmente, você já sabe o bastante acerca de como obter estímulo olhando-se no espelho todas as manhãs e repetindo algumas frases a si mesmo. Já conhece os mistérios da "PMLA" e "HPD" e algumas outras expressões de poder mágico e forjadoras de atitudes. Sabe o suficiente sobre o que deve ou não pensar: os aspectos positivos e os negativos. E talvez sinta-se um pouco confuso com todas as sugestões contraditórias que lhe ofereceram os outros livros.

Não desejo tirar o lugar dos promotores de vendas, dos experts e de outras pessoas bem-intencionadas que se empenham em escrever livros sobre o assunto. Eles também têm de ganhar a vida.

Mas vamos encarar os fatos. O que você deseja saber é como vender, de imediato, produtos e serviços concretos. E a maioria desses autores nunca vendeu muito em suas vidas, exceto os próprios livros. Podem ser escritores por profissão ou especialistas no treinamento de profissionais de vendas. Alguns podem até ter passado algumas semanas ou meses vendendo algo até descobrirem outra coisa mais condizente com suas aptidões pessoais. E, talvez, algum tenha conquistado um bom padrão de vida vendendo uma propriedade imobiliária de muitos milhões de dólares em expansão a cada dois anos, o que nada tem a ver com o tipo de venda que você já realiza e deseja aperfeiçoar.

Este é o ponto principal: eles simplesmente não correspondem ao nosso padrão de vendedor, alguém disposto a sair diariamente para vender algo, visando a ganhar seu sustento. Eles não fazem isso porque *têm* de fazer. Quando você lê seus livros, parecem ótimos. E, provavelmente, essas publicações irão proporcionar-lhe uma pequena ajuda, talvez mesmo o suficiente para compensar o que lhe custou adquiri-las. Porém, quando pensa melhor a respeito, você logo compreende que esses autores – mesmo os melhores – não representam o nosso tipo de vendedor.

Contudo, sou esse tipo de vendedor. Vendo carros e caminhões. Novos, diretamente ao cliente, não uma frota completa, simplesmente um de cada vez, carros e caminhões, face a face com o comprador, que é o mesmo tipo de pessoa a quem você vende, diariamente. Talvez você venda carros ou roupas, ou ainda casas, aparelhos eletrodomésticos e móveis, dia sim, dia não; algo que você tenha de vender em boa quantidade para garantir sua subsistência. E, quando lê esses livros escritos por peritos, provavelmente terá a mesma sensação que eu: a de que algo está faltando. E o que falta, como a sua intuição lhe dirá, é o envolvimento direto, o contato íntimo e atento com *nossos* problemas, *nossa* gente, *nosso* mundo. Esses autores simplesmente não se sentem como se estivessem nas trincheiras diariamente, do modo como nós temos de estar se desejamos ter o que comer no dia seguinte.

Eis por que meu livro é diferente. Eis a razão pela qual ele lhe será útil de um modo que os outros nunca conseguiram. Porque estou atuando a cada dia, como você também está. Faço o mesmo que você faz. Sinto o que você sente. E também desejo o que você deseja. E consigo obter. Outros já têm sido chamados de "o maior vendedor do mundo". Mas eles não são nosso tipo de vendedor. Entre os que representam nosso tipo de vendedor, sou o maior do mundo. Você não precisa acreditar apenas na minha palavra. Se quiser checar essa informação, pode consultar a principal autoridade no assunto, o *Guinness World Records*.

Para provar que eu não sou MCNA (muita conversa e nenhuma ação) como os outros que dizem que são o número 1 com seus recordes autoproclamados, minha alegação foi verificada por uma renomada firma de auditoria.

Procure o nome do maior vendedor do mundo e verá que sou eu, Joe Girard. Ou, então, cheque histórias a meu respeito nas revistas *Newsweek, Forbes, Penthouse* e *Woman's Day*, ou ainda em centenas de outras revistas e jornais. Talvez você já me tenha visto em um ou outro show da televisão americana nos últimos anos. E, nesses programas, sempre sou apresentado como "o maior vendedor do mundo", como atestado pelo *Guinness*.

Você deseja saber quanto ganhei desde que comecei a vender, em 1963? Em meu primeiro ano, vendi somente 267 carros. Somente! Mesmo naqueles tempos, isso era mais do que simplesmente ganhar a vida. Naquele primeiro ano, talvez eu fosse o número 1 nas concessionárias. Em 1966, meu quarto ano de atividade, consegui vender 614 veículos, entre carros e caminhões (diretamente ao comprador). Foi nesse ano que me tornei o NÚMERO 1 DO MUNDO ENTRE OS VENDEDORES DE CARROS E CAMINHÕES DIRETAMENTE AO COMPRADOR. E, a partir de então, todo ano, eu era o vendedor número 1 de carros e caminhões, diretamente ao comprador, incrementando meus negócios numa faixa além de 10% ao ano e, em alguns anos, chegando aos 20%, mesmo quando atravessamos períodos de sérias recessões, desemprego e greves prolongadas. Na verdade, quanto pior a situação econômica, mais empenho invisto em meu trabalho – e consigo produzir mais. Venho me mantendo no topo mesmo quando os vendedores de automóveis na área de Detroit reduzem a semana de trabalho de seis para cinco dias.

O ano de 1976 foi o melhor para mim. Obtive um total de *ganhos em comissões acima de $300 mil.* Não foram muitos que me superaram, exceto, talvez, aqueles rapazes que gastaram três anos persuadindo um gabinete ministerial de algum país para que lhes comprasse aviões ou mísseis. Mas não é esse o tipo de venda de que você e eu estamos falando.

Esta é uma profissão que emprega talento pessoal, instrumental, experiência e prática. Ela nos traz uma série de dores de cabeça e frustrações, não importa quão bem nós a exerçamos. Todavia, quando a desempenhamos do modo correto, ela nos proporciona mais satisfação financeira e emocional do que qualquer outro tipo de trabalho do mundo. Atuo nesse ramo porque amo o dinheiro, e o arrebatamento e a satisfação de ganhar sempre.

Talvez você já esteja indo bem no momento. Pode ter uma casa, um sítio para passar as férias, um barco e dois carros. Mas se tiver entendido o que foi dito até aqui, perceberá que há mais a ser conquistado do que você já tem no momento. E tem razão. Há muito mais do que todo o tipo de orgulho e satisfação que qualquer bom vendedor deve sentir. E, de fato, por melhor que já esteja sua vida, você pode aspirar a muito mais. Se você acha que já possui o bastante, então não está indo tão bem quanto poderia; portanto, continue lendo este livro, porque tenho um sistema completo de vendas que se parece muito com a atividade agrícola de um país em que as plantações crescem o tempo todo. Com meu sistema, você realizará várias atividades que são como o plantio de sementes. Você as fará o tempo todo e, então, começará a colher – continuamente. E, a cada vez que tiver colhido uma venda, plantará algo mais. Assim, plantará e colherá, plantará e colherá – o tempo todo – no decorrer das estações. Não existe nada como isso, eu garanto.

Porém, se você pensa que não há nada a fazer para vender e ganhar, porque se considera um perdedor, permita-me dizer que já fui um perdedor maior do que você jamais foi.

Durante os primeiros 35 anos de minha vida, fui o maior perdedor do mundo. Fui expulso do ensino médio e demitido de cerca de quarenta empregos diferentes. Passei somente 97 dias no exército dos Estados Unidos. Não pude sequer me tornar trambiqueiro razoável. Tentei duas vezes e, da primeira, isso só me acarretou uma noite de pesadelo numa casa de detenção para delinqüentes juvenis. Da segunda vez, as acusações contra mim foram retiradas por falta de provas. Quando finalmente ingressei num negócio em que estava obtendo rendimentos discretos mas muito seguros e tentei pela primeira vez me expandir financeiramente, só alcancei a ruína total, e acabei devendo mais dinheiro do que jamais vira em minha vida, simplesmente por ter acreditado em alguém que não tinha razão alguma para me dizer a verdade.

O modo como passei daquela fase para a atual é o tema deste livro. Mesmo agora, continuo vendendo diariamente. Este livro não foi escrito por um espectador, com um título fantasioso e uma coletânea de diplomas; ele foi escrito por um vendedor ativo que está na linha de frente, atuando diariamente. Mesmo quando viajo pelo país proferindo palestras para outros vendedores, estou vendendo, porque os vendedores têm de saber que as pessoas que lhes demonstram como vender algo sabem como fazê-lo, porque praticam isso no dia-a-dia. Para mim, a história de como consegui ser o maior vendedor do mundo é motivo de muito orgulho. Mas ainda desfruto de um orgulho maior com a correspondência que recebo de vendedores ativos que me conhecem e me ouvem falar e, depois, escrevem-me contando como os ajudei a mudar de vida ao torná-los vendedores melhores, mais felizes e mais prósperos.

VITÓRIAS OBTIDAS SEM DERRAMAMENTO DE SANGUE

Lembre-se de que, para um verdadeiro vendedor, não há nada melhor do que vender. É como uma casa conduzida pela pessoa certa, um ponto decisivo marcado por um jogador de beisebol que muda o placar, ou como o sabor das vitórias para um general. Porém, quando um vendedor vende, não há perdedores, pois tanto o comprador quanto o vendedor ganham quando se trata de uma boa venda. O confronto que conduz a uma venda é como um jogo ou uma guerra, com a diferença de que aqui ninguém se fere, ninguém perde; todos ganham. O que é melhor do que isso?

No entanto, o processo que conduz a essa vitória deve ter início muito antes de você avistar um cliente em potencial pela primeira vez. E tal processo se prolonga por bastante tempo, após o cliente ter assinado a fatura de venda, efetuado o pagamento e levado a mercadoria. Na verdade, se você pensa que a venda termina quando, como dizem no ramo de automóveis, vê-se o cliente pelas costas, então você perderá mais oportunidades de negócio do que jamais terá imaginado. Contudo, se compreender que o ato da venda pode ser um processo contínuo que nunca termina, então terá ampliado as chances de êxito.

Uma vez que meu sistema de vendas começou a funcionar a todo vapor, nunca precisei procurar por clientes entre as pessoas que caminham na entrada de um salão no qual se expõem as mercadorias. Não corto relações. Todos os meus clientes daqueles tempos são pessoas que me chamam pelo nome. Todos eles. E, a cada dez vendas que faço, aproximadamente seis são feitas a pessoas às quais já vendi antes pelo menos uma vez. E estamos falando de carros.

Em geral, as pessoas compram automóveis de três em três ou de quatro em quatro anos, até mesmo contando com freqüência menor entre a classe média e trabalhadora, que configura a maior parte dos meus clientes. Se você estiver vendendo roupas, bebidas ou objetos que as pessoas adquirem em maior quantidade e com mais freqüência, fazê-las voltar com regularidade é ainda mais importante. Contudo, isso se torna mais difícil no que se refere a carros. Assim, se eu puder transmitir a você o modo como asseguro que as pessoas voltem a comprar carros comigo, saiba que isso significa vendas ainda maiores se você estiver vendendo outros tipos de produtos e utilidades, em que o sucesso depende ainda mais de reaver esses clientes.

Asseguro-lhe que meu sistema será útil, se você o entender e o seguir. Encaro as situações de venda e os clientes de modo diferente do que adotava antes. Isso significa que venho modificando a maneira de agir em um bom número de aspectos de minha profissão. Sei que muitas pessoas têm falado sobre a importância das atitudes que assumimos. Dizem que se você modificar o comportamento em relação a algo – e frisam isso –, então tudo funcionará muito bem. A maioria dessas pessoas é sincera, mas elas não estão aqui fora fazendo venda direta, dia após dia.

Vamos encarar este ponto: vivemos num mundo real, árduo, duro. Seja o que for que você esteja vendendo, certamente alguém mais vende algo exatamente igual. Não é uma simples probabilidade. Isso é um fato. Este é um mundo verdadeiramente competitivo. E, ao lado dos milhares de vendedores de carros da Chevrolet que estão tentando vender exatamente o mesmo automóvel aos mesmos clientes, há centenas de milhares de outras pessoas vendendo e tentando tomar o mesmo dinheiro deles em troca de tudo, de móveis, casas, piscinas, barcos a motor para pequenas viagens de férias e material de ensino até cadernetas de poupança. Assim, quando você finalmente conta com um cliente, esse procura esquivar-se não porque seja má pessoa, mas simplesmente porque foi levado a crer que você o é. A profissão que escolhemos é muito dura, mas, se a encararmos como dotada de normas, padrões e princípios, ela pode ser exercida de modo a nos proporcionar satisfação financeira e emocional.

O primeiro ponto fundamental que você tem de saber – se já não o conhece – é que nem sempre este mundo é agradável.

Competição é um jogo duro, todos competem por algo que você e todo mundo deseja. Não sou um filósofo, mas sei disso praticamente desde o meu nascimento. E essa é uma das poucas coisas que aprendi antes dos 35 anos e que me veio a ser útil. O que estou tentando dizer é que os pretensos especialistas estão colocando idéias em seu caminho que você precisará reformular ou esquecer para fazer mais dinheiro e obter maior satisfação no ato de vender.

Este é um mundo rude, competitivo. Quando digo isso, não estou insinuando que você deva trapacear ou roubar para sobreviver. Dedique-me apenas um pouco de atenção e você entenderá o que quero dizer. Verá como é possível mudar a atitude das pessoas ao vender-lhes algo do modo certo, meu modo, e, assim, contar com seu dinheiro e amizade. Realmente, se você não obtiver as duas coisas, o dinheiro do comprador e sua amizade, não conseguirá manter-se nesse ramo de negócios por muito tempo. Não me entenda mal: quando me refiro à amizade, não estou falando em pieguices como "Ame seus vizinhos." O modo como você lida com seus vizinhos é assunto estritamente seu. Entretanto, quando começar a ler o Capítulo 5, entenderá exatamente o que defino como amizade. Nós temos de lidar com todo tipo de atitude que os clientes mantêm em relação a vendedores, a importância de falar a verdade e o valor de certas espécies de mentira. Se você não compreende aqueles com quem está lidando e o que eles realmente desejam ouvir, então não terá uma carreira longa. Isso eu posso garantir.

Antes de entrarmos na questão do comportamento de seus clientes, temos de abordar sua atitude como vendedor. Lembre-se de que fui um perdedor durante 35 anos, período que descreverei em minúcias, levando-o até a sentir certa pena de mim, tal como eu mesmo sentia. Mas, neste momento, devo dizer-lhe que sentir pena de si mesmo é uma armadilha. Representa uma garantia de que você continuará perdendo. Isso elimina todas as chances de alguém vencer a batalha da vida e das vendas. Também vou provar isso. E mostrarei a você como deixei de ser um perdedor para me tornar um grande vencedor, o maior vendedor do mundo, como é dito neste livro. E fiz tudo isso por mim mesmo. É o que farei ao mostrar-lhe como agir da mesma forma.

É isso que quis dizer. Você terá de fazer isso por e para si mesmo. Ninguém pode fazer isso por você. Mas creio que posso mostrar-lhe o que fiz de minha vida – e por que –, para que, assim, você possa olhar para si mesmo e para sua vida e aprender a converter as desvantagens em vantagens, o passivo em ativo, os fracassos em êxitos, as derrotas em vitórias.

Uma vez que tenha chegado a esse ponto, você contará com um conjunto de comportamentos incutidos em sua mente. Sei que muitos dos ditos "especialistas" no assunto lhe disseram para proceder de outro modo. Isto é, eles lhe fornecem as palavras, as atitudes que deve assumir, e, então, pedem que você as desenvolva. Eles lhe dizem para se habituar a crer nessas palavras, repetindo-as todas as manhãs ao se levantar, ou então as dizendo a si mesmo diante do espelho ou algo assim.

COMO TER UM COMPORTAMENTO VENCEDOR

Se você, contudo, fizer isso sem conhecer o porquê e o como, a coisa toda valerá tanto quanto carregar uma pata de coelho ou esfregar uma ferradura ou algo mais que, dizem, dá sorte. O único modo de agir corretamente é descobrir onde estão os erros, como os assimilou e por que os mantém. E irei justamente conduzi-lo ao longo da história de minhas atitudes: as erradas e, depois, à grande mudança em minha vida e, que me guiou na direção das atitudes certas. Não pense que me refiro a algum momento mágico em que um dedo celestial porventura me tenha tocado. A mudança que ocorreu em minha vida resultou de algo muito diferente, por razões compreensíveis, como você perceberá.

Não quero dizer que toda a situação que atravessei foi fácil, mas segui adiante. E, se pude agir assim, vindo de onde vim, qualquer um que se sinta cansado de ser um perdedor pode fazer o mesmo. Garanto isso também. Mas você terá de construir as próprias versões das atitudes certas como um primeiro passo. Então, compreenderá as outras normas e partes de meu sistema, e por que funcionam, desde que você as execute com propriedade e consistência. A Lei Girard dos 250 tornará claro por que você desejará utilizar esse sistema o tempo todo. Quando chegarmos ao uso devido do tempo, você entenderá não apenas os fatos evidentes acerca do valor do tempo e o que custa desperdiçá-lo, mas também a importância de ser realista sobre si mesmo e do que pode fazer, e como ser bom para si mesmo em longo ou curto prazos. Quando chegarmos a abordar certos aspectos do que faço, passarei, naturalmente, a falar sobre como vendo carros às pessoas. Relacionarei minhas ações às de vendedores de outros setores. Muita informação a esse respeito é óbvia e você pode entender por si mesmo. Quando eu digo que é essencial incentivar o comprador a fazer um test-drive com o carro, você sabe que, se vende casas, isso equivale a levar os clientes a conhecerem de perto o modelo da casa. Ou, então, convencer o cliente a vestir a roupa que deseja comprar. Ou mesmo preparar para eles uma refeição se estiver vendendo uma nova cozinha. Do mesmo modo como, em outros tempos, um vendedor de aspiradores de pó em domicílio costumava lançar pó e detritos no assoalho e, em seguida, usar o aspirador para demonstrar seu funcionamento. O vendedor de utilidades para cozinha prepara uma refeição e exibe a sua linha de produtos. Um vendedor de colchões tem de conseguir que o cliente se deite num deles. Tudo isso equivale à "viagem demonstrativa" num novo carro Chevrolet.

Seja o que for que eu faça ou diga que tenha a ver com a venda de carros, quase sempre haverá um equivalente para a venda de outros produtos. Talvez um vendedor de apólices de seguro não possa fazer com que você compareça ao próprio funeral, como fez Tom Sawyer, mas ele o levará a falar sobre suas mulheres e filhos, e talvez consiga que você apanhe os retratos de seus entes mais queridos e os deixe sobre a mesa enquanto ele estiver falando. Esse gesto pode ser, sob a forma de uma inquietante lembrança de que você não viverá para sempre, tudo de que ele precisa para convencer você. Eis aí uma espécie de demonstração dinâmica.

Daqui em diante, vou levá-lo, passo a passo, ao longo de minha descoberta acerca da maneira de se converter um perdedor num vencedor. Mostrarei a você como incuti em mim mesmo as atitudes de um vencedor e como tais atitudes me levaram a desenvolver meu próprio sistema. Lembre-se disto: essas atitudes e esse sistema têm feito de mim o Maior Vendedor do Mundo.

2

O FIM DE UM PERDEDOR E O INÍCIO DE UM VENCEDOR

Certa vez, alguém me disse que eu era um vendedor nato. Permita-me dizer que isso não é verdade. Alguns vendedores, talvez até mesmo a maioria, podem ter nascido com esse dom. Mas não sou um vendedor nato. Eu me fiz um vendedor, sozinho. E, se pude fazer isso, começando de onde comecei, qualquer um pode. Acompanhe a história e você logo entenderá o que digo.

Um grande número de pessoas tem um começo de vida marcado pela pobreza, mas a vida que levei onde nasci era caracterizada por um tipo especial de pobreza, algo como se, hoje, você fosse negro e pobre. Nasci no dia 1º de novembro de 1928, na parte mais baixa do leste de Detroit, em um bairro que, naquela época, você chamaria de italiano, mas que chamo de siciliano, porque, para mim, há uma grande diferença nisso. Sinto orgulho de ser siciliano, ainda que muitas pessoas, incluindo as de outras regiões da Itália, nos discriminem e procurem comprovar que todos somos produto de alguma espécie de sindicato do crime. Meu orgulho marcante me acarretou uma série de problemas na juventude, e até mesmo recentemente. Eu estava sempre pronto para lutar com alguém que me chamasse de *wop, dago,** ou *engraxate*. Sei muito bem que todos têm alguma espécie de preconceito em relação a algo ou alguém, mas nunca gostei de ser alvo de qualquer tipo de discriminação, e já fiz muitos narizes sangrarem por terem me dirigido tais expressões pejorativas.

O primeiro lar de que me lembro foi um apartamento no sobrado de uma casa onde viviam duas famílias e que ficava de frente para uma carvoaria. Você julgaria tratar-se de um lugar muito desagradável se vivesse perto de uma carvoaria. Mas isso tinha uma vantagem. Quando a situação se tornava realmente difícil na época de inverno, e a casa estava extremamente fria, meu irmão mais velho Jim e eu atravessávamos a rua e então eu deslizava por baixo da cerca e dali jogava pedaços de carvão para ele, que os colocava numa saca de aniagem. Então, carregávamos a saca para casa e colocávamos os pedaços de carvão no forno. Algumas vezes, isso era tudo que havia ali para queimar; assim, nunca nos incomodava o fato de que o carvão talvez pertencesse a alguém mais. Esse foi o tipo de ambiente em que me desenvolvi.

A caldeira de calefação ficava no porão, mas me recordo desse lugar por outro motivo: era o espaço que meu pai escolhia para me bater, e isso desde que me entendo por gente. Suponho que eu era tão bom ou mau quanto a maioria dos meninos, nada de especial. Portanto, nunca soube ao certo por que ele me tratava assim, e não a meu irmão ou minhas duas irmãs menores. Mas o fato é que ele me batia. Muitas vezes, ele descia comigo ao porão e ali me amarrava a um cano, batendo em mim com uma daquelas grandes tiras de couro que usava para afiar sua navalha de barbear. Sempre que um dos meninos fazia algum barulho ou algo parecido, era eu

---

*Termos depreciativos usados pelos americanos em relação aos estrangeiros de tez amorenada, especialmente italianos.

quem levava a pior. Descíamos ao porão, onde ele berrava enquanto me batia: "Você não é bom, nunca será nada, você irá parar na cadeia..." e coisas desse tipo. Nunca pude imaginar por que levava essas surras, mas ele nunca parou de me bater enquanto morei naquela casa.

Às vezes, escapava correndo por alguns quarteirões até a plataforma da estrada de ferro, que ficava perto do rio, e aí me escondia num vagão fechado de mercadorias. De vez em quando, adormecia sobre o piso coberto de palha dos vagões de carga. E, quando voltava para casa, meu pai me batia de novo e me dizia que eu não era bom e nunca seria nada, e que acabaria em Jacktown (como chamávamos a prisão estadual em Jackson, Michigan, para onde iam muitos garotos da vizinhança).

Vou lhe contar uma coisa: se você cresce numa casa em que seu pai é o chefe e ele lhe diz, desde cedo, que você não é bom, e o castiga duramente enquanto lhe fala aos gritos, você acaba acreditando mesmo nisso. Afinal de contas, ele é seu pai, a única autoridade que você conhece, e deve estar com a razão. Após algum tempo, comecei a acreditar, ainda que minha mãe costumasse descer ao porão depois e me dizer que, na realidade, eu era um bom menino. Isso servia de algum conforto, creio eu, mas ela não mandava como meu velho pai; assim, apesar de eu amá-la intensamente, ainda acreditava que eu não era bom e que nunca valeria qualquer coisa. Acreditei nisso por um longo tempo, e tal fato teve muito a ver com o que me acontecia, com o que fiz a mim mesmo, na maior parte de minha vida.

Tenho procurado compreender o que o fez me odiar, levando-o a me humilhar e desabafar em mim daquele modo o tempo todo. Ele viera da Sicília quando ainda era jovem, sem instrução, praticamente ignorante, e pobre. Seu próprio pai fora um tirano que o xingava e batia nele. Meu pai estava com 25 anos quando se casou com minha mãe. Ela contava apenas 15 anos então, e sua mãe não se sentia muito contente com o fato de ela ter desposado meu pai.

Ninguém jamais me contou o que se passou naqueles tempos, mas uma guerra surda se iniciou entre meu pai e minha avó materna e nunca teve fim enquanto ele viveu. Meu pai nunca permitiu que qualquer um de nós, incluindo minha mãe, tivesse contato com minha avó, mesmo quando ela viveu na casa geminada à nossa. Algumas vezes, minha mãe costumava ir às escondidas no porão e falava com ela através de um tabique. E eu a visitava, também, porque éramos muito amigos, talvez por causa do modo como meu pai se sentia a nosso respeito. Quem quer que fosse que meu pai soubesse que a estava visitando, lá vinham de novo as surras e os xingamentos.

A essa altura, você provavelmente estará se perguntando o que isso tem a ver com o modo certo de vender algo. Bem, isso tem tudo a ver, ou seja, como determinadas atitudes podem ser implantadas em sua mente. E fora incutido em minha mente que eu era um péssimo garoto e que não daria para coisa alguma na vida. Acreditei nisso, e me achava pronto a provar que meu pai estava certo. Afinal de contas, é de se esperar que os filhos respeitem seus pais e obedeçam a eles. Mas havia outra atitude subjacente ali, resultante daquelas mesmas surras e palavras duras. Tratava-se de um sentimento de ira contra meu pai, e do desejo de provar a ele que estava errado; afinal, ele devia me amar como amava meu irmão e minhas duas irmãs. Algumas vezes, uma dessas duas atitudes funcionava; em outras ocasiões, era a outra que prevalecia; em outras ainda, as duas se anulavam.

Meu pai nunca foi capaz de conseguir trabalho regularmente. Afinal de contas, estávamos no período da depressão e éramos sicilianos em Detroit, e meu pai não tinha nenhum ramo de negócios, nada. Na maior parte do tempo, ele estava desempregado ou na WPA (Work Projects Administration). Vivíamos quase sempre graças ao Instituto de Previdência Social (que, naquele tempo, chamavam de "Assistência aos Necessitados") e praticamente as únicas ocasiões felizes de que posso me lembrar ocorriam por volta do Natal, quando os Bons Camaradas (uma associação beneficente local) nos enviavam uma caixa de brinquedos, fruto de contribuições. Em sua maioria, esses brinquedos eram usados e consertados, mas sempre representavam para nós uma grande emoção. E o cupom que eles nos davam era ainda melhor, ele servia para irmos à cidade e trocarmos por um par de sapatos novo. Isso significava muito para mim naquele tempo.

Quando eu estava com quase 8 anos, comecei a trabalhar. A poucos quarteirões de onde vivíamos havia muitas fábricas. A U. S. Rubber, fabricante de pneus, ocupava um prédio próximo ao rio, onde havia também uma grande fábrica de fogões e algumas outras de móveis. Em toda a extensão da avenida Jefferson, na parte leste, próxima daquelas fábricas, havia bares para os trabalhadores. Fiz uma caixa de engraxate e consegui algumas escovas e graxa para sapatos (não lembro onde arranjei dinheiro para comprá-las), e passei a trabalhar naqueles bares como engraxate. Se você acredita que já suou muito para ganhar dinheiro, permita-me dizer que ficar agachado sobre o assoalho de bares sujos engraxando sapatos em troca de alguns centavos é páreo duro para o que quer que você já tenha feito. Começava meu trabalho de engraxate à tarde, depois do colégio, quando as fábricas estavam fechando. Trabalhava em todos os bares ao longo da avenida Jefferson – cerca de 1.600m de extensão – e depois voltava e recomeçava, talvez mais do que uma vez por dia. Se eu fosse alimentar algum orgulho, este valeria um níquel. Algumas vezes, ganhava uma gorjeta de um centavo ou dois e, em outras oportunidades, não conseguia nem mesmo ganhar mais do que dois centavos por uma engraxada. Pouco tempo depois, passei a fazer encenações para atrair a atenção, como jogar as escovas para o alto e trocar de mãos para apará-las. As pessoas passaram a me conhecer melhor, e eu ganhava mais gorjetas. Naqueles idos de 1930, mesmo com um centavo apenas, era possível comprar um bocado de doces e, com uma moeda de cinco centavos, comprava-se uma casquinha de sorvete com duas bolas ou quase um litro de leite.

Na segunda ou terceira passagem ao longo da rua, eu já conseguia ver os mesmos camaradas bebendo o terceiro ou o quarto drinque. Pude constatar o que a bebida fazia com as pessoas no decorrer de poucas horas. Às vezes, a bebida os tornava mais espontâneos e talvez mais generosos, mas, num grande número de ocasiões, simplesmente os tornava mesquinhos e vulgares. Afinal de contas, aqueles eram homens que haviam trabalhado duro o dia todo e estavam, talvez, temerosos de vir a perder seus empregos. Havia mais mão-de-obra do que empregos disponíveis naqueles dias, numa margem bem expressiva. E aqueles trabalhadores faziam uma parada nos bares para desaguar seus problemas antes que tivessem de voltar para uma casa pobre e infeliz. Trabalhar naqueles bares era bastante deprimente. Mas eu tinha de ficar ali às vezes até dez ou meia-noite e, só então, voltava para casa com cerca de um dólar, algumas vezes um pouco mais. Tudo ia para a minha família e, por vezes, era todo dinheiro que entrava para as despesas. Quando uma fábrica estava fechada ou não havia muito serviço para mim por alguma outra razão e eu conseguia trazer apenas alguns centavos, meu pai gritava comigo e me batia. Em noites assim, eu sentia medo de voltar para casa. O temor de não estar me saindo bem se incrustava fundo em meu íntimo, e eu queria ficar na rua até mais tarde, para lustrar, talvez, mais alguns sapatos.

Esse foi um tipo sórdido de infância, mas nunca desejei esquecê-la. É por isso que conservo até hoje uma grande foto minha aos 9 anos, de joelhos e engraxando sapatos. Essa foto está pendurada na parede de meu escritório; assim, não me esqueço de onde vim. Odeio esse começo, mas, ao mesmo tempo, sinto orgulho dele.

MINHAS PRIMEIRAS VENDAS

Talvez os meus giros pela Jefferson, praticamente implorando àqueles trabalhadores que me deixassem engraxar seus sapatos, tenham representado uma pequena experiência de venda. Fico pensando no que eu representava, ajoelhado no chão com as escovas e a graxa de sapatos, e concluo que tudo aquilo era uma espécie de exibição de vendedor. Mas onde realmente aprendi algo do ato de vender foi quando comecei a entregar jornais em domicílio. Eu acordava por volta das seis da manhã e, então, ia até a oficina, onde exemplares do *Free Press*, de Detroit, eram empilhados para ser distribuídos na vizinhança. Eu dobrava aqueles exemplares e os carregava numa sacola, indo entregá-los; depois, ia para a escola e, mais tarde, trabalhava mais um pouco como engraxate.

Porém, aprendi realmente a arte de vender quando o jornal instituiu um concurso para conquistar novos assinantes. Nessa competição, para cada assinante que você conseguisse e que aceitasse fazer pelo menos uma assinatura mensal, o prêmio era uma caixa de Pepsi. Bem, isso era um grande negócio para mim. Uma caixa com 24 garrafas de um litro daquele refrigerante significava realmente alguma coisa. Costuma-se falar muito em incentivo e motivação. Pois bem, foi isso mesmo que o prêmio significou para mim. Trabalhei indo de casa em casa, de apartamento em apartamento, em cada rua que passasse. Toquei tantas campainhas que meus dedos chegaram a ficar dormentes. Devo mesmo ter faltado um dia ou dois à escola durante a competição. Mas eu era persistente. Dizia o seguinte ao provável assinante: "Nós estamos numa competição, e eu gostaria muito que o senhor fizesse uma assinatura apenas por uma semana." O prêmio somente seria conferido no caso de uma assinatura por um mês, no mínimo, mas eu imaginava que muitas daquelas pessoas continuariam com o jornal depois que tivessem feito uma assinatura experimental. Eu lhes dizia que o jornal seria entregue na porta de suas casas antes que acordassem, o que era verdade. E, quando elas me diziam não, eu continuava a insistir, nunca desistindo, nem me mostrando desalentado a ponto de não prosseguir tocando campainhas. Não é nada divertido ser despachado com uma recusa. Bem cedo verifiquei porém que quanto mais eu fazia contato com as pessoas, mais vendas conseguia. E isso é mais do que divertido. Bem depressa a pequena garagem que tínhamos atrás de nossa casa estava cheia de caixas de Pepsi que eu podia vender na vizinhança por qualquer preço que conseguisse obter por elas. Isso me proporcionava mais dinheiro para levar para casa, e uma dose maior de esperança de que pudesse provar a meu pai que eu tinha algum valor. Mas mesmo isso não pareceu dar resultado.

Permaneci cinco anos com minha caixa de engraxate e os jornais, indo para o colégio na maioria das vezes, sem fazer muito progresso. Não era muito estudioso, mas conseguia aprender alguma coisa e não era tão mau aluno quando estava no colégio. Contudo, os problemas entre meu pai e eu nunca tiveram uma melhora significativa. E umas 24 vezes, talvez, ele chegou a me expulsar de casa. Então, eu dormia naqueles vagões de carga ou ia até a cidade e alugava um quarto numa casa de cômodos na parte baixa de Detroit. Era o setor mais humilde da cidade, onde havia hotéis baratos, albergues, prostíbulos e cinemas em que eram exibidos filmes tidos, então, como pornográficos. Eu alugava um leito num daqueles albergues que custavam dez centavos ou menos por noite – não se dispunha de um quarto, havia simplesmente uma cama numa espécie de dormitório, na companhia de um bando de bêbados que ali pernoitavam. Meu pai acabava indo me buscar após algum tempo e me levava de volta para casa, dizendo-me para ser um bom menino. Creio que ele procedia assim porque minha mãe lhe pedia. Então, eu voltava para casa, tentava ir ao colégio por algum tempo, andava à toa para lá e para cá na esquina com alguns colegas, e, então, era expulso de novo.

Certa noite quando tinha 16 anos, fui à esquina para me encontrar com dois colegas da vizinhança. Então, eles me disseram: "Vamos fazer uma limpeza naquele bar que fica entre a Meldrum e a Lafayette. Já sondamos o lugar. Há muita bebida e talvez algum dinheiro no caixa. Topa ir com a gente?"

Eu já conhecia aquele bar, pois era um dos que percorria para engraxar os sapatos da freguesia. Nunca fizera algo assim antes, mas talvez, por já conhecer o local ou por algum outro motivo qualquer, resolvi acompanhar os dois rapazes. Mas eu não era ladrão, independentemente do que pensassem de mim. Pelo menos até aquela noite. Na verdade, não sei o que me levou a acompanhá-los, mas o fato é que fui.

Quando sondaram o local, um dos rapazes foi ao banheiro e deixou a janela aberta. Naquela época, podia-se fazer isso. Agora, com certeza, haveria grades nas janelas e, alarmes ou um sinalizador qualquer para indicar ao vigia que a janela do banheiro não estava fechada. Mas naquele tempo não havia nada disso, mesmo numa vizinhança pobre e sujeita a muitas tentações como aquela, com a qual convivíamos.

Assim, por volta das dez horas daquela noite, entramos às escondidas no estacionamento do hotel Whittier, que tinha fama de ser elegante e ficava mais abaixo, perto do rio. Furtamos um carro que estava estacionado ali – lembro-me de que era um Studebaker. Posso ouvir ainda o empregado do estacionamento gritando: "Ei, voltem aqui com esse carro!" Mas nós simplesmente saímos com ele em alta velocidade e depois o escondemos mais adiante, num beco da vizinhança.

Em Detroit, os bares fechavam às duas da manhã, assim tivemos de esperar até que os empregados da noite fechassem a porta, limpassem as mesas e saíssem. Eram cerca de três e trinta da madrugada quando nos aproximamos do local. Entramos no carro e fomos até o beco atrás do bar. Não havia ninguém nas proximidades. Aquela área inteira ficava deserta à noite. Não me sentia realmente muito receoso enquanto me aproximava do bar. Na verdade, uma vez que já tinha ido até aquele ponto, realmente não sentia medo algum.

Um de meus colegas deslizou pela janela e abriu a porta dos fundos do bar. Então, simplesmente levamos para o carro todas as caixas de bebidas que pudemos acomodar. Estávamos na época da Segunda Guerra Mundial. O fato deve ter acontecido em algum dia por volta de maio de 1944, e ainda era bastante difícil conseguir uísque. Na verdade, em Michigan essa bebida esteve racionada por algum tempo. Seja como for, assim que carregamos o carro e limpamos a caixa registradora, saímos de lá, escondemos as caixas de bebidas e dividimos o dinheiro. Como havia $175 na caixa registradora, minha parte foi de aproximadamente $60, acrescida de um dólar por caixa de bebida, o que me coube na divisão do que obtivemos com a venda do uísque a outros colegas que circulavam pela esquina de nossa rua. Para mim, tratava-se de uma bolada ganha com facilidade, e a coisa toda funcionara tão bem que não pensei mais a respeito.

É curioso evocar esse tempo, porque realmente não sei o motivo pelo qual não continuei a agir assim após aquele primeiro "serviço". Quero dizer: não me senti amedrontado ou algo parecido, aquele dinheiro era bem-vindo e as perspectivas eram de que poderíamos encontrar outros "trabalhos" também fáceis. Mas não segui tal caminho. Acho que, na ocasião, meu pai estava me pressionando a arrumar um emprego, que acabei conseguindo numa fábrica. Assim, talvez eu estivesse com mais medo dele e do que seria capaz de fazer comigo se eu não fosse trabalhar.

Seja como for, já havia praticamente esquecido disso tudo, ou pelo menos procurei esquecer, quando, certo dia, deitado na minha cama, ouvi ruídos e vozes agitadas. Minha mãe estava chorando e eu não conseguia imaginar o que estaria acontecendo. Nem me passou pela mente que o ruído e o choro pudessem estar relacionados com o assalto ao bar. Tudo ocorrera três meses antes, eu não participara de mais nada com aqueles dois rapazes desde então e ninguém voltara a falar no assunto.

De repente, um homem entrou no meu quarto, me sacudiu pelos ombros e disse: "Levante-se!" Abri os olhos, um distintivo surgiu diante de meu rosto e um policial ordenou: "Vista-se." Depois, só me recordo de estar na delegacia, com aquele policial e um grupo de outros que me perguntavam sobre o roubo do bar e uma série de furtos praticados em outros bares e mercearias sobre os quais eu não tinha o menor conhecimento. Mas eles estavam a par do assalto de que eu participara. Um dos outros dois rapazes fora preso e falara a respeito dos servicinhos que ele fizera, incluindo o daquele bar. E aí, de alguma forma, meu nome foi mencionado. Desse modo, eu me vi, logo depois, na casa de detenção juvenil. Foi o pior lugar em que já estive na vida. Um grande recinto cheio de leitos de lona e muitos garotos, além de um homem grande que andava para lá e para cá com uma correia na mão e fazia os garotos se inclinarem, açoitando-os em seguida. Era pior do que uma noite que passei num albergue, quando as luzes foram acesas em plena madrugada para arrastarem para fora o cadáver de um bêbado que morrera enquanto dormia. Foi realmente a pior noite que já passei em minha vida, e olhem que já havia passado muitas noites num bom número de lugares horríveis.

Pela manhã, eles me levaram para ver o dono do bar que aqueles dois colegas e eu tínhamos assaltado. Ele se lembrava de mim e me perguntou por que eu fizera aquilo. Respondi que não sabia, mas que pagaria a ele tudo que havia roubado do bar. Ele concordou com a proposta e não levou adiante a queixa contra mim; assim, pude sair da detenção. Eu teria feito qualquer coisa para deixar aquele lugar.

Meu pai e meu tio foram me buscar. Meu pai começou a me bater tão logo chegamos à rua. Bateu-me no carro e também quando chegamos em casa. Referiu-se gritando insistentemente à vergonha que eu trouxera para a reputação de nossa família. Daquela vez, realmente achei que ele estava com toda a razão. Eu havia provado a meu pai que o que ele sempre dissera sobre mim era verdade – eu era um inútil, um ladrãozinho e tinha sido preso.

Mas eu também passara pelo maior susto de minha vida ao ficar na noite anterior na casa de detenção para delinqüentes juvenis. Não importava o que pudesse acontecer, eu não passaria por aquilo de novo. Não pararia na cadeia, como muitos rapazes com quem eu perambulava, imaginando alguma tramóia para pôr em prática.

Assim, consegui um emprego na fábrica de fogões da vizinhança, local em que muitos sicilianos trabalhavam. Eu colocava material isolante nos painéis dos fornos, o que era um serviço desagradável, porque a substância usada para isso aderia às nossas roupas e se entranhava na pele, no nariz e em tudo mais. Além disso, éramos obrigados a trabalhar muito e depressa. Certo dia, fui surpreendido fumando – esse foi meu segundo delito – e eles me "varreram". Varrer era o termo que usávamos para a demissão. Era como se você fosse um montinho de lixo e eles o varressem – foi assim que me senti intimamente por boa parte do tempo.

Penso que tive uns quarenta empregos diferentes naquela época, mas não consigo lembrar com exatidão. Dirigi um caminhão para um tipógrafo até que fui despedido por gastar tempo demais nas entregas. Trabalhei na Chrysler Motors fazendo capotas para carros conversíveis. Até que não era muito ruim. Depois, trabalhei numa fábrica de automóveis Hudson, na linha de montagem, que é um dos piores serviços, porque você fica grudado às máquinas e os patrões decidem o quanto precisa trabalhar. Estive numa fábrica de galvanoplastia. Nesse lugar, havia várias cubas de ácido quente e metal derretido, soltando uma fumaça que penetrava em nossos pulmões. Desde então, passei a sofrer de asma.

Por algum tempo fui ajudante de garçom no hotel Statler. Em outra oportunidade, trabalhei como mensageiro no hotel

Book-Cadillac, que depois se tornaria o Sheraton. Tive um pequeno papel ali, usando um daqueles uniformes chamativos e pararicando hóspedes. Certo dia, joguei fora um punhado de telegramas, em vez de entregá-los nos quartos dos hóspedes. Neguei que isso tivesse acontecido enquanto eu estava de serviço, mas, nos telegramas, estava registrada a hora da entrega, e eu ignorava esse detalhe. Dessa forma, fui despedido. Algumas vezes, penso que se tivesse tomado conhecimento de informações como aquela, poderia ter agido melhor, e talvez até mesmo tivesse vindo a exercer a vice-presidência de algum lugar como o Sheraton. Mas, naquela época, eu era um pouco ignorante.

Eu freqüentava o colégio sem regularidade e, em meio a esse quadro, tive uma briga com o coordenador de ensino da Eastern High School e acabei sendo expulso. Ele vivia me censurando, muitas vezes sem motivo algum, outras pelo tipo de comportamento que os garotos costumam ter, porém, começou a me falar sobre "você e sua gente" e como "sua gente faria melhor em aprender" e coisas do gênero. Eu lhe disse que meu nome não era "sua gente", porque você pode imaginar o que eles queriam dizer quando começavam com essa história de "sua gente". Ele estava se referindo aos italianos, e logo isso se tornou insuportável e acabei batendo nele, o que significou o fim das relações entre o colégio e eu.

Ao que me lembro, perdi muitos de meus empregos por me meter em brigas com camaradas que viviam falando de *wops, dagos* e gringos. Naquele tempo, talvez eu estivesse simplesmente procurando confusão. Talvez desejasse apenas manter-me como um perdedor, para mostrar a meu pai que ele estava certo e que eu não tinha valor algum. Mas eu estava cheio de rancor, e havia um bom número de intolerantes naqueles dias para dar razão a esse tipo de ressentimento.

Acredito que aquela noite na casa de detenção juvenil tenha sido minha salvação do pior. Nunca me esqueço de como me senti. É possível que eu não fosse bom, mas, com toda certeza, não era ruim a ponto de merecer aquilo.

Após mais algumas idas de um emprego desagradável para outro, alistei-me no exército. Isso ocorreu no início de 1947. Até que caí de um caminhão e feri minhas costas durante o treinamento básico, e eles acabaram me dando baixa. Mas mesmo isso não ocorreu com facilidade. Eu detestava o exército. Era quase tão ruim para mim quanto estar preso. Por algum tempo, eles me deram apenas serviços para fazer na caserna, em vez de me dispensarem de vez. Certo dia, um sargento que eu nunca vira ofereceu-se para me ajudar a conseguir a dispensa se eu desse a ele o que ganhava como soldo. Por alguns momentos, pensei que isso fosse uma espécie de plano, e que eles estivessem tentando me flagrar subornando um oficial. Ele passou a me assediar com aquela proposta e tentei ignorá-lo. Quando meu caso finalmente foi examinado e eles me deram baixa, o sargento me procurou e pediu o dinheiro. Entreguei-lhe meu soldo e fui para casa com uma dispensa honrosa do exército. Não sei se ele teve ou não algo a ver com isso, mas me senti tão feliz por estar livre da caserna que lhe dei os poucos dólares que havia recebido sem problema algum. Quando cheguei em casa, minha mãe se mostrou muito contente de me ver, mas meu pai recomeçou logo com aquela história de que eu era um vadio. E disse que nem mesmo o exército me quisera, frisando: "Você não presta e nunca fará nada que sirva na vida." Acrescentou que ele deveria ter me estrangulado quando nasci. Enquanto eu viver, nunca me esquecerei daquele dia. Com lágrimas quentes em meus olhos, ouvindo meu pai gritar e soltar pragas contra mim repetidamente, e vendo minha mãe começar a chorar, saí de casa, e passei a trabalhar em algumas ocasiões e andar à toa em outras ouvindo ainda os berros do meu pai que, constantemente, me perseguiam.

Então, em 1948, tive mais um problema com a lei por ser idiota. Um sujeito e eu abrimos uma loja para limpeza e conservação de chapéus e polimento de sapatos na vizinhança. No quarto dos fundos, tínhamos mesas de vinte-e-um e jogo de dados. Pensamos ter arranjado um bom sistema de driblar a ação da lei. Um de nós ficaria como olheiro na frente da loja e, se alguém parecido com um policial entrasse, faria um sinal riscando a parede fina com a unha. O companheiro lá nos fundos jogaria fora os dados ou escaparia para que, assim, não restasse evidência alguma. Certo dia, eu estava na parte da frente da loja e um colega dos meus tempos da Escola Secundária Barbour Junior apareceu. Conversamos sobre os dias de colégio e, então, ele me disse que estava no ramo de construção civil. Perguntou-me se podia ir ao aposento dos fundos e eu o fiz entrar. Quando meu sócio o viu, reconheceu-o como um tira e saiu correndo pelos fundos com os dados.

O DIFÍCIL CAMINHO PARA O DINHEIRO FÁCIL

Nunca passara pela minha mente que alguém de nossa vizinhança pudesse ser policial. Era uma espécie de insulto chegar sequer a sugerir que qualquer um fosse um tira. De fato, há uma praga siciliana que diz a alguém para se tornar policial. Mas aquele rapaz era, de fato, um policial. Embora meu companheiro tivesse levado consigo a prova da jogatina e tudo o que houvesse ali fosse um amigável jogo de cartas em andamento, fomos detidos por vadiagem. A norma em vigor em relação ao nosso tipo de negócio era que as pessoas que o dirigiam teriam de pagar as multas quando os clientes fossem detidos por esse motivo. Assim, nosso pequeno negócio terminou por causa da obrigação de pagarmos uma série de multas referentes aos detidos. Esse foi o fim de meus tempos de proprietário de uma casa de jogos. E aconteceu justamente quando tudo ia bem, pois, até sermos surpreendidos pela polícia, estávamos ganhando dinheiro com certa facilidade. E, por algum tempo, eu realmente acreditara na existência de algo chamado dinheiro fácil, mesmo tendo suado a camisa para obter a maior parte do dinheiro que já ganhei em minha vida.

Depois houve outra série de empregos desagradáveis, brigas, demissões e horas passadas por aí com amigos, jogando sinuca ou fazendo qualquer outra coisa. Às vezes, penso que, se naquele tempo alguém tivesse me tratado de modo digno, eu poderia ter permanecido num emprego decente e aberto meu caminho para algo de bom e útil. Mas talvez o motivo de ninguém me tratar com dignidade residisse no fato de eu acreditar que não era alguém honesto, decente e agisse de maneira errada para provar exatamente isso. De fato, penso que procedia daquele modo desagradável para que, assim, meu pai sentisse que tinha razão, e então talvez viesse a gostar de mim. Sei que soa sem sentido, mas é assim que as pessoas parecem agir grande parte das vezes. Observe, por exemplo, os rapazes que tentam fazer com que as garotas gostem deles batendo nelas e chegando, algumas vezes, a matá-las. Isso é um contra-senso, mas parece ser o modo das pessoas agirem quando vivem brigando com o mundo por acharem que não recebem tratamento à altura do que merecem.

Finalmente, alguém me deu uma boa oportunidade, e daí em diante minha vida começou a mudar um pouco. Era Abe Saperstein, um construtor de casas em pequena escala. Ele arrematava lotes em diversos locais e, depois de contratar algumas pessoas, construía casas pequenas e baratas, uma de cada vez, talvez mais ou menos meia dúzia por ano. Ele não estava construindo nenhuma grande comunidade; tratava-se de uma operação pequena. Contratou-me para trabalhar como um operário comum, que era tudo o que eu podia fazer. Eu dirigia um caminhão, misturava cimento, carregava materiais de construção e trabalhava na colocação de tijolos e tudo mais naquelas casas. Naqueles tempos, Saperstein as construía talvez por $9 mil e as vendia por aproximadamente $12 mil.

Não era um lucro expressivo, e ele fazia tudo o que podia pessoalmente; desse modo, não precisava pagar comissões. Era algo muito parecido com o ato de obter empréstimo em um banco. As pessoas precisavam de casas baratas, e as adquiriam se pudessem financiá-las.

Como era um pequeno empreendimento, tive oportunidade de aprender como tudo era feito e conhecer as pessoas que eram chamadas para fazer o que não conseguíamos. Casei-me perto da época em que fui trabalhar para Saperstein e nosso primeiro filho já estava a caminho. Este fato, além de Saperstein me tratar bem e me permitir aprender tudo sobre aquele ramo de atividade, acabou me mantendo ali. Provavelmente, esse foi o primeiro emprego no qual fiquei por mais de um ano. Não era um grande emprego, mas dava para viver, eu tinha o suficiente para sustentar minha mulher, meu filho, Joe, e minha filha, Grace.

Quando Saperstein decidiu se aposentar, ele passou o negócio para mim. Não era algo realmente tão grande quanto parecia: tudo o que tínhamos se resumia a um velho caminhão, algumas ferramentas e um pequeno misturador de cimento. Mas eu havia aprendido como adicionar a isso uma certa dose de experiência e dirigir o negócio a meu modo. O sistema financeiro em Detroit tinha muitos altos e baixos, mais ainda que em outros lugares. Mas, num ano mais favorável, foi possível construir muitas casas – uma de cada vez – distribuídas em volta da cidade, manter as coisas em andamento e ganhar um pouco mais de dinheiro do que conseguiria num emprego comum.

A situação permaneceu razoavelmente bem por algum tempo. Mas por um período extremamente curto. Quando havia dois lotes vagos juntos, era possível poupar dinheiro escavando duas fundações ao mesmo tempo, adquirindo materiais de construção e contratando trabalhadores para levar adiante as duas casas. Mesmo que isso funcionasse numa escala maior do que de costume. Porém, não era necessário ser um gênio para perceber as vantagens de se conseguir algo maior. Então, decidi expandir a empresa de algum modo.

Saperstein era um homem decente. Sempre me tratou como a um filho, e eu gostava muito dele. Ele me ensinou bastante, enquanto eu passava de motorista de caminhão a supervisor das obras e, depois, a dono do negócio. Mas o que eu não tinha aprendido era em quem podia ou não confiar. Com o tipo de pequeno negócio que tínhamos, confiança não era importante. Ninguém confiaria em nós por muito tempo.

Assim, quando passei a trabalhar por minha conta, não sabia que não se podia acreditar em qualquer coisa, a menos que fosse colocada no papel. Comecei a procurar nos arredores um pedaço de terra onde pudesse construir um conjunto de casas de uma só vez. Todos os materiais necessários à obra podiam ser adquiridos e entregues a um custo mais baixo. Finalmente, encontrei um lote no subúrbio, ao norte de Detroit, onde construí cerca de cinqüenta casas. Consegui também levantar pelo menos quatro unidades ao mesmo tempo, a um preço bem mais acessível do que os anteriores.

A terra tinha um preço com o qual eu podia arcar, porque estava completamente desurbanizada – isso significava que não havia rede de esgoto. E, nos arredores de Detroit, as pessoas não comprariam casas com fossas sépticas. De início, o trato não me interessara. Entretanto, o vendedor dos terrenos disse: "Não se preocupe com o esgoto. Estive na prefeitura, em Mount Clemens, e ouvi a promessa de que eles planejam instalar a rede de esgoto aqui na primavera. Mas não conte a ninguém sobre isso, porque eles não querem que não haja uma especulação imobiliária exagerada."

Ótimo! Era isso que eu queria saber. Adquiri os direitos de propriedade daqueles terrenos com base em um contrato que incluía juros muito elevados. Mas isso não era importante, porque, uma vez que eu tivesse uma casa-modelo construída e começasse a vender a partir daí, certamente haveria dinheiro. Tudo parecia muito seguro.

Construí a primeira casa, coloquei cartazes e anúncios, e aguardei. Para diminuir o custo da operação, resolvi fazer a venda pessoalmente. Todos os fins de semana ia até lá e me sentava à porta daquela casa. É exatamente aos sábados e domingos que as pessoas têm tempo para procurar imóveis. Diversas pessoas iam até lá e gostavam do que viam. O preço era razoável e havia muitas vantagens para o comprador.

Porém, todos faziam a mesma pergunta: "Tem esgoto?" Eu lhes dizia o que sabia a respeito, ou seja, que os esgotos estariam funcionando ali dentro de poucos meses. Então, eles diziam que voltariam quando os esgotos já estivessem instalados. E eu ficava sentado ali, à espera. Nesse meio-tempo, minha dívida relativa aos terrenos e ao material de construção se mantinha no mesmo patamar. Costuma-se conceder um crédito de curto prazo no ramo de construção. Você só recolhe o dinheiro quando começa a vender. Mas eu não estava vendendo nada, e o crédito estava passando de curto a longo. Todos começaram a fazer cobranças. Minha dívida já era de $60 mil.

Por fim, compreendi que o melhor a fazer seria apressar aquela questão dos esgotos. Dessa forma, fui à sede da prefeitura e perguntei sobre o assunto. Todos me olharam de maneira estranha, perguntando a que esgoto eu me referia. Não havia plano algum para a instalação de rede de esgoto naquela área. Na verdade, nunca houvera, como soube logo em seguida, pois eles ainda não tinham intenção de colocar esgotos por lá. Nunca me senti tão idiota em minha vida, por ter acreditado na palavra daquele corretor de imóveis sem ter procurado checá-la. Mas havia acreditado nele, e tudo o que fizera até então – manter-me fora de confusões, trabalhar com afinco –, durante dez anos, foi por água abaixo.

Cheguei ao ponto de ter de estacionar o carro dois quarteirões à frente e entrar escondido em minha residência por um beco, pulando a cerca dos fundos. O banco estava tentando tomar o meu carro.

LEVANTE A CABEÇA E SIGA EM FRENTE

Então, certa noite, voltei para casa e June, minha mulher, me pediu dinheiro para comprar comida. Eu não tinha dinheiro. "O que as crianças vão comer?", perguntou ela.

Como responder a esta pergunta: "O que as crianças vão comer?" Ali estava eu, um construtor de casas que se deixara enganar até o ponto de perder tudo. Os cobradores estavam me perseguindo. O banco estava prestes a ficar com minha casa e meu carro. Tudo isso já era ruim, mas agora faltava comida. Por alguns momentos, meus antigos sentimentos voltaram. Eu não sabia fazer nada, como meu pai sempre disse. Não importava o quanto me empenhasse em me estabelecer na vida, sempre voltava ao mesmo ponto. Mas não podia esquecer aquela pergunta que minha mulher me fizera. Não havia tempo para sentir pena de mim mesmo. Eu era responsável por outras pessoas, minha mulher e meus filhos, além dos fornecedores a quem eu devia dinheiro, por um trabalho que eles haviam feito de boa-fé. Mas, naquele momento, não estava preocupado com dívidas, falência ou a perda do meu carro. O mais importante era como obter dinheiro suficiente para alimentar minha família no dia seguinte. Isso era tudo. Simplesmente evitar que eles tivessem fome. Eu sabia muito bem o que significava sentir fome na infância, quando tínhamos apenas espaguete para comer diariamente, muitas vezes sem qualquer tempero ou acompanhamento. Sempre fui um grande perdedor. Mas não faria outras pessoas sofrerem por conta do que fiz ou deixei de fazer. Sempre ganhei a vida para ajudar minha família. Na infância, às vezes eu era a única fonte de sustento deles. Quando trabalhava em fábricas e ganhava $90 por semana, meu pai me fazia entregar o pagamento e me devolvia apenas $2 para gastos pessoais. Sempre fora capaz de trazer para casa o bastante para alimentar minha mulher e filhos – talvez não muito dinheiro, mas o que era necessário – até aquele momento.

Não gastei tempo demais pensando em como havia sido estúpido em acreditar naquele corretor. Se tivesse refletido, poderia ter compreendido que acreditar na palavra dele sem uma comprovação talvez fosse outro modo de me arruinar, para provar a meu pai que ele estava certo e que eu não servia para nada. Apesar de tudo, mais tarde o ajudei financeiramente e construí para ele uma pequena casa, na qual ele viveu até o fim de seus dias. Então, tudo o que pensei foi em encontrar algum meio honesto de conseguir o sustento para a minha família.

Foi assim que ingressei no negócio de venda de carros. Esse foi o ponto de partida de algo que faria com que me convertesse no Maior Vendedor do Mundo.

Olhe para trás para aprender a olhar melhor para frente.

3

A NECESSIDADE ESTÁ NO INÍCIO DE TUDO

A idéia de vender carros para ganhar a vida já me ocorrera antes daquele dia. Na realidade, eu tinha um amigo que era vendedor de carros e, quando meu negócio no ramo de construção começou a se deteriorar, cheguei a lhe pedir algumas vezes para que me arrumasse um emprego como vendedor. Mas ele não me levou a sério, deixou de atender ao meu pedido e me disse que eu nada sabia sobre vendas.

Até certo ponto isso era verdade. Minha experiência com a venda de casas não contava muito porque, com o baixo preço que eu atribuíra às poucas que havia construído até então, não era necessário fazer muito esforço para vendê-las. As pessoas ficavam satisfeitas por encontrá-las. Tudo o que eu tinha de fazer era esperar no interior da casa-modelo, fechar o negócio e providenciar a papelada. Talvez eu tenha aprendido mais acerca da técnica de venda quando engraxava sapatos e vendia produtos nas ruas ou na traseira de um caminhão do que quando vendi casas. Fazer com que os bêbados nos bares e as donas-de-casa nas ruas prestassem atenção e gostassem de você era importante se quisesse ganhar um dinheiro extra ou vender seus produtos no primeiro lugar visitado. Sempre soube disso. Tive uma certa intuição de que a maneira que eu utilizava para convencer alguém a engraxar seus sapatos comigo ou me dar uma gorjeta e a maneira como convencia uma dona-de-casa a comprar com uma dúzia de espigas de milho, e não seis, significava *me* vender para eles.

Contudo, àquela altura de minha vida, tudo em que eu podia pensar era conseguir qualquer trabalho bem rápido.

Meu amigo que trabalhava com vendas de carros não deu importância ao meu pedido novamente e, então, fui procurar outro homem que eu conhecia que trabalhava nesse mesmo setor. Ele era gerente de vendas de uma concessionária Chevrolet. De saída, ele me explicou por que eu fora desencorajado por meu amigo. Ele me disse que vendedores de carros acham que há um determinado número de clientes e vendedores além do necessário. Pensam que todo novo vendedor que entra no salão de exposição do produto rouba suas oportunidades de vendas.

Desde a minha infância, eu tinha uma desvantagem para isso, pois gaguejava um pouco. Isso começara por volta de meus 8 anos. Parece que essa condição teve início quando meu pai passou a me bater com freqüência. Durante alguns anos, essa dificuldade na fala me causou uma série de embaraços penosos, mas o tipo de trabalho que eu fora capaz de fazer até então não exigia que falasse bem. Eu já havia conversado com muitas pessoas sobre o assunto, inclusive com médicos. Todos disseram praticamente a mesma coisa: comece a falar mais devagar. Tentei com afinco e creio que progredi algumas vezes, mas, até então, não houvera uma motivação forte o bastante para me fazer melhorar a maneira de falar, até que comecei a vender carros.

Na época, tive de tomar algumas providências a respeito. O que precisei fazer foi ensinar a mim mesmo a me concentrar no que estava tentando dizer, falar devagar e cuidadosamente. Realmente comecei a me apurar nesse sentido aos 35 anos. Logo aprendi a superar essa dificuldade, porque precisava; de outro modo, lá em casa não teríamos o que comer.

Aprender a superar aquela espécie de gagueira foi uma das coisas mais importantes que me aconteceram quando comecei a vender, porque me fazia pensar sobre o que estava tentando expressar, o que deveria dizer e o que as pessoas desejavam ouvir. Isso é algo que todos os vendedores devem fazer naturalmente, o tempo todo. Mas o fato de sofrer desse problema me obrigou a tomar a iniciativa. Não só me curei da gagueira como aprendi algo sobre as bases essenciais da comunicação, porque ouvia e media cuidadosamente cada palavra que dizia. Não tardou muito para que eu chegasse a um ponto no qual não titubeava mais e quase sempre dizia o que pretendia com precisão.

Eu já havia comprado carros e sabia que o negócio funcionava da seguinte maneira: os vendedores ficavam parados num grupo e, quando a porta era aberta, aquele que estivesse mais perto dela se aproximava do cliente. Mas eu estava desesperado e disse a um vendedor que eu conhecia:

– O que você me dirá se eu não tomar a frente de outros vendedores?

Ele me olhou com um ar meio estranho, porque aquilo não fazia sentido algum, e respondeu:

– O que aconteceria se eu simplesmente conseguisse clientes de outro modo, sem ficar dando voltas no salão?

Então, ele concordou com a proposta e fui contratado. Isso não significava nada, porque os vendedores daquela concessionária não recebiam "empurrão" algum. Na verdade, sequer dispunham de alguém para orientá-los até que alcançassem certo nível de vendas.

Eu conseguira o emprego e agora era um vendedor, mas não tinha a menor idéia do que faria para atrair os clientes. Sabia que muitos trabalhavam recorrendo a listas, mas desconhecia quais eram e como obtê-las. A única lista de que eu tinha conhecimento era a de endereços telefônicos. Assim, imaginei que teria de retirar algumas páginas do catálogo telefônico. Droga, pensei, era uma lista e todo mundo que estava nela tinha um número de telefone. Na realidade, retirei duas páginas referentes a assinantes residenciais e, então, refleti que pessoas de negócios usam veículos e que a maioria não está em casa durante o dia. Portanto, também retirei duas páginas relativas a assinantes comerciais.

Essa foi a minha primeira lista de prováveis clientes – quatro páginas do catálogo telefônico de Detroit. Não era muito, mas era melhor do que nada.

Tenho certeza de que isso daria uma excelente história se eu dissesse que o primeiro número que escolhi ao acaso me proporcionou um cliente que me procurou naquele mesmo dia e comprou um carro. Talvez eu contasse isso em detalhes para você se estivesse certo de que acreditaria em mim.

O PRIMEIRO CARRO QUE VENDI

Não, isso seria uma mentira. Fiz minha primeira venda naquele dia, realmente, mas não por intermédio de um telefonema. Na verdade, essa primeira venda foi feita a um cliente que entrou no salão de exposição pouco antes de fechar, quando todos os outros vendedores estavam ou ocupados com clientes ou indo para a casa.

Ele entrou e não havia mais ninguém ali além de mim. Olhei à minha volta por um breve instante, lembrando-me de que dissera que não tomaria a vez de nenhum dos outros vendedores. Contudo, atendê-lo não quebraria minha promessa, pois ninguém estava ali no momento. E, a essa altura, eu estava tão desesperado que teria lutado com qualquer um que tivesse atravessado meu caminho.

Muitos indivíduos emolduram o primeiro dólar ganho em sua nova atividade. Assim, podem recordar todos os detalhes da primeira venda que fizeram em seu ramo de negócios. Talvez você suponha que tenho condições de me lembrar de cada um dos detalhes daquela primeira venda. Ou, se isso não for possível, deve pensar que seria bom para aumentar o interesse neste livro que eu inventasse uma história acerca dessa minha primeira venda. Não farei isso e digo com toda franqueza que não me lembro do nome do comprador nem recordo que tipo de carro adquiriu.

Só me lembro de duas coisas em relação àquela primeira venda: a primeira, que ele era vendedor da Coca-Cola. Lembro-me desse detalhe talvez porque tenha algo a ver com mercearias, as quais, naquele dia, estiveram em minha mente quase todo o tempo. A outra coisa de que me lembro foi a sensação que experimentei quando vi aquele homem pela primeira vez associado à idéia de que ele não sairia dali sem comprar um carro de mim. Até hoje, não consigo me lembrar de seu rosto, por uma razão muito simples: embora eu tenha olhado para ele, tudo o que via era o que desejava dele. E o meu maior desejo era uma sacola de compras para alimentar minha família.

Não consigo me lembrar do vocabulário que usei como vendedor. Não sabia muito a respeito de carros ou como vendê-los, ou outra coisa qualquer. Assim, não obtive muito êxito. Nunca ouvira falar de treinamentos para responder a qualquer objeção corretamente, mas tenho certeza de que, sempre que ele apontava algum obstáculo, eu conseguia despertar seu interesse de novo. Se ele pusesse obstáculos para a compra se referindo à opinião ou aos gostos de sua mulher, estou certo de que eu o faria telefonar para ela ou iria junto com ele no carro até a sua casa. Não sei nada mais sobre aquele homem, exceto que ele significava o único meio de que eu dispunha naquele momento para modificar minha vida e cumprir com minhas obrigações junto aos meus. Ele significava uma bolsa de mantimentos e, se eu vendesse um carro para ele, minha família teria o que comer.

Vontade. Minha própria vontade e necessidade. Isto era tudo o que eu conhecia. E essa necessidade fora suficiente para me fazer dizer e tomar as atitudes necessárias e certas, com o propósito de lhe vender o carro. Não estou dizendo que isso resume tudo de que se precisa para vender, no passado ou no presente. Mas significa algo muito importante: se você quer, e sabe o que quer, já tem muito do que precisa para ser um vendedor bem-sucedido. É isso que quero dizer. Ninguém pode ser um grande vendedor sem querer isso. É preciso desejar muito alguma coisa. E quanto mais você sabe o que quer, mais obtém a motivação necessária para fazer o que se chama vender.

A razão de eu ser o Maior Vendedor do Mundo talvez seja o fato de que não há nada que se possa querer mais do que alimentar uma família com fome. Isso não significa que você precise ter uma família passando fome ou alguém que necessite de uma operação urgente para ter sua vida salva ou algum problema tão assustador para poder vender carros ou qualquer outro produto. Mas você tem de desejar ou necessitar de algo e saber do que esse algo se trata. E terá de compreender cada movimento feito no sentido de conseguir o que quer que seja.

Certa vez, vi aquele vendedor da Coca-Cola como uma bolsa de mantimentos que eu levaria para casa, para a minha família; ele era a venda em si, quer ele soubesse disso quer não. Não consigo pensar em algo mais que eu tenha desejado tanto como aquela sacola de mantimentos. Mas tenho desejado um bom número de outras coisas. Sempre soube identificá-las, e procuro associar cada telefonema, cada palavra que digo a cada cliente, ao cumprimento dessa vontade.

Em primeiro lugar, você tem de saber o que deseja. Segundo, tem de ter noção daquilo que pode obter se vender ao próximo cliente em potencial.

Você pode pensar que isso é um tanto simples demais. E está certo. Mas é apenas algo ligeiramente muito simplificado. Porque isso fez de mim um vendedor naquele primeiro dia. Não conhecia nada senão minha própria vontade e o fato de que, se vendesse àquele homem, conseguiria aquela bolsa de mantimentos. E consegui. Vendi o carro ao tal homem e depois conversei com o gerente de vendas para que me emprestasse $10, a fim de comprar mantimentos para a minha família. E não me diga que isso não funciona.

Sua motivação aumentará se você souber o que deseja.

4

O "FILANTE" É UM SER HUMANO

Desconheço o termo que você usa em sua cidade e em seu ramo de negócio para descrever a figura do cliente. Mas, em Detroit, no ramo de venda de automóveis direto ao consumiror, o cliente é chamado de "filante". É um termo duro, porque é um modo desagradável de se referir a alguém que aparece para nos proporcionar ganhos. Esta expressão cria, entre os vendedores, uma atitude negativa em relação à pessoa que deseja comprar algum produto.

Agora que abordei o assunto, quero deixar claro que os vendedores de Detroit não usam esse termo pejorativo gratuitamente, não importa o quanto isso possa prejudicar seu desempenho. Há motivos para que os vendedores se sintam meio hostis em relação aos clientes em potencial, e até aos clientes em geral. Entendo esses motivos e você também entenderá. Mas me empenho bastante para não pensar num cliente como o "filante". Porque tais designações podem se tornar destrutivas.

Analisemos o modo como encaramos os clientes e o que eles realmente são. Antes de tudo, eles são seres humanos com os mesmos tipos de sentimentos e necessidades que nós, ainda que nos inclinemos a imaginá-los como pertencentes a uma estirpe diferente.

A maioria das pessoas que aparece para comprar carros nos locais onde realizo minhas vendas pertence à classe trabalhadora. São pessoas que realmente labutam muito para ganhar seu dinheiro. E, para a maioria, seja qual for a soma que gaste conosco, é um dinheiro do qual não mais poderá dispor em algo que necessite ou deseje. Não creio que tal observação seja uma novidade para você, mas tenho certeza de que, assim como acontece comigo, muitas vezes, você se esquece disso.

Isso ocorre porque somos profissionais cujo tempo vale dinheiro e, todo dia, atendemos várias pessoas que não parecem levar nada a sério, limitando-se a consumir nosso tempo. Este é realmente o problema e o motivo real de encararmos tais pessoas como "filantes" ou qualquer outro termo que você adote no lugar em que vive.

Um ponto a ser lembrado aqui é que, quando um cliente surge, ele se mostra um pouco assustado. (A propósito, quando digo "ele", é simplesmente por conveniência. Cerca de 30% de meus clientes são mulheres que compram carros com seu próprio dinheiro; portanto, o que quero dizer realmente é "ele ou ela".) Alguém que vai à agência, provavelmente está lá para comprar. Digo "provavelmente" porque sabemos que há um bom número de pessoas comprando neste mundo. Tenham ou não consciência disso, eles estão interessados principalmente no que você está vendendo. E interessados o bastante para se converterem em compradores, mesmo quando estão apenas vendo vitrines. Porém, eles têm medo. Têm receio de dar \$100 por um par de sapatos, \$300 por um terno, ou \$20 mil por um carro. Isso é dinheiro; e dinheiro é ganho com dificuldade. Então, eles ficam assustados. E com receio de você também, porque todos sabem – ou pensam que sabem – que os vendedores estão ali para atraí-los.

Isso não é realmente verdadeiro no que diz respeito à maioria de nós, vendedores. Entretanto, assim que essas pessoas entram na loja, a maioria começa a se sentir quase em pânico. E se limitam a olhar o mostruário. Desejam passar o tempo. Então, sentem vontade de sair dali às pressas, entrar no carro e ir embora, antes que alguém possa dizer-lhes algo.

Essas pessoas necessitam do que temos para vender. Eis o porquê de estarem ali. Dessa forma, permanecem onde estão. Mas ainda continuam amedrontadas, porque lhes contaram que tipo de pessoas nós, vendedores, pretensamente somos. Sejamos francos: vendedores não desfrutam de uma reputação muito boa neste mundo, pois há sempre quem diga que os vendedores estão tentando tirar o máximo que podem de dinheiro dos clientes. Todo mundo sabe de alguém que está vendendo isto ou aquilo mais barato ou por atacado. Este é um dos maiores problemas no negócio de carros, e em todo o resto também. Todos esses clientes pensam saber que não conseguirão o que desejam ao preço que deveriam pagar realmente. E isso os assusta.

Mas ali estão eles, cruzando a porta de entrada da loja, sentindo-se, de algum modo, receosos. Cheios de desconfiança e medo, prontos a dizer ou fazer algo para se proteger do que supõem que você, vendedor, tentará fazer com eles. Você pode até se deparar com pessoas que lhe entregarão $10 ou até mesmo $20 de depósito simplesmente para se retirar da loja... e nunca mais voltar, sequer para reaver seu dinheiro. Assim, isso deve esclarecer, de algum modo, como essas pessoas se sentem a respeito da situação em que se meteram.

Esta é a razão pela qual muitos de nós – mesmo eu, algumas vezes – chamamos uma pessoa assim de "filante". Nós a imaginamos como alguma espécie de estranho animal que irá mentir, inventar pretextos e tomar nosso precioso tempo – e ele é realmente precioso, não devemos nos esquecer desse aspecto fundamental.

A GUERRA SEM VÍTIMAS

Isso significa que o que fazemos diariamente em nossa vida profissional é uma espécie de guerra. É isso que quero dizer. Trata-se de um tipo de guerra, porque alguns clientes em potencial surgem como inimigos. Eles acham que estamos tentando impor-lhes alguma coisa, e, de nossa parte, pensamos que eles estão ali para nos roubar tempo. Mas se você deixar tudo ficar por isso mesmo, estará em apuros, porque eles se manterão hostis, e você também vai se sentir assim. Haverá mentiras e objeções de ambas as partes. Talvez venham a comprar; talvez não. De um modo ou de outro, se o sentimento de hostilidade de ambas as partes permanecer atuante, ninguém se sentirá bem com o que acontece. Mais importante ainda: a probabilidade de efetuar uma venda não é muito boa se a suspeição, a hostilidade e a falta de confiança estiverem presentes.

Desse modo, o que você deve fazer? Ainda não estou disposto a entrar em detalhes sobre o processo de vendas. Quero enfocar as atitudes básicas de clientes e vendedores nessa guerra diária de vender algo. Vamos deixar de lado as pessoas que realmente são "filantes" (há algumas que costumam olhar os mostruários e não comprar nada – isso, para elas, é um tipo de jogo). Vamos nos esquecer das pessoas que se auto-intitulam vendedoras e regateiam com todos que encontram pela frente porque não conseguem superar os próprios problemas emocionais. (Todos nós, algumas vezes, temos problemas emocionais, mas levamos a sério a questão de manter tais problemas no âmbito familiar ou então convertê-los em atitudes úteis ao ato de vender.) Estamos falando de pessoas que se consideram vendedores profissionais sérios e dedicados.

Agora, vamos analisar de novo aqueles que chamamos de "filantes". Antes de mais nada, essas pessoas não são filantes. São seres humanos que trabalham arduamente para ganhar seu dinheiro e estão verdadeiramente interessados em comprar algo de você, vendedor. Essa tem de ser a primeira suposição básica acerca de alguém que você venha a conhecer. Como eu já disse, e como você mesmo sabe, estas pessoas sentem receio de você, e especialmente do que estão prestes a fazer. Elas acham que estão em guerra com você e, seja o que for que você pense, isso significa que você também está em guerra com essas pessoas.

Não estou dizendo que isso seja uma atitude saudável, mas sim que, geralmente, é um fato. Trata-se, porém, de um fato com o qual você pode lidar e converter em vantagem para alguém. Pois se entender o que se passa na mente do cliente, pode ganhar essa guerra e convertê-la numa experiência valiosa tanto para si mesmo como para seus clientes. Dominando o receio inicial de seus clientes e marcando o ponto da vitória, isto é, realizando uma venda, você conseguirá fazer isso.

Não há mal algum em pensar que uma situação de venda se assemelha a uma guerra, desde que você entenda que a vitória – o momento em que você obtém a assinatura do cliente, o dinheiro, a venda em si – é uma experiência boa para ambas as partes. Você derrotou o "inimigo", marcou pontos, venceu e usou seu tempo de maneira adequada, além de ter ganho dinheiro.

Mas o inimigo, o "filante", o cliente receoso, caso a venda seja adequada, também se beneficia. Ele consegue adquirir o que veio procurar: agora possui o par de sapatos, o terno ou o carro. Ele também sai ganhando. E deve se sentir desse modo. Deve perceber que empregou bem seu tempo, que gastou bem seu dinheiro. Ele perde a guerra, mas também ganha.

Este é certamente o melhor tipo de guerra – aquela em que todos ganham e ninguém perde. A situação configurada pela venda de algo, se manejada adequadamente, é um modo tão bom quanto qualquer outro para um vendedor profissional se livrar do próprio sentimento de hostilidade, de onde for que este provenha.

Com freqüência, penso que, a cada vez que enfrento um cliente, estou, de algum modo, enfrentando meu pai de novo. Ora, o que sempre desejei realmente em relação a meu pai foi derrotá-lo e fazer com que ele me respeitasse e amasse por isso. De certo modo, eu o derroto todas as vezes que vendo um carro, o que é freqüente. Mas, ao mesmo tempo, eu o faço feliz, porque ele terá comprado um carro de mim. Não sei o que um psiquiatra diria sobre algo assim. Todavia, todos nós temos sentimentos de raiva e medo, e, se podemos superá-los uma, duas ou vinte vezes por dia, ao fazermos uma boa venda, o que há de errado nisso?

Não há nada na carreira de um vendedor que dê mais satisfação do que fazer uma boa venda. Para mim, uma boa venda é aquela em que o cliente vai embora com aquilo que veio buscar, a um preço tão bom que ele passa a dizer a seus amigos, parentes e colegas de trabalho para comprarem um carro com Joe Girard. Esse é o tipo de vitória que procuro a cada dia na guerra contra os "filantes". Eles deixam de ostentar essa condição quando se despedem de mim. Eles são seres humanos que não têm mais receio de mim, porque *ambos* vencemos a Guerra da Venda.

Nos Estados Unidos, tenho conversado com pessoas que dizem que os vendedores exploram seus clientes. Sabe o que lhes digo? Faço a seguinte pergunta: "Como posso explorar uma pessoa ao oferecer a ela um bom produto, a bom preço, em troca de seu dinheiro?" Ainda por cima, quando a pessoa não dispõe do dinheiro necessário – e muitas pessoas, evidentemente, estão nesse caso –, eu a ajudo a obter crédito para comprar seu carro. Existe exploração da classe trabalhadora quando um homem se despede de mim na agência levando um carro que adquiriu por $20 mil? Acredito que não, e estou certo de que você também não.

Portanto, lembre-se: o cliente não é um "filante" quando deixa a agência de automóveis, por mais que ostente tal condição no momento da entrada naquele estabelecimento. Faça dele um amigo e ele colaborará com você. Cerca de seis entre cada dez dos clientes aos quais já vendi carros são ou um antigo cliente que voltou a comprar comigo ou alguém que ouviu meu nome ser mencionado em algum lugar. Isso constitui 60% de todo o meu negócio. Alguém que se intitula um vendedor pode apressar e iludir um cliente para que compre seu produto, mas esse cliente não retornará ao local de venda se sentir que foi ludibriado. E 60% de meus negócios resultam de clientes satisfeitos e de pessoas conhecidas. Assim, expulse de sua mente termos pejorativos como "filante". Eles somente obliteram o modo de perceber as oportunidades reais e de usá-las.

Afinal de contas, o que importa é encontrar um modo satisfatório de ganhar algum dinheiro. E nada é mais gratificante num emprego do que proveitos e lucros. Assim, preste atenção a seus sentimentos da próxima vez que se confrontar com um cliente. Tente perceber seus próprios sentimentos a respeito dele. Você está irritado por que ele interrompeu uma piada que estava contando justo naquela ocasião? Ele, por acaso, se parece com alguém de quem você não gosta? Ou estava fumando cachimbo? Esqueça todas essas tolices que outros sujeitos lhe dizem a respeito de fumantes de cachimbo não serem capazes de tomar decisões. Talvez eles só se escondam atrás de seus cachimbos. Mas seu trabalho consiste em superar o desejo deles de se esconder de você. Essa é a primeira coisa que você tem de fazer, porque não se pode vender a uma pessoa assustada. Ela acabará fugindo de você. Não se pode vender a um "filante", porque ele logo percebe como nos sentimos a seu respeito. Você não pode vender a um "filante" – pode fazê-lo somente a um ser humano. Assim, inicie cada conversaa com um cliente com esse pensamento em mente. Você tem uma guerra em suas mãos – com o seu cliente e com seus próprios sentimentos. Não se esqueça de quem você é e de quem ele é. Não esqueça o motivo pelo qual estão ali reunidos: a realização de uma venda boa e útil para ambos.

Você não pode vender a um "filante"; só pode vender a outro ser humano.

5

A Lei Girard dos 250

Tenho uma norma muito rígida sobre lidar com clientes. No capítulo anterior, tentei dar-lhe alguma idéia da atitude que assumo diante de todas as pessoas que conheço. Você pode pensar que, por eu ser um superastro nesse ramo de negócios, posso me dar ao luxo de despachar um camarada se ele estiver me aborrecendo, se não sinto simpatia por ele, ou sem qualquer motivo aparente. Observe minhas vendas e meu registro de rendimentos.

Mas se você acredita nisso, está perdendo de vista o ponto mais importante: seja como for que esteja me sentindo ou na companhia de quem quer que esteja no momento, não permito que meus sentimentos venham à tona e interfiram na situação. Este é um negócio em que estamos envolvidos, uma profissão importante. Essas pessoas, esses clientes em potencial, esses compradores, são a coisa mais importante para nós neste mundo, para cada um de nós. Eles não representam interrupções ou dores de cabeça. Eles são aquilo de que vivemos. Se não compreendemos isso como uma dura verdade do mundo dos negócios, então não sabemos o que estamos fazendo aqui. Não estou falando sobre alguns deles ou a maioria. Estou me referindo a *todos* eles.

Permita-me explicar o que chamo de "Lei Girard dos 250". Pouco tempo após ter ingressado no negócio de carros, fui a uma funerária a fim de prestar minhas derradeiras homenagens à falecida mãe de um amigo meu. Nas funerárias católicas norte-americanas, tem-se por costume distribuir cartões com convites para a missa de sétimo dia e um retrato do falecido. Estava acostumado a vê-los há anos, mas nunca pensara a respeito deles com maior atenção até aquele dia. Uma pergunta me veio à mente e a fiz ao dono da funerária:

– Como o senhor sabe quantos cartões desses devem ser impressos a cada falecimento?

E ele respondeu:

– Isso é uma questão de experiência. Consultamos o livro no qual as pessoas assinam seus nomes e os contamos. Após algum tempo, percebemos que a média de pessoas que vêm aos funerais gira em torno de 250.

Pouco tempo depois, vendi um carro para o encarregado de um funeral protestante. Após fechar o negócio, perguntei-lhe qual era a média de comparecimento das pessoas que vão ver o morto e assistir ao funeral. E ele respondeu: "Cerca de 250."

Então, certa tarde, minha mulher e eu fomos a um casamento, e eu conheci o proprietário do restaurante onde ocorrera a recepção. E perguntei a ele qual era, em média, o número de convidados num casamento. E ele respondeu: "Cerca de 250 da parte da noiva e 250 da parte do noivo."

Talvez você já possa imaginar o que é a "Lei Girard dos 250", mas, assim mesmo, explicarei: todo homem e toda mulher conhecem em sua vida 250 pessoas importantes o bastante para serem convidadas para o seu casamento ou funeral... 250!

Você pode argumentar dizendo que pessoas solitárias não têm esse número de amigos, mas lhe digo que um grande número de pessoas tem mais do que isso. Contudo, as cifras provam que 250 é a média habitual. Isso significa que, se eu atender cerca de 50 pessoas durante uma semana, e somente duas delas se sentirem desgostosas com o modo como as tratei, no fim do ano haverá perto de cinco mil pessoas influenciadas justamente por aquelas duas por mês. Vendo carros há 14 anos. Assim, se perdesse apenas dois clientes por semana entre todos os que atendo, haveria, então, 70 mil pessoas, a lotação inteira de um estádio, que teriam certeza de uma coisa: não comprem carro com Joe Girard!

Não é preciso ser um gênio em matemática para saber que a "Lei Girard dos 250" é a coisa mais importante que você pode aprender comigo.

Pense simplesmente nisto: um provável cliente aparece e você está se sentindo aborrecido e, assim, o trata de modo desagradável. Então, ele volta para seu trabalho e alguém lhe pergunta: "O que há com você?" E ele responde: "Acabo de ser maltratado por Sam Glotz." Ou, então, alguém está querendo comprar um carro, o homem em questão sabe disso e diz: "Fique longe de Sam Glotz. Ele não vale nada."

Você nunca sabe quem é gerente de uma loja ou um supervisor considerado por um grande número de pessoas numa fábrica ou escritório como uma grande autoridade. Você nunca sabe se algum desses clientes mal atendidos é o presidente de uma loja maçônica e, depois de passar na concessionária, vai a uma reunião de sua sociedade. Ou pense ainda num barbeiro ou dentista, pessoas que conversam com um bocado de gente diariamente, como parte de seu trabalho. Ou, então, num outro vendedor de um produto diferente.

Se uma pessoa comum tem cerca de 250 amigos que vê com regularidade no decorrer de sua vida, que dizer então dessas outras pessoas conviver com mais de 250 durante uma semana, no transcurso normal de suas atividades profissionais?

Você pode permitir que uma só pessoa, uma, venha procurá-lo para adquirir algo e saia magoada e insatisfeita? Não, pois uma pessoa em média influencia 250 outras ao longo de sua vida. Não, repito, pois um grande número de pessoas com quem você lida diariamente tem contato com inúmeras pessoas todos os dias.

Muitas pessoas conversam bastante com outras pessoas sobre aquilo que compram e/ou tencionam comprar. Outras estão sempre dando sugestões sobre onde seus amigos podem comprar isso ou aquilo e quanto devem pagar pelo produto. Isso é parte de uma grande parcela da vida cotidiana das pessoas comuns.

Como você pode se permitir o risco de desagradar a apenas uma dessas pessoas? Eu não posso. E saiba que, se alguém pudesse dar-se a esse luxo, esse alguém seria eu. Mas sei que não posso fazer isso, porque tenho consciência da relação entre minhas vendas e meus rendimentos e aquilo que as pessoas falaram com outras a meu respeito. Esta é uma força poderosa em minha vida profissional, e pode ser da sua vida também.

Não estamos aqui falando sobre amor ou amizade. Falamos sobre negócios. Não me preocupo com o que você pensa realmente acerca das pessoas com quem lida. O que importa é o modo como você se comporta em relação a elas, o modo como as trata. É claro que, se não puder controlar seus reais sentimentos, aí então terá um grande problema pela frente. Mas isso é um negócio, e em negócios, todas essas pessoas – os que pechincham, os que têm aparência desagradável, os excêntricos, os fumantes de cachimbo – podem representar dinheiro em seu bolso.

Quando você despacha uma dessas pessoas, apenas uma, com irritação ou um comentário ríspido, está correndo o risco de ficar com má reputação entre pelo menos 250 outras pessoas com boas condições econômicas para fazê-lo ganhar alguns dólares a mais.

Essa é uma atitude típica do mundo dos negócios e que você faria bem se aprimorasse e mantivesse em mente todas as horas de seus dias de trabalho, se não deseja ser atingido pela "Lei Girard dos 250".

Cada vez que você perde apenas um cliente em potencial, perde mais 250.

6

NÃO SE JUNTE AO CLUBE

Não foi em meu primeiro dia como vendedor que descobri a Lei dos 250. Foram necessários alguns anos para que eu colhesse bons resultados graças a ela. Não posso calcular ao certo o quanto me custou a perda de clientes e de seus respectivos amigos, parentes e colegas de trabalho. Tenho de admitir que, mesmo recentemente, tive de me esforçar para não explodir vez ou outra quando alguém fazia um comentário sobre *dagos* ou *wops*. Mas, em algumas ocasiões, meus esforços para esfriar o sangue siciliano quente não funcionaram.

Aprendi uma lição importante muito cedo em minha profissão: *Não se junte ao clube*. Muitos vendedores aprendem isso em seu primeiro dia de trabalho, mas cedo se esquecem desse lembrete. Seu significado é o seguinte: não participe do que chamamos "a arena das confidências ou conversas fiadas". Trata-se do lugar onde as pessoas se reúnem pela manhã e passam seu tempo falando e discutindo sobre o que fizeram na noite passada, ou o que suas mulheres falaram a respeito disso na hora do café da manhã, ou ainda algum outro assunto que nada tem a ver com o trabalho.

Todo mundo sabe do que estou falando. Um vendedor se aproxima do grupo e pergunta: "Vocês ouviram falar de Phil Jones?" Phil Jones era um rapaz que trabalhara ali há dez anos e ninguém o conhecia naquele grupo, mas ficaram ouvindo enquanto o companheiro falava sobre como Phil sofrera um acidente ou ganhara na loteria. O que isso importa? Que dinheiro você ganha com isso?

Então, o carrinho de café e refrescos se aproxima e todos começam a tirar a sorte para ver a quem cabe a vez de pagar o café naquela manhã. Enquanto isso, o dia vai passando e chega a hora do almoço. Agora, a pergunta que se segue é esta: *Aonde vamos comer?* Alguém menciona um lugar e, então, todos discutem e fazem uma votação e, finalmente, vão almoçar, normalmente no mesmo lugar onde há outros vendedores – assim, eles não encontram ninguém que possa ajudá-los a ganhar um centavo sequer. Após o almoço, temos mais tempo perdido com histórias e uma conversa sobre quem deve o que a quem para completar o dinheiro do almoço. Antes do final do dia, lá se vão todas as oportunidades de se fechar algum negócio.

Lembre-se: esse é o *seu* negócio, não importa para quem você trabalhe ou o que venda. E, quanto melhor você o conduzir, maior será o número de pessoas que se tornarão *seus* clientes. Cada minuto que você gastar procurando um meio de escapar ao trabalho lhe custará dinheiro. Ah, você quer dizer que já ouviu isso antes? Mas então, se você se junta àquele grupo que forma um clube de vendedores circulando em torno da porta da frente das agências, não está pondo em prática o que conhece, porque não ganhará dinheiro passeando com os colegas.

APRENDA COM A PRÓPRIA EXPERIÊNCIA

Eu disse que talvez você já soubesse disso, no caso de ter sido vendedor profissional por qualquer período de tempo. Tudo o que tem a fazer é lembrar do tempo em que veio trabalhar pela primeira vez em seu local de trabalho atual. Lembre-se de quando não conhecia nenhum de seus companheiros. Você se sentia um pouco solitário. Sem ninguém por perto para conversar. Assim, era obrigado a se concentrar naquilo que tinha para fazer. Talvez você gastasse algum tempo tentando conhecer o produto a ser vendido. Ou então costumasse se aproximar do vendedor-chefe que estava conversando com um cliente para que, assim, pudesse aprender algo sobre o modo certo de fechar uma venda. Quem sabe você usasse o telefone ou enviasse algumas amostras do produto pelo correio a amigos e parentes, com a indicação de seu local de trabalho e do que estava vendendo. Ninguém precisou dizer a você que agisse assim porque, se você possui algum sentido de negócio, sabe que essas são atitudes que qualquer vendedor tem de tomar quando começa a trabalhar num local. É como uma grande estréia.

E o mais importante é que você age assim porque dispõe de um bom tempo. Não há ninguém com quem conversar, contar piadas ou coisas do gênero. Então, após certo tempo, você se torna um dos rapazes do "clube" e pára de fazer a maior parte ou tudo aquilo que fazia. Você já não é mais o mesmo de antes, interessado e dinâmico, e indaga a si mesmo o que aconteceu àquele negócio que estava fazendo quando começou a trabalhar. Bem, é normal que isso seja assim, você diz a si mesmo. Algumas vezes, você se mostra diligente, vivo; outras, não.

A EMOÇÃO DA VITÓRIA

Não acredite nisso. Bem cedo em minha própria atividade como vendedor, aprendi essa lição do modo mais difícil. Uma vez que consegui aquela bolsa de mantimentos para alimentar minha família, compreendi o valor de uma venda vitoriosa. Antes de tudo, havia aquela necessidade imediata: levar comida para casa. Mas existia algo além daquilo, porque, naquela primeira venda feita, havia a emoção especial de efetuar a venda em si. Eu tinha vendido algumas casas um ano antes, em meus tempos de construtor. Mas elas não significaram uma venda muito real, em razão do preço que eu pedia – naqueles dias de escassez, as casas eram baratas. Mas conseguir que um vendedor da Coca-Cola comprasse de mim um Chevrolet foi um triunfo real. Não só consegui comprar comida e ganhar uma comissão, como também senti o arrebatamento da vitória que todo vendedor experimenta quando é autêntico. Aquela era minha primeira venda, e ela me proporcionou a confiança necessária para tentar tudo que eu pudesse pensar sobre faturar mais ainda. Não conhecia nenhum dos outros vendedores daquela agência, e sabia que eles se ressentiam da presença de um sujeito novo ali, porque me viam como alguém que pretendia roubar suas oportunidades de negócio. Desse modo, não fiz amizades ali. Em vez disso, vendi muitos carros. Em meu primeiro mês, vendi 13; no segundo, 18. E, ao final do segundo mês, já figurava entre os de melhor performance no setor de vendas. Então, fui despedido.

Já faz muito tempo que aquilo aconteceu, mas o que me lembro é que os outros companheiros fizeram objeções às minhas vendas. Declararam que eu roubava a chance deles efetuarem negócios. Penso que o que realmente os levava a reclamar era o fato de eu ser um novato, sem experiência alguma, mas que estava indo tão bem quanto eles, ou até melhor. Além disso, não fiz amizade com eles.

Assim, fui trabalhar em outra agência de automóveis, onde permaneço até hoje. Quando entrei ali pela primeira vez, o gerente de vendas me disse que eu faria melhor se não gastasse meu tempo no andar térreo fazendo amizade com os outros vendedores. Eu já havia começado a aprender isso, mas também sabia que não tinha sentido algum fazer deles meus inimigos. Portanto, procurei ser mais cuidadoso dessa vez. Eles sabiam que eu vendia de um modo diferente daquele que empregavam e que não gostava de desperdiçar minhas horas de trabalho em rodinhas de conversa. E sabiam que isso me rendia – como rende – dividendos. Existem as zonas usuais de atrito entre pessoas que trabalham num mesmo lugar. Mas tenho conseguido trabalhar do *meu* modo e ainda permaneço no mesmo lugar.

Entre os assuntos prediletos de conversa entre vendedores de automóveis, figuram os seguintes: qual agência é a melhor, o que há de errado com o lugar onde estão trabalhando e como as coisas são melhores em algum outro lugar onde outros colegas seus trabalham. Tenho permanecido onde estou durante todos esses anos porque o que conta mesmo é *como* você trabalha, e não *onde* trabalha. Estamos bem localizados, mas também ocorre o mesmo com muitas concessionárias de Chevrolets, ou com quaisquer boas concessionárias, não importa do quê. Nosso plano de carreira é quase tão bom quanto qualquer outro. Assim, pude constatar que o que importa de fato é a eficiência com que trabalho, e não o quanto arduamente trabalho.

Quando os rapazes vão almoçar, sabem que dificilmente irei com eles, porque tenho outras coisas a fazer. Só saio para almoçar com alguém se tiver boas razões profissionais, e não simplesmente para ser um bom camarada. Em outro capítulo, falarei sobre quem levo para almoçar, o que faço quando isso ocorre e o porquê. Nesse momento, gostaria de dizer que, quando estou trabalhando, me concentro inteiramente nos negócios, quer *pareça* ou não.

A mensagem que estou tentando apresentar é esta: *Não se junte ao clube*. Se você já fizer parte de um, procure sair dessa situação; do contrário, encorajará outros maus hábitos e atitudes erradas.

Pense o seguinte: quantas vezes, quando o gerente convoca uma reunião sobre vendas, você não ouve todos os rapazes resmungarem e exclamarem: "Aí vem uma nova sessão de bobagens!" Quando comecei a vender carros, não sabia nada sobre venda de automóveis ou coisas do gênero. Comparecia àquelas reuniões porque considerava que poderia aprender alguma coisa. E sabe o que aconteceu? Aprendi realmente. Você pode não gostar de seu gerente de vendas, mas ele provavelmente sabe bastante sobre a arte de vender, apesar de eu concordar com o fato de que a maioria dos filmes demonstrativos que eles nos exibem não seja muito boa. Isso acontece porque são feitos principalmente por pessoas que, na realidade, nunca venderam nada, exceto filmes. (E por isso produzo e vendo meus próprios filmes sobre treinamento de vendedores; ainda que meus filmes não tenham riqueza de técnica, as empresas que os adquirem me dizem que eles proporcionam uma noção boa e adequada de técnica de vendas.) Mesmo assim, os assuntos abordados pelo gerente nas reuniões sobre vendas faziam sentido para mim. E cheguei à conclusão de que ele sabia mais sobre vendas do que eu, o que, pelo menos naqueles dias, fazia sentido. E verifiquei que, se fizesse o que ele e aqueles filmes exemplificavam, as vendas dariam certo e eu conseguiria mais negócios. De qualquer forma, usando o telefone, enviando prospectos diretamente pelo correio, tudo, enfim, daria resultado se eu o fizesse em boa quantidade.

A partir de então, aprendi a agir melhor do meu modo, e preparei meus prospectos a serem remetidos pelo correio. Estes surtiram mais resultados do que os deles. Mas o que eles tinham para dizer e nos diziam para fazer era melhor do que nada. Bem melhor do que nada, digamos assim, e isso é algo que você não pode aprender se fizer parte da rodinha, do "clube". Porque, dificilmente, alguém que passa o dia todo à toa com colegas dirá a você quantos negócios terá condições de fechar simplesmente usando o telefone durante uma hora ou mesmo por dez minutinhos por dia. E nenhum de seus companheiros falará a você: "Não dê atenção às minhas piadas tolas. Vá para o escritório e escreva nomes e endereços em dez cartas comerciais e envie-as todo dia; dessa forma, você estará em contato com 2.500 pessoas todos os anos que dirigem carros e algum dia necessitarão de outro modelo."

A maioria dos rapazes do "clube" pensa que todos os negócios de que você necessita circulam na porta das lojas diariamente. Assim, eles nunca irão dizer a você o que eu sei: que pode fechar os maiores negócios sem pertencer ao clube, porque usa todo o seu tempo fazendo com que as pessoas apareçam e perguntem por *você*, e não simplesmente se aproximem da porta e aguardem pelo vendedor que se acha na vez de atendê-los. Um bom número de vendedores consegue agir desse modo, isso enquanto a sorte os favorece. Mas ninguém pode vender a todo mundo. Assim, o vendedor que aguarda sua vez tem de assumir riscos.

FAÇA COM QUE AS OPORTUNIDADES SEJAM FAVORÁVEIS A VOCÊ

Não gosto de arriscar nada em meu trabalho. Quando vou a Las Vegas, sei desde o início quais são as probabilidades e se, nesse caso, desejo me arriscar, bem, é para isso que vou lá. Mas não gosto de arriscar a sorte quando se trata do meu trabalho e da segurança de minha família, portanto não arrisco em minha atividade profissional. *Crio* minhas oportunidades. E um dos meios mais importantes para fazer isso é permanecer fora do "clube".

Em minha vizinhança, costumávamos usar a seguinte expressão: *Se você jogar bastante espaguete contra a parede, pelo menos uma parte grudará nela.* Talvez seja uma variação do provérbio chinês sobre lançar arroz contra a parede. Trata-se de uma lei básica de probabilidades em nosso negócio, o que é muito diferente de ficar simplesmente parado na porta da loja com os colegas, aguardando um lance de sorte.

Isso significa que, se você se empenhar em produzir negócios, você os conseguirá. Esses negócios não têm de ser feitos à perfeição para darem resultados – embora seja um fato que, quanto melhor você os fizer, mais eles renderão. O ponto principal é que você tem de trabalhar – bastante. E não poderá fazer o que tem que ser feito para criar oportunidades favoráveis a si mesmos, a menos que se mantenha distante do "clube".

Muito bem, você dirá, mas o que se faz para começar? Você pode fazer um bom número de coisas diferentes. Vamos abordar o assunto, e você pode muito bem escolher o que o atende melhor, o que se ajusta a seu estilo, personalidade e interesses. O importante é fazer *algo*. No correr dos anos tenho falado com muitas pessoas que trabalham nos mais variados tipos de venda. Todos concordam em que há muitas reviravoltas entre os vendedores novatos. E a prova de que isto é verdade está no fato de que quase todos conseguem efetuar umas poucas vendas no início. Quer se trate de carros, apólices de seguro ou qualquer outra coisa, todos podem comprar um pelo menos, vender um a seu sogro ou a seu melhor amigo. "É após a terceira venda", disse um gerente de vendas para mim certa vez, "que se sabe se alguém é realmente um vendedor ou não."

O que você deve fazer após concretizar essas vendas realmente fáceis a pessoas que compram porque querem ajudá-lo? Eis a grande indagação, e esse será nosso tema a seguir.

Não se junte ao clube. Em vez disso, empregue todo o seu tempo na geração de oportunidades.

7

O QUE VOCÊ DEVE FAZER APÓS VENDER A SEU "TIO HARRY"?

Eu nunca tive um tio Harry ou uma sogra que tivesse condições de comprar um carro caso eu precisasse vender um. E, como já procurei tornar bastante claro, precisava realmente vender um carro. Mas contei com aquele homem da Coca-Cola, a quem agradeço, seja ele quem for. Depois, dispus daquela lista de clientes em potencial de que já lhes falei. Quatro páginas do catálogo telefônico de Detroit – duas de assinantes residenciais e duas de comerciais. E havia um aparelho de telefone em minha mesa. Era novato no assunto e não sabia que o único meio usual de vender seria ficar no salão de exposição rivalizando com os outros vendedores em questão de histórias e piadas até que chegasse a minha vez – minha "estréia" – de fazer uma tentativa com alguém que surgisse pela porta da frente. Prometera que não tomaria a vez dos outros vendedores e, em geral, mantive minha promessa. Trabalhei com minha lista. Você não acredita que trabalhei usando uma lista feita de páginas retiradas do catálogo telefônico? Bem, guardei essa novidade para você: fiz isso.

E aposto com você que, se fosse necessário, faria o mesmo hoje e ganharia bem a vida.

É fácil argumentar que o contato frio feito por meio de chamadas telefônicas gera um bocado de trabalho inútil. Isso é verdade. Você obtém uma série de respostas negativas, algumas em razão da troca de números por motivo de mudança dos assinantes, há algumas pessoas que simplesmente não entendem o que você lhes diz e algumas, nos Estados Unidos, não falam inglês. No entanto, se você souber como efetuar bem esse trabalho, obterá algum proveito. E se dispuser de alguns minutos livres ou uma hora de folga, poderá dedicar-se ao árduo trabalho físico de fazer uma meia dúzia de ligações telefônicas sem nada conseguir, e talvez apenas uma que lhe traga um bom resultado. Todo esse esforço pode resultar em algo um pouco mais valioso do que ficar enfiando o dedo no nariz ou prestando atenção a uma piada de mau gosto.

Há vários meios mais produtivos de se obter contatos do que as chamadas telefônicas. Se você, entretanto, não tiver uma idéia melhor, vale a pena tentar esse tipo de contato. Mais adiante, abordaremos os meios de desenvolver um sistema para obter contatos, clientes em potencial ou permanentes. Mas, neste momento, desejo provar a você que mesmo esse meio menos produtivo de fazer negócios – contatos telefônicos – é melhor que não fazer nada.

Portanto, pegue o telefone, mesmo que não disponha de uma boa lista de clientes em potencial. Se você residir numa área da periferia que tem um catálogo telefônico dividido e diferenciado para cada parte da cidade, será melhor, naturalmente. Mas isso não é tão necessário. Lembre-se: usei esse sistema com páginas retiradas ao acaso do catálogo. Se tivesse de repetir o processo hoje, percorreria com os olhos por alguns minutos a lista em busca dos endereços ou nomes que parecessem os mais indicados. E, então, faria a ligação.

COMO VENDER PELO TELEFONE

Digamos que eu faça dez chamadas consecutivas sem sucesso: não atendem ao telefone, não estão interessados, a mamãe saiu para fazer compras.

Nesse momento, estou telefonando durante o dia, assim não desejo telefonar cedo demais. Já estamos no final da manhã. Mas suponhamos que eu não consiga nada realmente em minhas primeiras dez ligações. O que me custa isso? Três ou quatro minutos? Certo. Então, uma mulher atende o telefone. E eu digo:

– Olá, sra. Kowalski, aqui é Joe Girard, da Merolis Chevrolet. Desejo apenas informá-la de que o carro que a senhora pediu está pronto.

Agora, lembre-se: este é um contato frio, e tudo o que sei com certeza, de acordo com a lista telefônica, é o nome da pessoa, a rua onde mora e seu número de telefone. Essa sra. Kowalski não sabe do que estou falando. E ela me responde:

– O senhor ligou para o número errado. Não compramos nenhum carro novo.

E insisto:

– Tem certeza?

– Tenho, pois se tivéssemos comprado, meu marido me teria dito – ela declara.

– Espere um minuto, senhora. Essa é a residência de Clarence J. Kowalski?

– Não. O nome de meu marido é Steven – responde a mulher.

Então, anoto esse nome, embora já o soubesse, naturalmente, pois é assim que figura no catálogo telefônico.

– Perdão, sra. Kowalski, sinto muito tê-la incomodado a esta hora do dia. Estou certo de que está muito ocupada.

Talvez ela responda que não foi incômodo algum ou limite-se a dizer que acabou de voltar naquele instante do supermercado. Seja o que for, não a deixe desligar ainda. Desejo mantê-la ao telefone porque ainda não terminei, e talvez ela não tenha ninguém com quem conversar; desse modo, não desligue logo.

– Sra. Kowalski, por acaso não estiveram numa agência com a intenção de comprar um carro novo?

Se realmente estiveram, provavelmente responderá que sim. Mas a resposta característica será esta:

– Acho que não, mas, em todo caso, o senhor deve perguntar a meu marido.

Eis o que eu estava procurando saber.

– Ah, sim? E quando posso falar com ele?

E ela responde:

– Geralmente ele chega em casa por volta das seis da tarde.

Perfeito, já consegui o que desejava.

– Bem, está ótimo, sra. Kowalski, volto a telefonar, se a senhora tem certeza de que não vou interromper seu jantar.

Aguardo que ela me diga que eles não jantam antes de seis e meia, e, então, agradeço a atenção.

Você já deve imaginar o que estarei fazendo às seis horas. E está certo.

– Alô, sr. Kowalski, aqui *é* Joe Girard, da Merolis Chevrolet. Falei com a sra. Kowalski esta manhã e ela me sugeriu que telefonasse para aí de novo a esta hora. Imaginei que o senhor estivesse interessado num novo modelo de Chevrolet, estou certo?

– Não – responde ele. – Por enquanto, não.

Então, pergunto:

– Bem, e quando o senhor acha que poderia começar a pensar num carro novo?

Faço essa pergunta incisivamente, e ele se põe a pensar sobre ela para me dar uma resposta. Talvez ele deseje apenas se ver livre de mim. Seja qual for a razão, o que ele diz é provavelmente aquilo que realmente quer dizer. É mais fácil fazer isso do que tentar forjar uma mentira.

– Acho que trocarei de carro dentro de uns seis meses – diz ele.

– Ótimo, sr. Kowalski, entrarei em contato com o senhor nesse prazo. Oh, a propósito, que carro está dirigindo atualmente?

Ele me diz qual é e desliga. Também anoto seu nome, endereço, número de telefone, ao lado de qualquer informação que tenha colhido durante a conversa, tal como local de trabalho, número de filhos que porventura tenha e o carro que dirige. Coloco tudo isso num cartão três por quatro em meu fichário e lista de correspondência, e também registro esses dados num diário que escrevo. Anoto ao lado: seis horas de um dia qualquer por volta de cinco meses adiante – não seis meses, como o sr. Kowalski mencionou. Quando chegar essa ocasião, acredite que telefonarei para os Kowalski e farei todo o possível para que ele compre aquele carro do qual me falara.

Esse é o tipo de informação preciosa que obtenho em uma conversa telefônica de dois minutos. Vender é um jogo de espionagem. Se você deseja vender algo a alguém, deve descobrir tudo que puder acerca dessa pessoa e que se vincule a seu ramo de negócios. Se você estiver vendendo computadores para uma empresa, poderá verificar com a recepcionista da mencionada empresa quantos computadores possuem, quantos são antigos, a freqüência com que necessitam de conserto, qual o modelo dos mesmos, se a empresa os adquiriu ou os aluga, se os negócios ali se acham em expansão, se contratarão novas secretárias e quem é a pessoa que toma as decisões ali. Não importa o que você venda, se empregar algum tempo por dia enchendo os assentos da roda-gigante, logo contará com uma fila de pessoas esperando que você lhes venda algo.

FAÇA SUA PRÓPRIA LISTA DE PROVÁVEIS CLIENTES

Quando passei a adotar esse processo, simplesmente colocava as informações num pedaço de papel e guardava-o numa gaveta.

Certo dia, descobri uma indicação que eu não havia seguido por não ter um sistema de fichas bem organizado. Assim, fui a uma loja e adquiri uma agenda e cartões pequenos três por cinco para fichas. Isso foi o começo de meu sistema de informação. Transferi tudo que estava anotado naqueles pedaços de papéis para o meu fichário especial, e já tinha aí o início de uma lista de correspondentes e um método de chamadas telefônicas. Se você não dispuser de algo assim, faria melhor se começasse a organizar um, porque, possivelmente, não terá condições de guardar de cabeça todas as dicas que colher ou conservá-las anotadas no verso de envelopes em seu bolso, isto se estiver realizando a tarefa adequada de sondagem.

Há pouco, descrevi uma "chamada fria" que me deu uma boa dica e que podia, eventualmente, me conduzir a uma venda. Pois isso não aconteceu apenas uma vez; foram várias, não posso nem calcular quantas. Provavelmente vendi carros a um bocado de pessoas chamadas Kowalski. Assim, até mesmo o nome não foi uma ficção completa.

Agora, você tem de admitir que o que fiz nada tem de mágico. Nem sequer é algo difícil de realizar. Na verdade, você talvez já tenha ouvido falar ou visto outras pessoas fazerem chamadas telefônicas que funcionem quase do mesmo modo que as minhas. Portanto, não preciso realmente dizer a você muito mais acerca dessa técnica. Mas todos nós temos necessidade de ser relembrados acerca dessas coisas óbvias, simples, em vez de bater pernas e papear com os colegas.

Como já disse, particularmente não aprecio nem participo das sessões de conversa e troca de confidências e piadas no salão da agência. Acredito que isso seja um desperdício de tempo precioso para fazer vendas. Ao lado disso, sempre posso pensar em algo mais importante para fazer do que simplesmente ficar andando pra lá e pra cá sem atividade alguma. Aprecio o dinheiro que ganho e gosto da emoção de fechar um negócio. Na realidade, você pode dizer que sou um vendedor obcecado por meu trabalho. Adoro o efeito estimulante de conseguir uma oportunidade de venda. Mas, assim que essa oportunidade se consuma, o estímulo tem de ser reativado e preciso fazer a mesma coisa, repetidas vezes. Fico deprimido se não vender carros diariamente, um bom número deles. Assim, algumas vezes, numa semana, vendo a quantidade de carros que outros companheiros vendem durante o mês inteiro. Se eles se satisfazem com seu desempenho, isto é da conta deles. Mas não me contento com meus índices, e faço alguma coisa, um bocado delas, para ampliá-los.

Atentemos para o seguinte fato: se alguém pode vender cinco carros por semana simplesmente andando pelo salão de exposição ao acaso e revezando com outros colegas de vendas à porta, sabe como vender a seu modo. Se já consegue vender assim, imagine o que conseguiria se pudesse contar com um número cinco vezes maior de clientes entrando na loja simplesmente para procurá-lo. Se ele fosse eficiente a ponto de concluir essas transações extras, seus vencimentos cresceriam significativamente, mesmo que só obtenha a mesma porcentagem de vendas anterior.

Desse modo, o que você faz após vender algo a um tio prestimoso é ampliar a maré de prováveis clientes e fazer com que todas as cadeirinhas da roda-gigante sejam ocupadas. Há uma variedade de opções para se fazer isso. O contato por telefone é uma delas. Há também outros meios e, se você agir nesse sentido, verá que esses outros caminhos são mesmo mais produtivos, mais indicados para preencher seu tempo, de modo que você poderá sentir a emoção do ato de vender e obter mais dinheiro graças a seus estímulos iniciais.

Depois das vendas mais fáceis, há muitos Kowalskis, se você continuar procurando.

8

Renove sempre a lotação da roda-gigante

Uma boa venda é como plantar e colher num país fértil. Plantar e colher, ao longo de todo o ano. Outro meio de pensar sobre isso é pela imagem da roda-gigante que acabei de mencionar no último capítulo. Se você, alguma vez, já observou uma roda-gigante, saberá como funciona. De tempo em tempo, o homem incumbido de fazer o aparelho se movimentar faz com que os assentos sejam ocupados. As pessoas se sentam, ele move a roda um pouco, novos assentos são ocupados e assim por diante, até que as pessoas desocupam os assentos minutos depois, e outras vêm ocupá-los. Então, a roda-gigante se põe a girar de novo. E os assentos continuam a ser ocupados e desocupados continuamente.

Uma boa venda é parecida com isso. A única diferença é que a roda, nesse caso, está sempre se movendo um pouco mais para que, assim, algumas pessoas, aquelas às quais você acabou de vender algo, possam saltar por alguns momentos e outras, aquelas que você apenas começou a contatar, possam subir. No momento em que todos os assentos da roda-gigante estiverem ocupados, essas pessoas já se acham prontas para comprar algo e, logo a seguir, saltarão para serem substituídas por outras por algum tempo. Digo "por algum tempo" porque ninguém compra um carro para sempre. As pessoas adquirem um automóvel por dois, três ou talvez cinco anos e depois se vêem prontas para comprar outro, quer tenham noção disso ou não. Mas *você* sabe disso, talvez até mesmo antes de *elas* saberem, caso disponha de fichas e agendas em condições adequadas.

Em meu exemplo mencionado no capítulo anterior, coloquei Steve Kowalski num dos assentos da roda-gigante. De certo modo, eu o prendi naquela cadeira. Sei que carro ele dirige; então sei que provavelmente desejará negociar. Tenho algumas informações sobre o tempo útil de seu carro, de modo que sei o quanto ele precisará ter em mãos ou conseguir emprestado para adquirir um carro novo. Sei onde ele mora e talvez até onde trabalha, assim tenho uma idéia de suas boas condições financeiras para suportar o risco de um crédito e onde ele provavelmente obterá um empréstimo: uma financeira, uma pequena companhia de empréstimos imediatos, ou algo parecido. Sei quando ele pretende mudar de carro, ou seja, ligarei para a sua residência novamente, poucas semanas antes de começar a procurar esse novo carro. Assim, provavelmente estarei me antecipando aos outros vendedores que ele possa pensar em procurar. Na verdade, se eu souber agir bem, talvez seja o único vendedor de carros com quem ele venha a tratar. Ele está ali, sentadinho, em minha roda-gigante, e sei exatamente em que assento.

Muitas vezes, temos de admitir, isso não funciona exatamente desse modo. Por vezes, um cliente em potencial não revelará muita coisa a você. Ou talvez você nem sequer saiba quem está lá em cima em sua roda-gigante, pois, quando você envia um prospecto pelo correio e o cliente o deixa de lado, você jamais toma conhecimento desse fato.

Isso não importa, realmente. Quero dizer que é ótimo obter um bom cliente em potencial, como Steve Kowalski, já parcialmente qualificado, apenas fazendo dois telefonemas. Mas não se deve esquecer o espaguete jogado contra a parede. Você o atira e uma parte da massa aderirá à parede. Talvez, quando eu voltar a telefonar para Kowalski, ele já tenha ganho na loteria e comprado um Rolls Royce. E daí? Então, pergunto se ele conhece alguém mais que esteja tencionando comprar um carro – um parente seu que apareça em sua casa para jantar, alguém em seu local de trabalho, talvez um vizinho cujo carro tenha sido danificado na véspera. Ou quem sabe simplesmente lhe deseje felicidades e procure saber onde ele comprou o bilhete vencedor da loteria. Então, sugiro que talvez fosse interessante usar um pouco desse dinheiro da loteria para comprar um carro novo para a sua mulher ou sua filha, que está se diplomando na faculdade. Ou talvez ainda eu mantenha apenas uma conversa amena e ele, mais tarde, se lembre de mim, quando tiver gasto todo o dinheiro ganho na loteria e precisar de novo de um carro mais barato.

Posso ou não saber exatamente onde Steve Kowalski se acha sentado. Mas sei seu nome e também onde e quando contatá-lo. E isso vale alguma coisa. Trata-se de um detalhe que pode ser tido como uma mina se você estivesse em busca de ouro. Ele merece um novo telefonema, talvez mais do que um apenas, e vale a pena incluí-lo numa lista de correspondência para ser contatado novamente.

Quando falo sobre essa pessoa, tenho certeza de que você compreende que estou me referindo realmente a muitas pessoas – quanto mais, melhor. Vendi mais de 12 mil carros e caminhões desde que ingressei no ramo de vendas. Já que alcancei um volume crescente de negócios renovados, torna-se difícil dizer quantos desses 12 mil foram para as mesmas pessoas. Mas está tudo anotado em meus arquivos. Reservo um cartão para cada comprador e, se vendi à certa pessoa mais de uma vez, essa ficha diz quando, o que e tudo mais. Assim, digamos que haja 9 mil nomes diferentes de clientes em meu fichário.

Você deve achar que escrever para 9 mil pessoas é uma tarefa cara, e tem razão. Afinal de contas, se envio publicidade postal de primeira classe, isso representa, nos dias atuais, uma despesa elevada. No entanto, minha lista de correspondência é maior ainda do que a anotada, já que inclui nomes de pessoas às quais ainda não vendi. Portanto, apresenta um custo elevado manter esses registros e fazer os envios pelo correio. O comprador paga boa parte dos custos, mas eu pago a maior. Todavia, é uma operação que vale a pena, cada centavo do custo de manter a lista e atualizá-la, sem falar nas remessas pelo correio.

Se você tivesse uma lista assim, compreenderia seu valor. Esses muitos nomes de compradores em potencial são a coisa mais valiosa que um vendedor pode ter. Talvez você não seja capaz de agrupar num mesmo lugar esses muitos nomes. Isso não importa, porque, seja qual for o tamanho de sua lista, trata-se de uma relação de pessoas que você já qualificou de algum modo.

Há milhões de clientes em potencial no país inteiro e talvez algumas centenas de milhares em qualquer área metropolitana. Mas ter em mãos dados específicos – nome, endereço ou algo mais – de pessoas reais é de grande valia. Não preciso dizer isso a você. Mas desejo lembrá-lo desse fato, caso você adquira o hábito de reclamar acerca de ninguém vir procurá-lo.

VOCÊ JÁ TEM UMA LISTA EXTENSA DE CLIENTES EM POTENCIAL

Mas o que você está fazendo para atraí-los? "Quem?", pergunta. Bem, para começar, você procura comunicar a seus amigos e parentes onde você está trabalhando no momento? Você traz uma agenda pequena no bolso com os nomes deles? Esta é uma lista de clientes em potencial que estou certo você já conhece. Mas o que tem feito ultimamente para estar em contato com eles?

Aqui está outra boa fonte de clientes em potencial: seu registro de contas pagas. O que estou querendo dizer é que as pessoas de quem você compra devem ser bons clientes em potencial para as mercadorias que você vende. Todo mundo usa roupas, mora numa casa ou apartamento com mobília e aparelhos eletrodomésticos, dirige um carro. E negociantes – como o açougueiro, a florista e o dono do posto de gasolina – usam caminhonetes. Todas as pessoas das quais compro algo figuram em minha lista de clientes em potencial. Tento vender a elas toda vez que as encontro para comprar algo. Quando lhes entrego o dinheiro, sempre arrumo um jeito de fazer com que saibam o que vendo. E faço a coisa funcionar de outro modo também: se alguém compra um carro de mim, sei em que ramo de negócio atua. Quando necessito de algo que essa pessoa vende, compro dela e a deixo saber que gostaria que ela comprasse seu carro comigo. Não estou dizendo que devemos todos viver trocando favores uns com os outros. Mas as pessoas de quem você compra algo certamente devem figurar em sua lista de clientes potenciais. Assim, examine seus recibos de compras para ver de quem você vem comprando ultimamente. Talvez tenha chegado a hora de eles comprarem de você também.

A Lei Girard dos 250 funciona *sempre*. E, quando falamos de seu açougueiro, do dono do posto de gasolina e de seu tintureiro, tenha em vista que eles conversam com muitas pessoas, algumas num só dia. Cada uma dessas pessoas fala com fregueses, escuta conversas corriqueiras sobre crianças, acidentes e carros. Algumas dessas pessoas podem nem sequer saber o que você faz para ganhar a vida. Desse modo, é necessário assegurar-se de que elas tenham acesso a essa informação.

CERTIFIQUE-SE DE QUE TODOS SAIBAM O QUE VOCÊ VENDE

Isso parece ser um conselho muito elementar, e talvez você já o tenha ouvido muitas vezes antes. Mas tenho me deparado com muitos vendedores que nunca falam com ninguém – à exceção de amigos e parentes próximos – sobre o que fazem para ganhar a vida. Dizem que pessoas que vendem coisas, especialmente vendedores de carros, desfrutam de uma imagem nada lisonjeira. Bem, permita que eu lhe diga que sinto orgulho do que faço para ganhar a vida.

Se suas vendas são efetuadas a empresas e indústrias, você pode supor que isso não seja importante ou que não possa ajudá-lo. Pois digo que pode. Lembre-se da Lei Girard dos 250. As pessoas estão sempre falando sobre o que sabem e o que fazem. Conheço um vendedor que forneceu serviços de tecnologia no valor de $120 mil porque um amigo seu falou com outro amigo sobre ele.

Acredito que toda pessoa que se dedica à área de vendas deve orgulhar-se de sua profissão. Encare a coisa desse modo. Desde os meus 35 anos, já vendi mais de 12 mil carros e caminhões novos. Sabem quantos empregos isso proporcionou, a quantidade de aço que veio a ser produzida, e vendida, para construir esses veículos, quanto a General Motors e todos os seus milhares de fornecedores se beneficiaram com o que eu fiz? Milhões. Vendedores fazem as rodas girarem, porque, se não mantivéssemos em circulação as mercadorias e bens de consumo, fazendo-as sair das prateleiras e, por conseguinte, dos depósitos de estocagem, todo o sistema pararia de operar.

Assim, assegure-se de que todos saibam que você é vendedor e saibam o que você vende. Quando comprar algo dos outros, não tem de fazer algum tipo de comércio com eles, alguma espécie de negócio recíproco. Simplesmente faça com que saibam aqui e ali que você tem algo para eles em qualquer ocasião que venham a necessitar. E o que você deseja deles não é justamente uma venda, mas apenas informações. Se você vende jóias, quando eles souberem da formatura de alguém, estarão cientes de que isso pode representar uma oportunidade para a venda de um relógio ou um anel. Se você vende carros, quando souberem que alguém teve seu carro danificado, podem dizer que lamentam esse fato, mas também ter em mente que essa pessoa precisará de outro carro e que, provavelmente, vai receber um cheque apreciável da companhia de seguros para pagar pelo carro novo.

Assim, não se esqueça de seus açougueiros e padeiros. Eles podem ajudá-lo a preencher os lugares na roda-gigante ou plantar aquelas sementes em solo fértil, ou qualquer outro modo como você imagine o que considero "sistema profissional de vendas".

Agora, vamos abordar algo mais específico sobre alguns de meus outros métodos para conseguir com que os assentos da roda-gigante sejam ocupados, as sementes sejam plantadas ou os pedaços de espaguete grudem na parede. Seja qual for o modo como você encara esses métodos, eles serão o meio de você obter dinheiro.

Coloque todos aqueles em quem você possa pensar em sua roda-gigante.

9

A CAIXA DE FERRAMENTAS DE GIRARD

Se eu tivesse de enumerar os instrumentos que operam melhor para realizar meus negócios, a lista talvez não o surpreendesse dessa vez. Ela incluiria o telefone, minhas fichas, a correspondência, meus cartões profissionais e meus "cães de caça".

Já lhe disse como o telefone pode ser usado de modo proveitoso com as chamadas frias. Se você nunca dispuser de algo além disso, pode realizar bons negócios, como já demonstrei. Também contei para vocês sobre o modo como mantenho meus registros. Uso um diário para me lembrar de quando devo telefonar de novo para clientes a longo prazo, quer eu os consiga por meio de telefonemas ou qualquer outra técnica. Mas encaremos o seguinte fato: clientes satisfeitos são a melhor garantia de vendas futuras. Esta é a razão pela qual zelo por meu fichário de clientes praticamente do mesmo modo que faço em relação à minha vida. Conservo duas cópias desses cartões, uma em meu escritório, na agência de vendas, e a outra fora desse local. E mantenho ambas as cópias dessas fichas em gabinetes à prova de fogo, o que me custa $500 cada um. Mas, para mim, tais fichas valem mais do que isso. Não há nenhum meio pelo qual eu pudesse reunir de novo todas aquelas informações se algo acontecesse às minhas fichas. É por isso que mantenho duas cópias, trancadas em cofre-forte.

COMECE AGORA A ORGANIZAR SEU FICHÁRIO

Quando você fizer suas próprias fichas usando os cartões, anote nelas tudo que observar em um comprador ou um cliente em potencial. Quero dizer tudo: filhos, passatempos, viagens, o que quer que venha a saber sobre a pessoa em questão, porque elas lhe propiciam os meios de conversar com o cliente em potencial sobre coisas em que estiver interessado. E isso significa que você pode desarmá-lo ao demonstrar interesse em assuntos que o façam desviar a atenção do que você está tentando fazer, ou seja, vender seus produtos para ele.

Não há nada mais eficaz na venda de algo do que levar o cliente a crer, de verdade, que você o aprecia e se interessa por ele. Uma situação de venda é, como sempre digo, uma competição, até mesmo uma espécie de guerra. Mas isso não quer dizer que você deva deixar o cliente em potencial saber desse detalhe. Na verdade, o que deve ser feito é o oposto. O desejável é que o cliente em questão relaxe, fique à vontade e confie em você. Eis por que recomendo com insistência que coloque em suas fichas todos os pequenos itens informativos que possa recolher dos clientes e sobre eles. Mais adiante, abordaremos, na íntegra, a questão de lidar com as pessoas, uma vez que você consiga despertar-lhes a atenção. Mas, nesse momento, desejo manter em foco o processo de captação de clientes.

Farei uma breve menção à correspondência. Trata-se de um assunto muito importante para meus negócios, e pode ser assim para você também. Ele merece um capítulo à parte, e você o terá mais adiante. Aqui e agora, porém, quero mencionar, de modo resumido, algumas das oportunidades e métodos que qualquer pessoa pode usar para fazer negócios. Evidentemente, se tiver acesso à data de aniversário de um cliente, de sua mulher e seus filhos, você inserirá essas informações em seu fichário de clientes em potencial. Você pode imaginar o efeito que causará se lhes enviar felicitações na data de seus aniversários. Se você vende algo mais valioso do que artigos de mercearia ou gravatas, o custo de fazer tal gentileza será mais do que bem pago pelo modo como fará tais pessoas se lembrarem de você sob um ângulo mais favorável.

Uma carta personalizada é a melhor coisa que alguém pode receber de um vendedor. Alguns vendedores de roupas enviam a seus clientes prospectos de propaganda que os fabricantes distribuem para novos casacos e ternos. Agora, pense apenas no impacto gerado caso você escreva um pequeno lembrete no canto do prospecto com os seguintes dizeres: "Estou reservando um modelo 42 para o senhor, por favor, passe em breve para experimentá-lo." Você fará, no mínimo, com que um possível comprador lhe telefone dizendo que não deseja *aquele* modelo. Então, você tem uma oportunidade de persuadi-lo a comprar algo mais. Ou, pelo menos, fará com que saiba que está pensando nele.

No negócio de carros, a publicidade postal direta é uma parte regular do processo de vendas. Os fabricantes entram com os prospectos, e os negociantes pagam parte do custo total da expedição das cartas. Usei amostras de fábricas durante anos, e penso que são boas, certamente muito melhores do que nada. No Capítulo 10 descreverei meu programa de publicidade postal direta. Você pode partir dessa idéia e desenvolver o seu próprio plano. No mínimo colherá algumas idéias de como efetuar seus próprios contatos pelo correio, de modo mais eficiente, com seus futuros clientes.

UMA FERRAMENTA DE VENDAS PEQUENA MAS PODEROSA

Quase todos os vendedores têm cartões profissionais. Mas conheço muitos que não vão além de uma caixa com quinhentos cartões por ano. Alcanço essa quantidade em uma semana.

Se eu tivesse de escolher algo para fazer negócios, gastaria um bom tempo pensando nisso. Contudo, se realmente tivesse de fazer uma escolha quase impossível, provavelmente escolheria meus cartões de negócios. Tenha em mente que não pode simplesmente ser um cartão comum que o negociante imprimiu, com seu nome em um canto, ou pelo menos não estampado com destaque. Meu cartão é distintamente *meu*. Leva até meu retrato impresso. Naturalmente, pago o custo extra da impressão. Mas o que custa isso? Trata-se de um instrumento valioso para mim. Uso-o constantemente, e nenhuma quantia que tenha de despender para fins de negócios me custa mais do que a metade do preço normal, porque já pago boa parte dos impostos de algum modo.

Mesmo hoje em dia, porém, o custo dos chamados "cartões impressos personalizados" é baixo. E, certamente, trata-se de um dinheiro bem empregado. Faço uso desses cartões onde quer que esteja. Chego mesmo a deixá-los junto ao dinheiro quando pago a conta em restaurantes. Quase todo mundo dirige um carro, portanto cada garçom ou garçonete é um cliente em potencial, especialmente quando eu deixo meu cartão junto com uma gorjeta maior do que a normal. Isso não significa esbanjamento ou loucura. Afinal, você não deseja que as pessoas venham a pensar que é muito rico, pois, nesse caso, elas podem achar que você não está precisando vender nada. Mas suponhamos que sua conta no restaurante seja de $40 por uma refeição. Nesse caso, os 15% de uma gorjeta normal representariam $6. Normalmente, eu deixaria $8 e meu cartão. Então, eles se lembrarão de Joe Girard.

Já fiquei conhecido até por jogar para o alto um monte de cartões em momentos de competição esportiva. Num jogo de futebol, por exemplo, quando o atacante marca um gol e provoca impacto na platéia, fazendo todos gritarem, acenarem e aplaudirem faço o mesmo. Só que, além disso, aproveito para jogar meus cartões aos montes, trazidos comigo numa sacola de papel. Talvez eu esteja causando desordem no estádio com meus cartões, mas se pelo menos um entre centenas de cartões cair em mãos de alguém que esteja precisando de um carro ou conheça outra pessoa nessas condições, já consegui uma ótima comissão que torna aquele dia proveitoso.

Você pode estar achando que esse é um procedimento estranho, mas estou certo de que ele já me gerou algumas vendas. Também consegui captar bastante interesse em comprar comigo, porque jogar cartões para o ar é algo pouco comum, e as pessoas não se esquecem de atitudes assim. O ponto é que, onde existem pessoas, haverá clientes em potencial e, se você torná-las cientes de sua presença e de seu ramo de atividades, estará construindo o próprio negócio.

TENTE VENDER A TODOS COM QUEM MANTIVER ALGUM CONTATO

Muitas pessoas provavelmente não se lembram daqueles dias após a Segunda Guerra Mundial, quando o automóvel Hudson ainda estava circulando. Bem, mesmo naquele tempo de racionamento, quando praticamente tudo com quatro rodas levava meses, até anos, para cair em desuso, o Hudson era como um amigo do qual você dificilmente se separaria. Assim, certo dia, conheci um sujeito em Las Vegas e, enquanto conversávamos, descobri que ele era um homem rico que havia trabalhado como vendedor de carros até chegar a juntar tanto dinheiro que se aposentou. Então, perguntei o que ele vendia. Carros Hudson, foi a resposta dele. Não pude acreditar nisso.

Então, contou-me como procedia. Ele tinha uma norma que sempre seguia e era aceita por todos que trabalhavam para ele – não apenas vendedores, mas os mecânicos e, o pessoal do escritório e todo o resto. Toda vez que ele encontrava ou falava com alguém pelo telefone, antes de dizer ou fazer alguma coisa, formulava a seguinte pergunta: "Gostaria de comprar um carro agora, sem precisar esperar?" Essa era a sua tática, e foi o modo como ganhou dinheiro vendendo um carro que ninguém mais podia comprar.

Isso é como distribuir cartões para todos que você conheça ou com quem lide comercialmente. Alguém precisa de um carro e seus cartões podem circular bastante até que, finalmente, algum interesse a alguém que esteja procurando um carro novo em um determinado momento. E aí está seu momento de vender. Qual é o custo desses cartões? Praticamente nenhum. Digamos $20 por milheiro. Mas, se você conseguir somente uma venda por cada mil cartões que distribuir, o custo não significará nada, porque as vantagens lhe serão significativamente favoráveis. O uso eficiente de cartões personalizados – significando carregá-los o tempo todo e distribuí-los em toda parte – é uma das ferramentas mais baratas de que você pode dispor para realizar negócios.

Ao lado de todos os meios que tenho mencionado aqui de ampliar os negócios, faço uso de meu sistema de "perdigueiros", que será o tema do Capítulo 11. Por enquanto, vamos apenas acentuar algumas conclusões a que já chegamos. A Lei Girard dos 250 lhe diz o que ocorre quando faz alguém afastar-se de você. Mas – o que é mais importante – ela ensina a você o que acontece quando faz de alguém um amigo, um parceiro, um cliente satisfeito. Agora, associemos isso a 250 pessoas, cada uma com o cartão que você distribuiu no bolso. Você pode ter noção do resultado se essas pessoas não fizerem nada além de retirar um desses cartões do bolso vez ou outra, por acaso.

Muito bem, mas negócio não é amor – é dinheiro. Agora, suponhamos que cada uma dessas 250 pessoas que gostam de você, e possuem seu cartão, obtenham um incentivo para fazer com que outras pessoas comprem de você – um incentivo adicional como um desconto ou um jantar de graça, por exemplo. Isso é basicamente o que quero dizer com "cães amestrados". Você pode imaginar um sem-número de alternativas de formar essa combinação para fazer negócios vitoriosos. Mas aqui iremos falar sobre o modo como tenho organizado meu sistema de "cães de caça" até o ponto de me proporcionar 550 carros vendidos a cada ano, a um custo muito reduzido.

Se você dispõe de um telefone, uma caixa postal, uma caneta, um fichário de clientes em potencial e cartões personalizados, então tem um instrumental valioso a seu dispor para fazer negócios. Você pode conhecer outros meios que eu desconheça. Estou sempre pronto a admitir que não sei tudo acerca de vendas. Mas não acho que alguém mais em meu ramo de negócios tenha procedido melhor do que eu. Assim, confie em minha palavra quando lhe asseguro que o uso apropriado desses instrumentos simples de trabalho pode convertê-lo num astro de vendas.

Encha sua caixa de ferramentas e use-a o tempo todo.

10

Faça com que leiam a correspondência

A correspondência pode ser seu meio mais importante de contatar os clientes e possíveis compradores com certa regularidade. Mas vamos encarar o assunto. Nos dias atuais, e na época em que vivemos, com todo mundo e seus familiares se desfazendo de toneladas de cartas, o uso eficiente da correspondência pode se tornar um autêntico desafio. Tenho visto prédios onde há um grande latão de lixo próximo às caixas de correio dos moradores, no qual eles podem jogar todas as cartas inúteis. E a maioria nem sequer foi lida antes de ser colocada fora.

Uma das regras básicas da venda de automóveis costumava consistir no seguinte: se você enviasse publicidade postal diretamente, conseguiria fechar negócio. Agora, temos de acrescentar as palavras "e fazer com que seja lida", caso desejemos que essa estratégia realmente signifique algo. Por isso, sugeri, no capítulo anterior, redigir um lembrete personalizado nos prospectos de propaganda. Se você tiver de usar material de propaganda pré-pronta, do tipo que se parece com cartas inúteis, provavelmente seu melhor recurso será redigir uma mensagem pessoal do lado de fora do envelope.

Alguns vendedores que se acostumaram a remeter material providenciado por fabricantes têm renunciado a enviar cartas pelo correio. Eles acham que isso não compensa o trabalho de escrevê-las. Mas estão errados, e posso provar isso.

Faça apenas uma pequena pausa para pensar nas primeiras palavras que saem dos lábios de uma pessoa comum quando chega em casa após um dia de trabalho. A primeira coisa que diz é algo assim: "Olá, querida, como passou o dia de hoje?" Em seguida: "Como estão as crianças (ou a mãe dele ou dela, ou o cachorrinho de estimação)?" E, então, pergunta: "Chegou alguma correspondência?"

Pense bem por um instante e perceberá que, via de regra, essa é a seqüência. E isso prova que as pessoas ainda se interessam bastante por tudo que lhes possa vir pelo correio. Mas aquilo que lhes interessa são as coisas que merecem ser vistas, não o lixo que suas esposas jogam fora quando o carteiro se afasta, do qual sequer farão menção a seus maridos.

ESTE É O JOGO VERDADEIRO: FAZER COM QUE AS CARTAS SEJAM LIDAS

Assim, hoje em dia, a jogada é certificar-se de que aquilo que você envia pelo correio seja aberto, lido e talvez guardado. Praticamente todos que atuam no negócio de vendas enviam um cartão de Natal aos clientes de sua lista. E você sabe como a maioria das pessoas acolhe cartões natalinos. Elas os abrem, falam sobre quem os enviou e o quão são bonitos, originais ou vistosos e, então, os colocam sobre a lareira ou estante para contemplá-los e exibi-los a pessoas amigas.

Um cartão desses somente é enviado uma vez por ano. Caso remeter a nada mais a não ser cartas sem valor, não conseguirá nada. Eu, não. Minhas cartas serão abertas, lidas, comentadas e talvez até guardadas por algum tempo.

Por que isso acontece? Por um motivo apenas: porque sei camuflar minhas cartas para clientes. Não lhes remeto coisas que possam identificar facilmente como prospectos de propaganda e que venham a jogar fora sem abrir. Envio 12 amostras pelo correio anualmente a cada um dos clientes de minha lista. E cada uma dessas amostras está contida num envelope de cor e formato diferentes. Eles se mostram interessados ao vê-los. Nunca decline qual é seu ramo de negócios do lado de fora do envelope. Assim, a pessoa não sabe o que está dentro. Não mostre suas mãos; isso funciona como no jogo de pôquer. A pessoa em questão deseja descobrir o que está dentro do envelope e sua procedência. Garanto que se você estivesse incluído em minha lista de correspondência, não jogaria fora uma carta minha sem antes abri-la e lê-la. Elas se parecem com cartas bem familiares, do tipo que desejamos receber, que desperta nossa curiosidade quando as retiramos da caixa do correio.

Além disso, quando você lê uma de minhas cartas, não se sente enganado. Não fica desapontado com o que encontra no interior do envelope. Porém, não me entenda mal... Eu não coloco uma nota de $5 em cada envelope; apenas uma mensagem gentil e levemente insinuante. Uma mensagem bem suave sugerindo uma venda, mas, nesse caso, é a melhor proposta de venda, pois você a lerá e falará sobre a mesma e dela se lembrará mais tarde.

Em janeiro, você receberia, por exemplo, uma mensagem assim: Feliz Ano-Novo – Eu gosto de você. Uma bela reprodução de uma obra de arte de algum pintor famoso acompanha a mensagem, sempre apropriada à ocasião, e a mensagem é assinada por "Joe Girard, Merollis Chevrolet". Isso resume uma provável insinuação de venda. Nada acerca de ir gozar das vantagens de uma remarcação de fim de ano, nada disso. Simplesmente Feliz Ano-Novo – Eu gosto de você, de Joe Girard, da Merollis Chevrolet. Não interessa que você seja negro, polonês ou judeu.

Ainda assim, apreciará a mensagem – e também a mim, por tê-la enviado. Em um mês qualquer, todos recebem a seguinte mensagem: Feliz Aniversário – Eu gosto de você. Se for o mês de *seu* aniversário, tive sorte e a pessoa em questão ficará muito contente. Caso contrário, ela, ainda assim, achará que se trata de um cartão muito delicado.

A MELHOR FASE DO MÊS

Outro detalhe que observo com atenção é não remeter publicidade postal direta na mesma ocasião em que seguem as mensagens, isto é, nem no primeiro dia nem no décimo quinto de cada mês. Se chegar quando o papai estiver chegando em casa e fizer a habitual pergunta "Chegou alguma correspondência para mim?", a resposta soa assim: "Sim, há outro cartão de Joe Girard." Meu nome chega àquele lar 12 vezes por ano de modo agradável. Todos os figurantes da minha lista de correspondência sabem meu nome e o que faço para ganhar a vida. Quando chega a ocasião de eles comprarem um carro, tenho de ser a primeira pessoa em quem praticamente cada uma daquelas milhares de pessoas pensa. E não se resume a isso: se souberem que alguém mais deseja comprar um carro – na agência ou na fábrica –, provavelmente vão sugerir meu nome.

Possivelmente farão essa sugestão justamente por terem recebido de mim aquelas mensagens festivas e agradáveis todos os meses. Mas há outra razão para que ajam assim, algo muito mais importante: pelo menos uma vez por ano, a maioria das pessoas da lista recebe um de meus "pequenos perdigueiros recrutados" como parte do envio postal.

Abordarei amplamente o sistema de "perdigueiros" no próximo capítulo. Agora, limito-me a dizer que "pequenos perdigueiros recrutados" é uma forma de correspondência que inclui um pequeno número de cartões profissionais e um lembrete impresso dizendo que pagarei $50 à vista toda vez que essa pessoa me enviar alguém que queira comprar um carro. E o meio de que essa pessoa dispõe para se assegurar de que eu sei que enviaram alguém à minha agência consiste em escrever seu nome no verso de meu cartão entregue à pessoa recomendada. Mas retornaremos a esse assunto mais adiante.

No momento, desejo salientar, mais uma vez, que o correio ainda é um meio eficiente de captar novos clientes. Com toda a massa de cartas sem valor enchendo as caixas de correio, você tem de se assegurar de que sua remessa chegue a seus destinatários. Não quero dizer que elas serão ou não entregues. Quero dizer que elas devem ser encontradas em meio ao volume de cartas – no qual, muitas serão jogadas no lixo – e ser abertas e lidas, para que, assim, seu nome seja mencionado e lembrado mais tarde.

Imagino que, quando você acabar de ler o que digo sobre meu sistema postal, provavelmente pensará o seguinte: *Certo, cai muito bem para um grande especulador como Girard falar a respeito da confecção de envelopes e cartões especiais. Ele pode se dar a esse luxo.* Isto é verdade, posso fazer isso. Entretanto, você não pode se permitir *deixar de fazer* algo que venha a ser tão eficaz, a seu modo, como é o caso do meu material.

Quero dizer que, se você enviar o material rotineiro com uma franquia postal de terceira classe, suas cartas irão se parecer com os outros refugos que as pessoas jogam fora. Não estou dizendo que ninguém leia qualquer carta ou prospecto assim. Mas as probabilidades são bem reduzidas. Naturalmente, se seu empregador paga as tarifas e permite que você faça o endereçamento, isso pode valer alguma coisa. Seu nome será posto no envelope mediante um carimbo ou um adesivo. E isso não é nada mau. Não desejo criticar demais isso. Mas trata-se de um meio muito frágil de captação da atenção de seu cliente em potencial, pelo correio.

Se você dispõe de uma relação de pessoas que merecem ser contatadas em primeiro lugar, o dinheiro extra que você e seus empregadores despendem para se assegurar de que o material enviado seja notado e examinado tem de valer a pena. Se não dispuser de algo mais, use envelopes lisos e envie cartas personalizadas, ainda que tudo que você estiver fazendo se resuma a enviar amostras rotineiras de produtos distribuídos pelos fabricantes. No mínimo, as pessoas vão abrir os envelopes e talvez ler seu nome antes de atirá-los na lata de lixo. Isso é ainda melhor do que nada – bem melhor, em alguns casos. E talvez isso seja tudo que o volume e a espécie do seu negócio possam permitir.

SE ELES COMPRARAM ANTES, SÃO SEUS MELHORES CLIENTES EM POTENCIAL AGORA

Mas as pessoas que estão em primeiro lugar em sua lista, aquelas que já compraram de você anteriormente e se consideram satisfeitas com esse relacionamento, serão mais do que uma compensação pelo esforço e dinheiro extra empregados para atrair-lhes a atenção. Talvez você venda aparelhos elétricos, rádios ou televisores. Digamos que tenha uma relação de pessoas a quem tenha vendido um material no valor de $2 mil nos últimos cinco anos. Não simplesmente passantes que compram um aparelho de CD, mas pessoas às quais você vende uma cozinha modulada ou uma televisão de $600, ou um equipamento de som estéreo no valor de $700 para seus filhos. Naturalmente, você tem uma lista dessas pessoas. Elas fizeram com que você ganhasse muito dinheiro. Sei que geladeiras e fogões são adquiridos com bem menos freqüência do que carros. Mas há numerosos produtos relacionados que continuam tendo boa saída e que essas pessoas provavelmente irão comprar de alguém: aparelhos de DVD, televisões, computadores e todo tipo de coisas afins. Essas pessoas voltarão a procurá-lo se você continuar a lhes lembrar que existe, e isso de um modo gentil.

Talvez você tenha somente duzentos ou trezentos desses clientes em potencial. O que lhe custará comprar alguns desses cartões de boas-festas? Empresas especializadas e outros grandes fabricantes de cartões dispõem deles para cada data festiva ou feriado santificado, incluindo alguns dos quais nunca ouvi falar. Isso, aliado a um carimbo ou um adesivo com seu nome e o do lugar onde está estabelecido, será o suficiente para você fechar grandes negócios. Desse modo, você pode dirigir-se aos principais clientes em potencial de sua lista. Ou pode, simplesmente, enviar-lhes cartões em épocas de celebração – Feliz formatura, e coisas do gênero. Na verdade, se você entrar numa papelaria que venda cartões e olhar bem nos mostruários, encontrará alguns bem apropriados e que não custam caro, com grandes chances de causar uma impressão excelente.

Pode não ser bastante sutil – se você está no ramo de aparelhos, jóias, roupas ou agências de viagens – enviar alguns cartões em ocasiões de dar presentes. Mas você não deseja ser sutil demais. Uma pequena sugestão de venda – "Joe Girard, Merollis Chevrolet" – basta. As pessoas, por si mesmas, farão a conexão, se gostarem do que você lhes diz. E ainda serão lembradas do que podem dar ao rapaz que está se diplomando ou casando, ou no Dia das Mães ou ainda qualquer que seja a ocasião que pareça indicada a tal fim. Não pense que não estou a par do material preparado acessível a vendedores a varejo numa série de negócios diferentes. Muitas pessoas podem jogar fora suas cartas sem valor. Estou no negócio de vendas, portanto atento a tudo. Aliás, acho que todos devemos agir assim. Estou recomendando com ênfase o trabalho extra e o custo adicional de seus próprios materiais de propaganda para que sejam aprovados e suas mensagens de venda sejam recebidas. Quando você tem alguém que se lembra de você e o estima por conta do que recebe pelo correio, está fazendo o melhor investimento possível de seu tempo e de seu dinheiro.

Algumas pessoas podem dizer: "Isso é formidável para um vendedor de carros ou de bens imóveis, mas vendo a agentes de compras e estes são um tipo diferente de gente." Ainda assim, digo que a correspondência é um instrumento muito eficiente (se usado corretamente) para pôr em evidência nosso nome junto ao cliente em potencial antes que a concorrência o faça. Um vendedor que conheço trabalha para uma nova companhia no setor de controle energético. Em virtude de essa companhia ser pequena, eles não podem arcar com uma publicidade cara. Esse vendedor enviou cinqüenta cartas-prospectos criativas e que resultaram numa venda de $30 mil. No momento, isso não é um mau retorno sobre o que foi investido. A agência em que trabalho já enviava há muito tempo cartas e amostras antes que eu começasse a trabalhar ali – simplesmente descobri um meio melhor de fazer isso. O segredo está em como você pode fazer isso de modo mais criativo e interessante. Com um pouco de imaginação, você pode pensar em uma dúzia de idéias para incrementar sua correspondência. Talvez você possa enviar informações sobre "como fazer isso ou aquilo". Ou anexar com um clipe itens novos e remetê-los a seus clientes, junto com uma pequena nota com os seguintes dizeres: "Alô, John, pensei que isso poderia interessar-lhe. Joe Girard." Alguns vendedores enviam pelo correio calendários personalizados caros. Isto mantém seus nomes à vista do cliente o ano todo. Outro vendedor que conheço conserva cartões-postais em sua valise e rabisca um bilhete pessoal para seus bons clientes enquanto aguarda a hora de um encontro ou um avião. Atente para os meios como as grandes empresas despendem milhões justamente para manter seu nome à vista do público. Tenho aprendido com eles, e você pode aprender também, porque temos negócios como eles, com a simples diferença de os nossos terem menor envergadura.

Afinal de contas, isso é tudo que há para dizer: seu tempo é limitado e seu dinheiro (quer seja seu mesmo ou fornecido por seu empregador) também. Portanto, você está fazendo um investimento na expedição de publicidade postal que irá dotá-lo de influência e poder pessoais. Você não pode se dar ao luxo de fazer visitas pessoalmente nas casas e nos escritórios de seus primeiros clientes em potencial. Eles provavelmente não iriam gostar que você aparecesse sem um aviso prévio. Mas, ao fazer uso *eficiente* de seu tempo e dinheiro, planejando e executando uma forma atraente e pessoal de enviar cartas e cartões, você alcançará algo realmente melhor: levará algo de si mesmo às casas de seus clientes, fazendo com que se lembrem de seu nome e o admirem. No momento exato, comprarão de você. Esse é o tipo de investimento de influência pessoal de alta qualidade que podemos tentar durante todo o tempo na profissão de vendedores.

Deixe sempre seu nome à vista de seus clientes em potencial como for possível... e entre em seus lares.

11

Caçando com perdigueiros

Nesse tipo de negócio, ninguém é tão bom que possa dispensar ajuda. Aceito toda a ajuda que posso obter e sempre retribuo quem faça por merecer. Já lhe dei certa noção de quanto dinheiro gasto nas mensagens dirigidas pessoalmente aos clientes em potencial de minha lista. Embora haja milhares de nomes nessa lista, eles são meus próprios clientes. Não comprei essa lista. Não dependo do que alguma companhia expedidora de listas comerciais pense a respeito. Formei minha própria lista, nome por nome. Foi um processo lento e gradual, portanto sempre posso cobrir seu custo com a possibilidade de contatar essas pessoas. Porque as remessas postais ajudam a trazê-las de volta e isso me tem ensinado mais do que o suficiente para prosseguir usando esse método, a fim de fazer bons negócios.

Entretanto, como disse antes, isso é um investimento. O que significa que tenho de custear minha parte dos custos do envio de publicidade postal de imediato, antes que esses frutos sejam colhidos. Como já assinalei, consigo algo mais além da valiosa clientela resultante de minhas remessas postais: recruto novos "perdigueiros", ou "cães amestrados", e lembro a outros que ainda estou atuante, disposto a pagar por cada venda concretizada.

Talvez você não adote o termo "perdigueiros", mas qualquer que seja a forma como chama essas pessoas, elas me trazem outras pessoas para que comprem carros comigo. E lhes pago por tais vendas – $50 a cada uma –, mas não antes que as mesmas sejam efetuadas. Assim, o dinheiro que pago aos "perdigueiros" – cerca de $28 mil no ano passado – não é um investimento. Não é algo gasto antecipadamente. Representa um custo de vendas. Mas, na realidade, os $50 que pago por uma venda já efetuada graças a um desses meus colaboradores me custam somente $25, pois a outra metade é revertida para o governo como imposto de renda. Há muitos distribuidores que pagam metade do dinheiro devido aos "perdigueiros". Meu distribuidor não paga coisa alguma a mim ou a qualquer outro vendedor. Pago sozinho os $50 – metade proveniente de meu bolso e a outra, do governo.

Sigo uma norma bastante rígida ao pagar os "perdigueiros": *Sou pontual*. Não os levo na conversa. Não tento lesá-los usando algum falso argumento. *Eu simplesmente lhes pago*. Suponha que uma pessoa me envie alguém com meu cartão e se esqueça de escrever seu nome nesse cartão, e o cliente não mencione que alguém o enviou à minha agência. Após efetuada a venda, provavelmente receberei um telefonema daquela pessoa, que, então, me pergunta: "Por que você não me mandou o dinheiro quando vendeu aquele Impala a Sterling Jones?" E respondo: "Sinto muito. Seu nome não figurava no cartão e Jones não me falou nada a respeito. Assim, passe por aqui esta tarde e apanhe seu dinheiro. Ele está à sua espera. Mas, da próxima vez, escreva seu nome no cartão, assim posso providenciar seu pagamento com maior presteza."

MANTENHA SUAS PROMESSAS – OS CLIENTES O APRECIARÃO POR ISSO

O fato é que, quando você acaba de dizer a alguém que lhe pagará por cada venda que obtiver, está empenhando sua palavra. Você faz uma promessa a essa pessoa. Se a ludibriar, será convertido em mentiroso e trapaceiro. Tente fazer isso com 250 pessoas e veja o que acontece. *Espere um pouco,* você poderá me dizer. O que acontece se essa pessoa tapear você? E se ela não lhe tiver enviado realmente o sr. Jones para comprar um carro? Minha resposta é que isso pode acontecer vez ou outra, de tempos em tempos. Não com muita freqüência, porque quase todas as pessoas que costumam trabalhar nessa função figuram em meu fichário. E mesmo que alguém me "enrole" por causa de $25 de meu próprio bolso e outro tanto do Tio Sam, ainda assim, obtenho uma boa comissão na venda do carro. E se o tal sujeito falar com alguém mais sobre isso, irá dizer provavelmente que sou um grande cara. E isso merece ao menos $25.

Mas a razão pela qual me mostro pacífico nesse assunto não é porque goste de soltar dinheiro à vontade. Isso se deve ao fato de que o risco de não pagar a alguém que realmente tenha merecido a gratificação é grande demais. Quando encaro o jogo das probabilidades, reflito que é melhor pagar a gratificação a cinqüenta "perdigueiros" que não a mereçam do que não pagar àquele que fez por merecê-la. Talvez mesmo uma média de cem contra um.

Já lhe disse que paguei $28 mil a "perdigueiros" no ano passado. Isso significa que tive um volume de 550 vendas, ou cerca de um em cada três conseguida por meus "perdigueiros". E eles me proporcionam negócios que me rendem aproximadamente $150 mil em comissões. E todos esses negócios me custaram $28 mil. Isto é o que considero uma troca muito agradável, especialmente quando se conclui que a maioria desses negócios foi extra e que não teria conseguido realmente realizar sem pagar algo por eles.

Onde acho os "perdigueiros"? Eu os encontro do mesmo modo que você. Contarei a você, em detalhes, como os consigo e os conservo.

TODOS PODEM SER SEUS "PERDIGUEIROS"

Para mim, esse processo começou com a seguinte pergunta: quem eu conheço que gostaria de ganhar $50 para me enviar um comprador? Não conheço nenhum Rockefeller, mas sei de algumas pessoas que ganham bastante dinheiro, e não consigo pensar em alguém que eu conheça que não se sentiria feliz de ganhar $50 extras para me enviar um cliente. Certa vez, paguei uma gratificação a um neurocirurgião cujo maior problema com o dinheiro é como guardá-lo. E conto com vários ministros que me enviam clientes sempre na base dos $50 de gratificação.

Quando efetuo uma venda e o cliente recebe seu carro (tudo isso será abordado em detalhes e em capítulos separados), a última providência que tomo assim que ele está para sair da agência é colocar certo número de cartões comerciais junto com outro cartão que esclarece sobre meu arranjo com "perdigueiros" no porta-luvas do carro. Alguns dias depois, quando esse cliente recebe meu cartão de agradecimentos, também recebe outro maço de cartões. Agora, ele é um "perdigueiro". Também está em minha relação de correspondência; assim, no mínimo uma vez por ano, ele receberá uma carta que inclui minhas instruções aos "perdigueiros" – como um lembrete de que minha oferta continua válida.

Obviamente, um cliente satisfeito é uma boa fonte de outros negócios. Se meu trato for bom o bastante para ele, deve sê-lo também para seus amigos e parentes, isso ele tem de perceber. O mesmo vale para qualquer pessoa. Quando verifico que meu cliente tem espírito de liderança, é alguém a quem outras pessoas ouvem com atenção, faço um esforço extra para convertê-lo numa boa fonte de negócios e recrutá-lo como um "perdigueiro".

Se, por acaso, conheço alguém que é gerente de loja ou presidente de um sindicato, sei que estou falando uma pessoa que tem grande influência sobre outros líderes sindicais e seus membros. Ele é uma figura política. Costuma falar com um grande número de pessoas, deseja que o estimem e votem nele. De certo modo, ele se acha na mesma situação em que estou em meu setor de trabalho e você em seu. Ele é uma espécie de vendedor em seu próprio terreno, vendendo sua própria imagem, que, afinal de contas, é o que temos de fazer, não importa quão bons sejam nossos produtos e preços.

Portanto, quando me deparo com alguém assim, reconheço que é merecedor de um grande empenho de minha parte, porque, se tratá-lo bem, ele se empenhará bastante por mim. Tentará oferecer um bom negócio àqueles que o apóiam, portanto irá enviá-los a mim para que eu possa fazer pelos outros o que fiz por ele. Se você conduzir o processo de modo adequado, obterá lucros extraordinários com esse investimento. É como se você se prolongasse em centenas de direções diferentes.

Algumas vezes, há pessoas que não desejam receber dinheiro por me enviarem clientes. Isso as incomoda por inúmeras razões. Em alguns casos, realmente me são gratas por lhes propiciar um bom negócio na aquisição de seus próprios carros; acham que já fiz bastante por elas e sentem-se contentes ao indicar meu nome a outras pessoas. Algumas dessas pessoas que colaboram comigo chegam mesmo a devolver o cheque de $50 quando lhes envio pelo correio. Se elas agem assim, eu lhes telefono e peço desculpas por tê-las constrangido de algum modo. Mas isso não ocorre com muita freqüência, podem apostar, porque, afinal, $50 são $50.

Há alguns problemas, nesse caso, com o pagamento em dinheiro vivo a uma pessoa. Em alguns lugares, isso é contra a lei. Não sou advogado, não conheço as leis em toda a sua extensão. Mas sei que, em muitos lugares, você pode dar presentes ou entradas grátis às pessoas quando não lhes pode dar dinheiro vivo. Não tenho a intenção de lhe recomendar algo que possa levá-lo a infringir a lei. Assim, se você deseja contar com "perdigueiros" efetivos e pode pagar-lhes em dinheiro, será melhor certificar-se de que isso é legal em seu local de trabalho.

O que se torna necessário ao desenvolver um sistema de "perdigueiros" é fazê-lo ser eficiente e contínuo. Verifiquei que $50 ou algo equivalente é a quantia mínima que desperta o interesse da maioria das pessoas. Algo menos do que isso seria apenas o engodo de um negócio extra. No entanto, não quero que as pessoas se sintam culpadas quanto a serem pagas por me fazer um favor. Desejo, sim, que se sintam recompensadas e penhoradas. No entanto, a maioria não se sente culpada ou melindrada, e assim esse não é um grande problema.

COMO PAGAR SE OS "PERDIGUEIROS" NÃO QUEREM RECEBER EM DINHEIRO

Quando as pessoas me dizem que não desejam ser pagas por me enviarem clientes, contorno a situação de um modo diferente. Se alguém me é enviado por um "perdigueiro", tenho como norma telefonar para esse último e agradecer-lhe, além de lhe dizer que estou remetendo seu cheque de $50 pelo correio. Se ele diz que não tem permissão de aceitar dinheiro por conta de alguma norma empregatícia ou outro motivo qualquer, digo-lhe que gostaria de fazer algo mais gratificante por ele. Então, entro em contato com um bom restaurante de Detroit onde conheço o gerente e lhe peço para enviar a meu "perdigueiro" um cartão habilitando a ele e à sua mulher jantarem ali como meus convidados. Ou se não é o tipo de pessoa que aprecie isso, posso enviar-lhe um bilhete dizendo que poderá trazer seu carro em nossa agência para alguns serviços grátis.

Dou-lhe essas sugestões como um meio de agir dentro do que seja legal, ou evitar problemas que possa vir a ter em sua zona de atividades e que o impeça de pagar em dinheiro aos que cooperam com você, os "perdigueiros". Na maior parte dos casos, porém, tenho verificado que se envio um cheque para alguém em sua casa não há problema algum.

Certo, entendo que, em alguns setores, não é ético recompensar financeiramente um "perdigueiro", mas isso não é razão para deixar de recorrer a esse serviço. Com freqüência, gerentes de vendas me dizem que, se eles pudessem, somente conseguiriam seus vendedores solicitando referências de que estariam fazendo mais dinheiro. Vamos falar sobre isso. Quando você pede referência a um cliente, está realmente fazendo-lhe um favor. Eis como: muitas pessoas gostam de ajudar os outros; apreciam passar adiante uma boa informação sobre um grande negócio ou um vendedor simpático. Se você tratar bem essas pessoas, elas se sentirão contentes em falar a seus amigos sobre você. Se o amigo em questão também compra, isso leva o cliente original a experimentar o sentimento agradável de ter sido capaz de ajudar um amigo. Ademais, quase todo mundo sente necessidade de se auto-elogiar vez ou outra. Gabando-se do que foi um bom negócio, essas pessoas satisfazem essa necessidade. Quando um amigo compra baseado suas recomendações, isso reforça a crença em seu bom julgamento pessoal. Vamos colocar a coisa do seguinte modo: você e eu agimos da mesma forma em relação às pessoas de quem gostamos – nosso médico, dentista, barbeiro e pintor de parede. Portanto, por que hesitar em pedir aos outros que o ajudem a levar adiante seu negócio? Todos são beneficiados com isso.

FAÇA SEU BARBEIRO FALAR DE VOCÊ

Uma de minhas fontes favoritas de colaboradores de vendas são os barbeiros. Eles conversam bastante com seus fregueses – *até demais*, diriam algumas pessoas. Seja como for, sempre procuro aparar meu cabelo em barbearias diferentes do meu bairro. Desse modo, posso circular entre um bom número de barbeiros, "recrutá-los" e sustentar o interesse deles.

O modo como usualmente inicio o recrutamento de um barbeiro consiste em lhe trazer um pequeno anúncio que fiz e foi confeccionado para mim num estúdio de arte comercial local. Trata-se de um cartão especial que diz o seguinte: CONSULTEM-ME SOBRE O MELHOR NEGÓCIO DE CARROS DA CIDADE. Eu o ofereço ao barbeiro, explico como pago os $50 e deixo certo número de cartões comerciais. Note que o anúncio não menciona carros Chevrolet. De fato, digo ao barbeiro para perguntar a outros fregueses que sejam vendedores de outras agências de carros se eles pagam os mesmos $50 que ofereço. E lhe digo para obter seus cartões também. Desse modo, quando alguém vê o anúncio e pergunta a respeito, ele pode indagar a essa pessoa que tipo de carro deseja. Se ela responder que é um Buick, o barbeiro já terá em mãos o cartão de um vendedor dessa marca de carro. Ou de um Volkswagen ou um Ford, ou qualquer que seja a marca. Coloquei-o num negócio que lhe trará um bom dinheiro extra se trabalhar para isso. E obtenho minha parte, ou mais do que isso, de todo o negócio.

Como já disse, venho procedendo assim com muitos barbeiros. E também faço o mesmo com quase todos que encontro. Não quero dizer que você deva distribuir cartões desse tipo a todo mundo. Até certo ponto, só tenho feito isso com os barbeiros. Mas você se surpreenderia com o número de pessoas que trabalhariam para você por $50.

Por exemplo, há uma importante empresa de produtos farmacêuticos em minha zona de trabalho que emprega muitos médicos. Desse modo, vários médicos que trabalham nessa companhia figuram entre meus "perdigueiros", e eles estão entre os mais produtivos de minha lista. Todos ganham um bom dinheiro em seus empregos, trabalham com gente que ganha bem, conversam com muitos outros médicos e pessoas da direção de hospitais e, amiúde, todos têm vários carros. Não somente isso; vão a muitas reuniões e convenções onde encontram outros médicos e pessoas da mesma indústria farmacêutica. Esta é uma grande e próspera indústria, e isso, aliado ao fato de que os médicos parecem desejar ganhar dinheiro como qualquer outra pessoa, me proporciona um grande número de negócios extras.

Entre os meios mais importantes como consigo "perdigueiros", está o que se processa por meio de bancos, companhias financeiras e cooperativas de crédito. Estou falando daquelas pessoas que aprovam os empréstimos para a aquisição dos carros novos. Os que trabalham nessas financiadoras geralmente não são muito bem remunerados. Na verdade, recebem um salário irrisório para o volume de negócios e a quantidade de dinheiro que manejam e é emprestado a outras pessoas. Assim, esses profissionais ficam contentes em ganhar um dinheiro extra de mim – $50 por cada venda que me ajudam a fazer.

E costumo procurá-los. Às vezes, recolho o nome de um deles no cheque ou no documento de aprovação do empréstimo que o cliente traz quando está comprando um carro. Após a venda, telefono para a referida pessoa no banco ou na financiadora e digo a ela que sou o homem que acabou de vender aquele modelo Monte Carlo a Al Robinson, e que foi ótimo fazer negócio com ele e sua organização. O que tenciono fazer em seguida é convidá-lo para almoçar. Não importa em que zona da cidade ele trabalhe. Digo-lhe que, por acaso, estarei de visita àquele bairro naquele dia, e combinamos nos encontrar no melhor restaurante que pensamos achar por ali. Por que não? Que importa que esse almoço me custe $50 ou mesmo $100? É uma despesa motivada por negócios. Além disso, se eu conseguir outra venda extra com esse almoço, meu dinheiro já terá sido bem empregado.

Quando encontro essa pessoa no restaurante, após o almoço falo do que trataremos. Menciono que lhe pagarei uma gratificação por cada cliente que comprar um carro em minha agência, que deverá trazer um cartão com o nome de quem o enviou escrito no verso. Ou talvez ele possa simplesmente me telefonar e dizer que está enviando alguém que deseja comprar um carro. Informo-lhe sobre meu volume normal de vendas e, assim, ele compreenderá que tenho um bom número de clientes satisfeitos. Ele também ficará ciente de que, eventualmente, terei condições de cobrir uma oferta parecida. Isso me dá a chance de cobrir realmente a oferta de outro vendedor.

Vamos esclarecer o seguinte ponto: suponhamos que um cliente vá a um banco com o orçamento de um carro que ele deseje comprar de outro distribuidor. Então, ele solicita um empréstimo. A pessoa que o atende, que é um de meus "perdigueiros", dará uma olhada no preço total da transação, pedirá desculpas por ter de se afastar um instante e irá à sala próxima telefonar para mim. Então, essa pessoa me dirá que tipo de carro o tal homem pretende adquirir, e qual é o preço. Faço alguns cálculos rápidos mentalmente para ver o que posso fazer para reduzir o valor. Procuro começar com uma cifra que é cerca de $200 mais baixa do que aquela que o referido homem precisará pagar à agência na qual esteve para adquirir um carro novo.

Muito bem, suponhamos agora que eu possa oferecer esse carro por um preço mais barato $200. Digo isso ao empregado da financeira e o deixo ciente de que tenho o carro desejado pelo tal homem e posso efetuar o negócio. Ele volta à sua sala e diz ao cliente que posso oferecer-lhe o carro que deseja comprar a um preço que é $200 mais baixo. Se o preço fosse $100 mais baixo, o tal comprador acharia que não valeria a pena me procurar. Afinal de contas, ele pode ter deixado um depósito – digamos de $20 ou $30 – com o outro vendedor. Por $200 a menos, ele pode se permitir perder aquele depósito. Como o empregado da financeira ganhará $50 por me proporcionar essa oportunidade de venda, encorajará o comprador o máximo possível, dizendo-lhe que se trata de uma agência de carros de confiança, que sou um bom vendedor, entre outras informações.

Tão logo eu acabe de falar com o empregado da financeira, encontro na lista de carros estocados em nossa agência um modelo o mais parecido possível com aquele que o tal cliente deseja; exatamente o mesmo, se tivermos na ocasião ou se eu puder consegui-lo rapidamente, de outro distribuidor. O carro já está lavado e prontinho na loja para a entrega. Sei que, quando o comprador chegar, já terá obtido a aprovação de seu crédito relativo à quantia de que precisa para adquirir o carro.

O que consegui fazendo do empregado da financeira um "perdigueiro" foi colocá-lo numa posição graças à qual ele pode me proporcionar negócios que possivelmente não obteria de nenhum outro modo. Ele me proporcionou uma venda que já estava acertada com outro vendedor. Ajudou o cliente a poupar seu dinheiro, ganhou $50 e me arranjou uma venda que eu não teria meios de conseguir. Mesmo com a gratificação do "perdigueiro" e a redução do preço que ofereci ao comprador do carro, ainda assim, ganharei alguma comissão. Mesmo se obtivesse apenas $100 com essa venda, isso ainda é dinheiro, e que eu não ganharia de qualquer outro modo.

Trata-se de um dinheiro praticamente caído do céu em meu bolso. Pense nisso. Reflita sobre como "criei" esse dinheiro extra para mim mesmo. E pense acerca de como você pode agir assim em seus negócios.

Aqui estão alguns outros meios e lugares em que posso encontrar pessoas que venham a trabalhar para mim como "perdigueiros". Onde quer que eu compre gasolina e óleo, procuro conversar com pessoas que trabalham no posto de abastecimento, especialmente se meu carro também necessita de reparos. Esses profissionais vêem um bom número de carros que necessitam ser substituídos. Quando uma pessoa aparece com um carro que necessita de um conserto dispendioso – digamos, $1.000 mais ou menos –, não está longe de começar a pensar em adquirir um carro novo, em vez de consertar seu velho modelo. Se essa pessoa diz que adiará o conserto de seu carro, é porque provavelmente já pensa em comprar um novo. E, nesse caso, talvez uma palavrinha ou duas do mecânico do posto sejam suficientes para incutir na mente dessa pessoa a idéia de vir me procurar com um cartão em mãos. Se o cliente não pretende que seu carro seja consertado imediatamente, o mecânico dará graças por trabalhar para mim como "perdigueiro", pois poderá obter $50, valor que não ganharia de nenhum outro modo.

Entre as melhores fontes de recrutamento de "perdigueiros" estão os serviços de reboque e depósitos de carros avariados. Ali há um bom número de carros danificados e que não serão consertados. Seus proprietários terão de comprar carros novos, e as chances de que venham a receber um cheque da companhia de seguros são concretas. Pessoas que trabalham no setor de seguros contra acidentes e escritórios de vendas também são boas escolhas como "perdigueiros", porque têm muitas informações acerca de carros danificados. Tento entrar em contato com todos esses profissionais, porque são fontes excelentes de negócios para mim.

TREINE SEUS "PERDIGUEIROS"

Uma vez que você já tenha feito contato com essas pessoas, explicando o sistema de gratificação e deixando com elas seus cartões, ainda terá de se manter em contato com esses colaboradores. Quando a situação está tranqüila, e tenho algum tempinho livre, costumo dar uma olhada em meu fichário de "perdigueiros" apenas para saber quem, entre eles, não me vem enviando clientes regularmente. Então, telefono e, em meio a uma conversa trivial, pergunto como é possível que eu não lhes tenha enviado nenhum cheque de $50 nos últimos tempos. Eles podem simplesmente ter-se esquecido. Se são "perdigueiros" novos, talvez ainda não tenham adquirido o costume de sugerir a outras pessoas que comprem um carro novo de mim.

Alguns de meus "perdigueiros" me enviam um número regular e expressivo de possíveis clientes porque eles farejam as oportunidades onde quer que elas surjam. Outros precisam ser estimulados no início de nosso relacionamento, até mesmo por mais tempo. É uma questão de quão fácil ou difícil é para outras pessoas desenvolverem o hábito de reagir no momento certo a fim de ganhar de mim aqueles $50 extras. Todo mundo tem de desenvolver novos hábitos. E demanda algum tempo apurar o senso de oportunismo de quem pode produzir negócios extras para mim.

Continuo encontrando pessoas todo o tempo, porque aprendi a procurar por elas constantemente, onde quer que eu esteja. Freqüento o ginásio de meu clube, após o expediente, e me asseguro de que o recepcionista e o massagista saibam o que faço e fiquem com alguns de meus cartões. Não obtenho grande coisa com isso, e consigo negócios de outros associados sem usar "perdigueiros". Mas você deve ficar sempre atento às oportunidades. Por vezes, essas oportunidades não se mostram à primeira vista.

Considere este caso, por exemplo: certa tarde, recebo um telefonema de um homem que deseja saber o preço de determinado carro. Há tantos meios de atender a tais telefonemas como há vendedores. Em geral, atendo a chamada e informo o preço solicitado. Alguns vendedores darão um preço tão reduzido que a tal pessoa terá de ir procurá-los, ainda que o profissional, no caso, não tenha condições de entregar o carro àquele preço. Chamamos isso de "alegação forjada". Alguns vendedores usam a expressão "golpe baixo". Tudo que se pretende é impedir que o cliente em potencial vá comprar em outro lugar. Então, o cliente vai à agência e o vendedor tenta desviar seu interesse para um modelo diferente de carro ou sugere outras opções e, se o cliente insiste no carro que veio ver, o vendedor diz que, infelizmente, o gerente de vendas não aprovou o preço antes mencionado e trata de tirar mais algum dinheiro do cliente.

Nem eu nem os outros vendedores autênticos aprovamos tal prática. É um mau negócio, porquanto o cliente se sente logrado mesmo se comprar de um desses vendedores. Caso não compre, classificará esse profissional como uma espécie de vigarista. Isso significa, no mínimo, 250 pessoas que serão informadas de que esse ou aquele vendedor é um mau sujeito.

Quando recebo uma chamada telefônica, forneço a quem me consulta o preço verdadeiro do que deseja adquirir. Falaremos sobre a escala de preços no negócio de carros em outro capítulo. No momento, aceite minha palavra quando digo que um vendedor dispõe de uma ampla série de preços que ele pode especificar para um cliente em perspectiva, porque há várias dúzias de modelos, muitos tipos de opções e outros fatores que criam centenas, até mesmo milhares, de combinações, todas a preços diferentes.

Evidentemente, quando recebo esse tipo de telefonema, desejo dar ao consulente um preço que o faça vir me procurar. Se ele não menciona ar-condicionado, rodas de magnésio ou um sistema estéreo AM-FM, combinado com CD player, não lhe forneço um preço que inclua todo esse equipamento. Nem mesmo espero falar-lhe acerca de extras, porque desejo mencionar um preço barato mas verdadeiro por um carro que, na realidade, posso entregar-lhe.

Também desejo conversar bastante com esse candidato a comprador, a fim de verificar se ele tem comprado em outros lugares, e também para saber o que ele faz para ganhar a vida. Desse modo, saberei se será fácil ou não obter-lhe crédito. Também quero saber o que valeria para mim e meu patrão vender a esse cliente, mesmo a uma margem de lucro muito reduzida, mesmo com prejuízo.

QUANDO O QUE É QUASE GRÁTIS FUNCIONA A SEU FAVOR

Isso é certo: posso estar disposto a renunciar ao total de minha comissão sobre uma venda e até mesmo reembolsar meu distribuidor se parecer que valerá a pena vender a certo cliente em potencial abaixo do preço de custo. Consideremos esse candidato a comprador que me procura por telefone. Ele me diz exatamente o que deseja em seu carro. Verifico que já contatou outros distribuidores, e até me fornece o preço mais baixo que lhe foi mencionado. Isso significa que ele deseja chegar a um preço que implica perda de dinheiro em meu próprio bolso.

Tenho um acordo com meu patrão quando um cliente é realmente importante para nós, a ponto de vendermos com algum prejuízo: efetuo a venda se antes obtiver permissão para tal e, então, abato da minha própria comissão a diferença em relação ao preço do distribuidor do carro que desejo vender.

Bem, essa não é uma situação que me agrade com freqüência. Gosto de ganhar dinheiro tanto quanto conquistar amigos quando vendo carros. Porém, algumas vezes, um cliente pode ser tão importante que mereça meu prejuízo e o do distribuidor, se este estiver disposto a liberar o carro mesmo sem um lucro imediato. Pelo menos, ele obtém seu dinheiro do negócio e reduz o estoque. Mas ele também tem de compreender que há uma razão para a inexistência de algum lucro imediato.

Num caso típico – e não há muitos assim –, o visitante revela sua condição de presidente do sindicato de uma grande fábrica de peças para a Chevrolet. Isso quer dizer que ele tem bastante influência sobre muitas pessoas que possuem carros e que, em sua maioria, compram Chevrolets por inúmeras e óbvias razões, inclusive o fato de que, algumas vezes, carros de determinados fabricantes não são bem cuidados nos parqueamentos de fábricas onde são feitos. Isso não é bonito, mas é o que ocorre, muitas vezes, nesse ramo de negócios. Bem, essa pessoa me telefona já com aquele preço bem reduzido em mente. Digo-lhe que se trata de um bom preço realmente, e ele sabe disso. Então, peço que aguarde um pouco e consulto o gerente de vendas sobre oferecer um bom preço, mesmo que isso gere prejuízo para nós. Obtenho o assentimento do gerente, e forneço ao cliente um preço $50 abaixo do custo do distribuidor. Quando ele ouve o preço, sabe que cobri todos os outros lances possíveis, porquanto está a par dos outros preços e sabe que perderei na transação. Assim, ele aparece na agência e, tendo como certo que não posso vender-lhe quaisquer acessórios extras que poderiam elevar o custo do veículo e, especialmente, a margem de lucro, recebe seu carro ao preço que eu havia mencionado, e tenho de dar ao distribuidor $50 de meu bolso.

Que acontece agora? Eu consegui, ao custo de $50 (não contando com a comissão nessa venda, que não ganhei), um "perdigueiro" que irá falar com orgulho sobre o bom negócio que fez e do bom tratamento que recebeu em minha agência e enaltecerá a mim e a meu chefe em seu sindicato, na fábrica e na vizinhança. Ele falará sobre mim com os amigos em seu clube de boliche, na marina onde guarda seu barco e em qualquer outra parte aonde vá.

Naturalmente, quando ele sai da agência com seu carro novo, também já leva certo número de meus cartões de visita e uma explicação anexa sobre como pago $50 por cliente que ele me enviar. Mas, mesmo sem esse expediente, ele me proporcionaria e à agência onde trabalho um bom número de vendas, muitas vezes maior do que a quantia que perdemos com ele na venda de seu carro.

Já que muitas pessoas tendem a se gabar de como compraram seus carros a um bom preço, os que ouvirem aquele cliente falar provavelmente esperarão comprar ao mesmo custo que ele. Então, permita-me assegurar-lhe que isso não acontecerá. Meu intermediário está credenciado a ter lucros justos e eu, a ter direito a uma comissão razoável. Não estamos nesse negócio para doar mercadorias. Mas, algumas vezes, essa é a melhor opção para incrementar o volume dos negócios e alcançar lucros.

Se consigo somente uma venda regular daquele cliente, tenho um retorno positivo acima do prejuízo que tive com a venda do carro. Assim, também quanto a meu distribuidor. Mas posso ver 12 ou mais pessoas virem à agência em conseqüência daquela semente única de $50 que plantei. E lembre-se de que essa quantia é uma despesa de negócios com a qual tenho de arcar quando calculo meus impostos; portanto, isso custa $25 de meu próprio bolso.

Em muitas ocasiões, você será solicitado por policiais e bombeiros a comprar cartões de rifa ou dar contribuições para os seus programas sociais. Mesmo os carteiros vendem esses bilhetes em alguns lugares dos Estados Unidos. Estou certo de que você terá o bom senso de não dizer não a pessoas como essas por inúmeros motivos, especialmente se estiver no negócio de vendas. E tenho observado que tais pessoas podem ser "perdigueiros" de primeira categoria. Assim, quando tenho oportunidade, compro seus bilhetes e, então, ofereço certo número de meus cartões e falo a respeito de minha política dos $50. O mesmo se aplica às organizações beneficentes e irmandades. Quando seus membros circulam vendendo impressos com a propagação de suas idéias e a programação de suas cerimônias festivas, sempre adquiro um. Mas, pessoalmente, não uso um anúncio onde se lê: *Cumprimentos de um amigo*. Os meus sempre dizem algo assim: *Meus votos de felicidades, de Joe Girard, Merollis Chevrolet*. Envio certo número de meus cartões para as pessoas que solicitam o anúncio. E, se disponho de tempo, vou às festas dessas entidades, porque são bons lugares para se encontrar pessoas e contar-lhes o que faço para ganhar a vida. Sei que um grande número de pessoas, incluindo dentistas e vendedores de apólices de seguros, age da mesma forma. Isso prova somente que se trata de um bom meio de divulgar nossos negócios.

Qualquer pessoa que converse com outras diariamente em seu local de trabalho pode ser um "perdigueiro". E tenha em mente, especificamente, as pessoas que não ganham muito bem, como os empregados de bancos que cuidam de empréstimos. Não apenas são mal remunerados, como também dificilmente recebem convites para almoços ou ganham presentes de alguma espécie em sua vida profissional. Eis por que eu sempre levo pessoas assim para almoçar. Eles se lembram disso muito bem. Significa muito para eles se você levá-los a um lugar que, normalmente, não têm condições de freqüentar, e você gastar $20 ou $30. Também faço algo mais por eles. Antes de encontrá-los, coloco uma garrafa de dois litros de uísque Crown Royal nos fundos de meu carro. Trata-se de uma das melhores marcas de uísque de minha região. Depois que eles saltam de meu carro e nos despedimos, apanho a garrafa e digo a essa pessoa: "Ouça, Henry, alguém me deu esta garrafa e, como não costumo beber muito uísque canadense, estive pensando se você não gostaria de ficar com ela. Aceite-a, por favor." Você pode apostar que ele se deixa persuadir a aceitar minha oferta e, toda vez que se serve de uma dose daquela garrafa, lembra-se do meu nome e do que faço para ganhar a vida, e também do que posso fazer por ele.

Algumas vezes, já ouvi outros vendedores reclamarem dos "perdigueiros" quando começam a usá-los. Um colega de profissão me disse: "Comecei a distribuir cartões meus há um mês e ainda não obtive uma venda sequer por intermédio deles." Minha resposta é sempre a mesma: simplesmente tenha paciência. *Você plantou as sementes, continue plantando-as apenas. A colheita será abundante.* No ano passado, como lhe disse, vendi cerca de 550 carros por intermédio de meus "perdigueiros". Um bom número de vendedores se sentiria feliz por alcançar esse índice de vendas por ano. Além disso, não sei a quantos clientes vendi mediante uma corrente verbal que começou com os cartões que distribuí entre os "perdigueiros". A cadeia é infindável se você a mantiver em andamento. E o custo é quase irrisório, porque representa um negócio extra.

Ao pagar $50, você pode ganhar muito mais do que isso, mas realmente tem de pagar essa quantia para obter tal resultado.

12

SAIBA O QUE ESTÁ FAZENDO... E POR QUÊ

Um dos lemas mais comuns no treinamento de vendas, e que você costumava ouvir o tempo todo e talvez ainda ouça, é o seguinte: *Planeje seu trabalho e trabalhe seu plano*. Já escutei essa frase, no mínimo, uma centena de vezes. E tenho certeza de que todos aqueles acima de certa faixa etária no negócio de vendas de automóveis já a ouviram muito mais. Era um lema que costumava ser mencionado com tanta freqüência que todo mundo chegava a fazer piadas sobre ele.

Mas deixe que eu lhe conte algo que aprendi em meus anos de atividade nesse negócio e que é a melhor sugestão para você: o problema com esse lema é que ele é tão requintado e sutil e é dito tantas vezes que seu significado se esvazia. Mas o que ele significa é ainda o melhor conselho que você pode obter. Ele realmente transmite duas mensagens distintas. Uma é que você deve ter o controle de si mesmo e do que faz. Isso quer dizer que você não está atuando por uma série de acidentes, tal como ocorre com alguém que entra pela porta de sua agência quando você está no primeiro lugar de uma fila de vendedores. A segunda é que, se você planejar os movimentos certos para conquistar esse visitante, e fazer com que outros entrem em sua loja, essa iniciativa proporcionará bons negócios.

Já falei até aqui sobre os cartões profissionais, publicidade postal direta, o uso de "perdigueiros" e telefonemas. Não disse muita coisa ainda sobre o que geralmente pensamos acerca do modo de vender. Digo muito pouco do que se diz a um provável cliente quando o temos frente a frente. Tratarei do assunto com mais detalhes nos próximos capítulos. Mas, se você não for além deste capítulo e agir como já descrevi, venderá bastante, independentemente do que constitua o objeto de suas vendas. Isso acontecerá por diversos motivos, porém o mais importante é que você conseguirá que muitas pessoas apareçam em sua loja procurando por você ou, então, receberá mais solicitações de clientes potenciais. E mesmo que você seja apenas mediano (ou abaixo da média) ao apresentar e encerrar um negócio de venda, estará fadado a obter melhores resultados do que já terá conseguido em toda a sua vida.

NÃO É NECESSÁRIO ENCERRAR UMA VENDA PARA VENDER MAIS

Lembre-se do que já falamos aqui sobre plantar e colher, encher e esvaziar as cadeirinhas da roda-gigante. Estivemos falando sobre as vantagens e probabilidades dos negócios. Agora, não há como duvidar que, se você agir da mesma forma numa situação de venda face a face com o cliente, venderá bem mais do que antes. Não estamos falando de outra coisa aqui senão de quantidade.

Levo isso muito a sério, pode acreditar. Se você for procurado pelo dobro de pessoas que normalmente vêm procurá-lo todos os dias, venderá também em dobro a essas pessoas. Se seu ritmo de venda normal inclui 50% de seus clientes, e você conta com uma média diária de dois deles, obtém uma venda por dia. Isso é aritmética rudimentar. Não é necessário freqüentar uma escola de ensino médio para chegar a esse resultado. Mas agora vamos a algumas cifras maiores. Se você trata de obter quatro clientes por dia, e age do mesmo modo que antes, ainda assim venderá somente à metade deles. Mas, agora, você estará realizando duas vendas por dia. Isso simplesmente duplicou sua produção e seus ganhos.

Você pode pensar que estou tentando brincar, mas isso não é verdade. Falo muito sério, como já disse antes. Simplesmente faça uma pausa e pense em quanto tempo gasta apenas aguardando a entrada de prováveis clientes em sua agência ou o recebimento de um telefonema de consulta. Até agora, talvez você imaginasse ser este o modo correto de vender. Talvez entendesse que devia agir exatamente assim a menos que pudesse contar com a sorte. Quem sabe tenha se sentido otimista, quando tudo pareceu trabalhar a seu favor, o movimento de clientes em potencial tornou-se mais intenso, e todos que apareceram compraram em dobro o que normalmente costumam comprar. *Formidável!*, você diria. *Se eu pudesse manter isso nesse ritmo...*

Bem, permita que lhe diga algo a respeito. Você pode manter esse ritmo. Seguramente, poderá fazer com que mais pessoas apareçam para vê-lo. E mesmo que essas pessoas comprem somente com a freqüência e na quantidade anterior, você se sentirá numa permanente maré de sorte, em comparação com seu volume habitual de vendas. Como elevar esse índice é outra história, e nós abordaremos algumas partes dela.

Mas, de fato, isso não importa se você conseguir fazer a primeira parte corretamente; isto é, se conseguir que um maior número de pessoas entre pela porta da loja para vê-lo. E o modo como você obtém isso é retornando ao surrado e antigo lema: *Planeje seu trabalho e trabalhe seu plano – e execute-o.* Execute-o!

TRABALHE COM INTELIGÊNCIA, NÃO DE MODO ÁRDUO

Não estou brincando. O que digo é que o modo para se ver uma tarefa consumada consiste em decidir qual será – diariamente. Quero dizer que você deve – não digo que pode – pensar um pouco todas as manhãs e decidir sobre a estratégia de trabalho a adotar naquele dia. E, então, deve realizá-la. Não me entenda mal. Não estou aqui sentado pregando sobre as excelências do trabalho extenuante, árduo. Não creio nesse tipo de atividade. Acredito no trabalho de boa qualidade, inteligente e eficiente – um trabalho que funcione de fato.

Assim, o que faço todas as manhãs é pensar no que farei durante o dia. Primeiro, consulto minha agenda de compromissos para verificar com o que estarei ocupado. Pode se tratar de um almoço com um empregado de uma companhia de financiamentos. Pode ser que eu tenha telefonado no dia anterior para um cliente sobre a entrega de seu novo carro. É aconselhável organizar seu fichário de clientes aos quais você já vendeu de modo mais diversificado. Claro que você deseja manter essas fichas em ordem alfabética porque, assim, pode encontrar os nomes desejados com mais facilidade. Mas também é útil manter outro número de fichas dispostas por datas, e não por nomes. Assim, se alguém comprou de você no dia anterior, por exemplo, essa indicação será aposta no verso da ficha, e assim por diante. Desse modo, você pode começar pela parte da frente e verificar quem está na vez. Quando disponho de algum tempo livre, telefono para essas pessoas apenas para lembrá-las de que talvez desejem vir à agência para conversar comigo sobre um carro novo. Faço isso com um bom número de pessoas da lista, na época da chegada dos novos modelos à loja. Se, por acaso, estiver fazendo isso no momento, contarei com inúmeros compromissos anotados em minha agenda, cobrindo mais de um mês. Isso porque procuro fazer com que os clientes marquem dia e hora para virem à agência. Não digo pura e simplesmente: "Sam, os novos carros estão aqui e espero que você dê uma passada na agência para vê-los." Abordo a situação da seguinte forma: "Apareça esta tarde, Sam, por volta das quatro, certo?" Se ele não puder vir a essa hora, então acabará por me dizer a hora em que isso será possível, e aí já contarei com a visita de um cliente. E anoto isso em minha agenda na mesma hora. Tenho uma memória bem razoável, mas nunca confio somente nela.

Muito bem, ao consultar minha agenda, verifico que tenho um compromisso à tarde. Evidentemente, não posso prever quem cairá do céu e me procurará. Um grande número de pessoas aparece na loja todos os dias. Não me surpreende que apareçam, porque praticamente tudo que faço todos os dias tem por objetivo garantir a presença desses clientes que vêm à minha procura. Mas haverá sempre algum tempinho livre em cada um desses dias, e desejo certificar-me de que irei preenchê-lo com alguma providência destinada a conseguir um número ainda maior de clientes potenciais.

Já que meu programa de publicidade é extenso demais para que eu possa cuidar dele sozinho, hoje disponho de pessoas que fazem esse trabalho por mim. Mas, quando ainda não havia atingido essa condição, fazia esse serviço sozinho, remetendo aos compradores em potencial certo número de cartas e prospectos todas as manhãs. Em geral, fazia isso nos momentos em que ainda não havia pego no batente e não tinha mais nada para fazer. Naquele tempo, eu planejava estar pronto a deixar de lado tudo o que estivesse fazendo para abordar algum cliente eventual que entrasse pela porta da agência, na minha vez de atendê-lo. Endereçar cartas era a coisa mais segura a ser feita naquela época. Se você estiver muito atarefado ou agitado, pode correr o risco de dizer por telefone, a um possível comprador, que não poderá atendê-lo no momento. E isso é algo que você nunca desejaria fazer.

Quando não estava na fila dos vendedores aguardando minha vez, estava trabalhando com a expedição de cartas personalizadas ou fazendo alguns telefonemas. Ou então estava fazendo algo útil em alguma parte do prédio da agência, às vezes no escritório. (Mais adiante, explicarei como considero importantes minhas relações com essa parte da operação de vendas.) Ou talvez me achasse no andar de cima falando com outros empregados. A parte administrativa de uma operação de vendas pode significar a diferença que há entre um cliente satisfeito e um descontente, mesmo quando *você* faz tudo direito.

PERCA UM DIA, MAS NÃO PERCA 250 CLIENTES

Permita-me dizer algo sobre meu esquema de trabalho. Se me levanto de manhã e me sinto deprimido por algum motivo que não posso afugentar de minha mente, posso resolver não ir trabalhar. Ou posso olhar pela janela e decidir se o dia está bom ou não para dar um passeio em meu barco. Não faço isso com muita freqüência, talvez somente duas vezes por ano. Porém, às vezes, você sabe que em determinado dia, seu trabalho não renderá satisfatoriamente. Se você estiver num dia assim, pode se arriscar a cometer um erro sério ou indispor-se com alguém, o que lhe custará a perda de 250 prováveis clientes.

Se lhe parece que esse dia poderá trazer problemas, será melhor não ir trabalhar. Cancele seus compromissos se tiver algum para esse dia, e, então, vá jogar golfe, ou assistir a um bom filme, ou vá a uma corrida de cavalos, ou cuide bem de si mesmo de algum outro modo. Isso não quer dizer que você não esteja cuidando bem de si mesmo e de seus interesses quando trabalha com eficiência, ganha dinheiro e agrada aos clientes. Entretanto, se você realmente estiver convencido de que não será útil a ninguém indo trabalhar em uma manhã ou tarde determinadas, talvez até mesmo o dia inteiro, então não o faça, porque você não deseja levar para o ambiente profissional insatisfações de qualquer tipo. Elas podem ser como uma doença contagiosa.

Se essa depressão persistir por mais de um dia, você terá problemas de verdade e não poderei ajudá-lo a resolver. Todavia, se essa insatisfação o acometer por um dia apenas, então faça um programa adequado para esse dia. Mas verifique se o motivo que o faz se sentir insatisfeito e deprimido não decorre de um mau desempenho no trabalho no dia anterior. Porque, se é isso que o faz se sentir indisposto, acho que a melhor alternativa é ir para o trabalho com um plano em mente e a resolução de executá-lo o melhor possível.

Um meio seguro de superar as insatisfações de um mau dia é analisar esse dia e tentar compreender os motivos que o tornaram ruim. Faço isso ao final de *cada* jornada de trabalho. Penso no dia em questão, examinando cada venda feita e cada uma que perdi. Está certo. Não vendo a todo mundo que vejo. E essa é a razão pela qual direciono muito de meu dinheiro e energias para me certificar de que atenderei a muitas pessoas. Faço o jogo das porcentagens, como recomendo que você também faça. Talvez eu venda somente à metade das pessoas que vejo diariamente. Mas isso, em geral, significa que vejo pelo menos dez pessoas e vendo, no mínimo, a cinco delas. Em anos recentes, tenho uma média acima de cinco carros vendidos diariamente, não porque eu tenha um alto índice de persuasão, mas porque possuo um índice elevado de clientes em potencial.

Costumo repassar cada contato feito durante o dia. Procuro rever o que disse àquela pessoa que finalmente a fez comprar um carro. Por que aquele outro homem da região leste de Detroit realmente não comprou nada? Estaria ali apenas para passar o tempo? Ou isso representa um modo fácil e cômodo demais para justificar algum erro que eu tenha cometido?

Quando comecei a fazer essa espécie de análise diariamente em relação a cada um dos clientes por mim atendidos, caso não conseguisse recordar alguma falha cometida, às vezes telefonava para o cliente perdido. Então, eu lhe dizia quem era e por que estava telefonando. Em geral, as pessoas desejam ajudar-nos. Eu dizia que estava tentando aprender sobre o negócio de vendas e desejava me instruir sobre meus possíveis erros. Muitas vezes, eles diziam ser colegas da Ford ou da Plymouth, mas que simplesmente haviam comparecido à loja para ver se o Chevrolet tinha algo que eles deveriam conhecer. Isso podia significar que eu não vendera meu produto suficientemente bem para fazer frente à competição. Ou eles poderiam me dizer que haviam obtido um melhor preço em alguma outra agência. Perguntava-lhes cuidadosamente sobre o equipamento opcional que tinham e qual o nível de tolerância no abatimento do preço de seus carros. Algumas vezes, um vendedor que tem algum controle sobre o preço que cobra torna-se ganancioso demais e não reconhece que uma pequena redução ou algo extra como uma cortesia podem significar o fechamento de um negócio.

A propósito, meu balanço de cada dia de trabalho não é apenas idéia minha. Alguns dos maiores e mais bem-sucedidos vultos da história desenvolveram esse hábito e atribuíram a ele grande parte de seu sucesso. Sei que, na parte que me toca, tenho sido muito bem recompensado. Você deseja um bom conselho? Pois tente fazer esse retrospecto.

Sempre procuro comparar meus próprios sentimentos a respeito de um cliente – especialmente se o perco – com o que ele diz a respeito da razão pela qual não comprou de mim, mas de outra pessoa. Normalmente, julgamos conhecer mais sobre nós mesmos e nossos sentimentos e reações do que realmente conhecemos. Não há nada mais importante para aprender sobre si mesmo do que a diferença entre o modo como vê algo e aquele como a pessoa que está do outro lado do negócio o vê.

Isso porque você nunca deseja estar do outro lado. Seu sucesso ao ganhar a batalha decorre do estreitamento e da eliminação derradeira do abismo existente entre você e o cliente. Você deseja que ambos estejam do mesmo lado. E isso significa que *você* tem de fazer a manobra para se colocar do mesmo lado, quaisquer que sejam os instrumentos e métodos usados para tanto.

TER CONSCIÊNCIA DO QUE VOCÊ PERDEU O AJUDARÁ A VENCER

Sempre desejo saber por que perdi cada uma das vendas frustradas. Não costumo aceitar desculpas como "Eu estava apenas observando os carros", porque se alguém toma meu tempo e o seu para vir até a agência justamente a fim de dar uma olhada no produto, isso já significa que está parcialmente conquistado como comprador. E me pergunto por que não pude convertê-lo literalmente num comprador...

Penso que essa é uma norma válida em quase 95% dos casos na venda de automóveis. E ela é provavelmente boa a maior parte do tempo em cada tipo de venda. Se alguém entra na loja e põe-se "simplesmente a olhar" a mercadoria, na maioria das vezes, tem bastante interesse em que lhe vendam algo. Assim, se você deixar essa pessoa "simplesmente olhar", talvez esteja bem distante de obter sua participação nas vendas. Caso tente e falhe, por favor, não me venha com a desculpa "Eles só estavam olhando". Analise sua atuação em confronto com a situação e procure entender em que ponto falhou ao tentar converter essa pessoa num comprador. Porque o mais provável é que *você* tenha falhado.

Isso soa como um pensamento negativo, ao invés de positivo. Mas não é assim de todo. Observe a situação do seguinte modo: você está pensando de maneira mais positiva quando acredita que poderia ser capaz de vender a todos os que entram na loja. Realisticamente, é claro, ninguém pode conseguir isso. Ainda assim, essa é uma atitude muito efetiva a ser tomada. Ela o encoraja a analisar cada venda perdida a fim de compreender por que a perdeu e, assim, você reúne condições de tentar corrigir a falha cometida da próxima vez em que se defrontar com o mesmo tipo de situação.

Mantenha em mente que alguém que está "apenas olhando" pode realmente estar dizendo a si mesmo que tem receio de você e de sua habilidade em "arrancar-lhe" parte de seu dinheiro – mesmo que isso ocorra como uma troca de algo que deseja adquirir. Venho chamando a situação de venda de guerra, disputa e confronto. Não quero dizer que você deva agir desse modo quando estiver na mesma situação. Uma luta não fará com que os clientes superem seu receio. Porém, uma vez que você os tenha à sua frente, a melhor forma e a mais efetiva de abordar a situação pode ser a de "deixá-los à vontade" e não "forçá-los". Isso se aplica ao que eles desejam ver na loja, conversar a respeito ou a algo mais. Isso porque, se o cliente se sentir livre – até mesmo para sair da loja logo –, superará aquele receio inicial, e é isso o que você deseja.

Tenho ouvido dizer que alguém que vende tantos carros como eu deve ser, literalmente falando, um vendedor por demais insistente. Para mim, um vendedor insistente tenta fazer com que as pessoas comprem. Eu as *deixo* comprar. Acredito que um dos fatores determinantes e mais relevantes em uma venda seja o seguinte: "Faça o cliente em potencial confiar e acreditar em você." Se fracasso em despertar essa reação em um cliente, todas as possibilidades são de que também tenha fracassado ao realizar determinada venda. É um tanto trabalhoso fazer alguém gostar de nós, mas você pode, de acordo com o que diga ou faça, e sem interferir em sua decisão, ganhar a simpatia desse ou daquele cliente em potencial. Acho que essa filosofia tem me ajudado a ser o número 1 em vendas e, se você deseja ganhar um bom dinheiro vendendo, então deve, também, pôr em prática esta filosofia: *Deixe-os à vontade*, não os force a nada.

Uma atitude planejada faz parte de nosso roteiro diário de vendas, como tudo mais. Se você se sente desgostoso, ainda assim, normalmente tem de ir trabalhar. Portanto, tem de controlar seus sentimentos negativos, sejam quais forem, e enfrentá-los mesmo se não puder afugentá-los na totalidade. Desse modo, quando conseguir contatar um cliente, na loja ou pelo telefone, poderá pôr de lado esse sentimento negativo. Contudo, primeiro você tem de reconhecer como se sente ou então não será capaz de lidar com os próprios sentimentos. E pode estar certo de que, se *não* tiver controle do que se passa em seu íntimo, certamente transmitirá seus sentimentos negativos a alguém que, para início de conversa, entrou na loja desconfiado de você.

Faço um retrospecto de meu dia de trabalho todas as noites, verificando que realmente posso ter uma lembrança completa do que disse ou fiz. Não pego no sono senão quando já tenho certeza de que não havia nada que eu pudesse ter feito para evitar declarações do tipo "Depois eu volto" e as vendas perdidas. E lembre-se de que esse "Depois eu volto" dito pelo cliente representa mais um cancelamento de uma venda futura, assim que ele sai da loja. Considero-me razoavelmente bom em julgar e avaliar clientes e retê-los. Entretanto, quando ouço um deles dizer que voltará outro dia, imagino que ele se foi para sempre. Às vezes eles voltam, porque algumas pessoas realmente dizem a verdade. Mas se você contar com esses "Voltarei depois" como parte de seus rendimentos futuros, será um amador em vendas que está iludindo a si mesmo.

Uma coisa que tenho verificado – algo que ninguém gosta de admitir – é que talvez outra pessoa possa vender a alguém um produto que você não conseguiu vender. Um acúmulo de negócios requer que um vendedor transfira um cliente para outro vendedor da loja antes que ele acabe saindo. Gosto de pensar que ninguém é melhor do que eu. Mas ninguém é perfeito; assim, algumas vezes, é útil recorrer a alguém mais, de modo que não torne o cliente relutante. Você não desejaria fazer com que ele pensasse que está sendo pressionado.

Por algum tempo, tive por hábito fazer um acordo com outros vendedores segundo o qual, se eles não pudessem vender a certa pessoa, eu lhes pagaria $10 pela oportunidade de eu mesmo tentar vender a essa pessoa. Não estou pedindo a você que acredite que eu poderia vender a todos esses clientes. Mas logrei êxito com alguns. Deixei de fazer esse arranjo, contudo, porque os outros vendedores ficavam ressentidos quando eu obtinha a boa comissão de venda e tudo que eles ganhavam eram os $10. Eles não aceitavam a idéia de que meus $10 tinham me dado todos os direitos sobre o cliente a quem haviam renunciado. E desejavam dividir a comissão comigo. Assim, deixei de lado essa prática. Sugiro que, se você pensa em tentar algo parecido, certifique-se, de antemão, que todos tenham entendido os termos do acordo. Mas também recomendo que tentem isso alguma vez, porquanto não há melhor meio de praticar suas técnicas de venda do que persuadir alguém que está prestes a deixar a loja. E não há sensação melhor do que aquela que se tem quando se converte alguém num comprador.

De certo modo, esse é um dos melhores testes para demonstrar suas habilidades. Se você pretende tentá-lo, assegure-se de que conhece algo a respeito dos métodos e técnicas de vendas das outras pessoas em seus locais de trabalho. Desse modo, você pode tentar algo diferente do que os outros vendedores fazem. Não há sentido em fazer e dizer as mesmas coisas que os outros vendedores já tentaram com o cliente. Seu desejo é abordar esse cliente de modo diferente. Naturalmente, algumas vezes, é útil fazer isso com toda a franqueza, perguntando ao cliente o que ele está procurando ou de que necessita e que os outros vendedores não lhe mostraram. Afinal, você não quer prejudicar seus colegas. Entretanto, se você fizer uma pergunta desse tipo, fará com que a pessoa saiba que está tentando ajudá-la, e ela, por conseqüência, afrouxará a guarda e consentirá em ser induzida a comprar algo.

A coisa mais importante que um vendedor pode fazer é conseguir que as pessoas entrem na loja para que, assim, ele possa encará-las. Obter-lhes a atenção requer planejamento. E este, por sua vez, exige a tomada de muitas decisões a respeito de quem são seus melhores clientes em potencial e como podem ser sensibilizados mais eficiente e economicamente. Você tem de tomar decisões sobre o custo da captação de um cliente em potencial e de seu respectivo valor, conquistando-lhe a atenção. Mas o que determina o custo e o valor é sua disponibilidade de tempo. Se você tem um número razoável de horas desocupadas e trabalha bem pelo telefone, pode ser mais econômico dedicar-se, por alguns dias, a telefonar para antigos clientes ou mesmo para aqueles que "ficaram de voltar", se você conseguiu obter seus nomes e endereços antes que eles saíssem da loja.

Telefonemas podem funcionar bem em seu caso, mas tomam muito tempo por chamada e a cada cliente potencial. Quando não se dispõe desse tempo livre, remeter algumas cartas é tão bom quanto qualquer outro modo de usar o tempo livre de que se dispõe. E é certamente o meio mais útil de preencher o tempo quando você está perto do primeiro andar; pois assim é possível interromper, a qualquer momento, o que está fazendo para atender seu próximo cliente que entrar na loja. O importante é que você possa planejar esse tipo de atividade com bastante exatidão. O inesperado é algo que ocorre quase diariamente a muitos vendedores; portanto, você não pode calcular sempre tudo com perfeição e exprimir-se à altura num improviso. E deve estar preparado para modificar seus planos em nome de algo nitidamente mais produtivo que lhe ocorrer.

É notório o valor do planejamento para mantê-lo em ação e assegurar o fluxo de clientes em potencial. Mas, mesmo quando você tem de mudar seus planos, ainda contará com bastante motivação e impulso se tiver um plano inicial consistente. Se souber, com exatidão, o que tenciono fazer quando entro no salão de exposição pela manhã, esse conhecimento me motivará com muito mais força do que uma atitude baseada no "espere-e-veja".

Provavelmente alguém já sugeriu a você todo o tipo de coisas que pode dizer a si mesmo diante de um espelho para erguer seu ânimo e expulsar de sua mente os pensamentos negativos. Certamente não desejo criticar nenhuma dessas expressões se elas dão certo com você. Mas, por experiência própria, não sei de nada que me torne mais próximo de realizar a primeira venda do dia do que o plano que traço todas as manhãs. Porque, quando deixo minha casa pela manhã, estou seguro de uma coisa: sei para onde estou indo e o que farei em seguida. Se a coisa toda muda no momento em que entro na loja, isso não importa, porque entrei motivado, com a certeza de que tinha uma razão importante para estar ali. Essa é a razão mais importante para você planejar seu trabalho – mesmo se você não puder aprimorar todos (ou quaisquer) detalhes de seus planos naquele dia.

O que o impulsiona mais na direção da primeira venda é o empurrão inicial em si mesmo. E não preciso dizer a um vendedor profissional quão importante é a primeira venda do dia. Você sabe como é boa a sensação que isso nos proporciona. Sabe que isso o leva a sentir que está no páreo, no lugar e no momento certos.

Planeje seu trabalho diariamente e trabalhe em seu plano se puder. Isso pode ser um *slogan* ultrapassado, fora de moda. Penso, contudo, ter demonstrado o grande valor que ainda tem para todos nós. Em seguida, encerre o dia de trabalho com uma revisão de tudo que fez, a fim de verificar de que modo seu plano foi bom e realista. Se você estiver fracassando em tudo que pretende fazer, não se recrimine duramente. Talvez seu problema se resuma a estar tentando fazer coisas demais ao mesmo tempo. Não estou aqui procurando induzir ninguém a se livrar de suas obrigações. Todos nós trabalhamos um bocado durante boa parte do tempo. É preciso notar que a questão não se resume em quão *duramente* trabalhamos, mas em quão *bem* executamos esse trabalho. Assim, se você planejar fazer dez chamadas telefônicas e somente der conta de cinco, será que trabalhou bem seu plano para aquelas cinco? Isso é o tipo de coisa que você sempre desejará perguntar a si mesmo quando passar em revista seu dia de trabalho.

Esse é o tipo de pergunta que realmente dá a medida de sua motivação e de sua eficiência como um profissional.

Planeje seu trabalho. Trabalhe em seu plano. E execute-o!

13

Honestidade é a melhor política

Quando digo que a honestidade é a melhor política, quero dizer exatamente isto: ela é uma política e a melhor que você pode seguir a maior parte do tempo. Mas uma política, como entendo o termo, não é uma lei ou uma norma. É algo que você usa no trabalho em prol de seus melhores interesses. Em geral, dizer a verdade é de seu maior interesse, em especial se ela diz respeito a alguma coisa que um cliente pode pôr à prova depois. Ninguém, em sã consciência, sonharia em dizer a um cliente que ele acabou de comprar um carro de oito cilindros quando, de fato, adquiriu um modelo de seis cilindros. Na primeira vez em que esse cliente abrir o capô e contar os fios que saem da cobertura do distribuidor, você pode se considerar liquidado, porque ele falará mal de você a muito mais que 250 pessoas.

Isso não é o tipo de coisa que falo quando sugiro que talvez existam ocasiões em que você não contará a verdade a um cliente em potencial. Suponhamos que um cliente me telefone indagando se tenho um determinado carro, equipado de certo modo. Sabem o que lhe direi? "Tenho um aqui à disposição e o senhor pode vir apanhá-lo hoje." No momento, posso estar dizendo a verdade ou não, pois não consulto o balanço de estoque quando recebo um telefonema desse tipo. Desejo que o homem apareça. Há muitas chances de que eu disponha do carro desejado pelo cliente, porque lidamos com um estoque bem vasto. Caso não tenha o tal modelo na agência, tratarei de consegui-lo bem rápido, porque temos um trato com outros distribuidores nessa área em que há uma espécie de troca de carros com eles, de modo que todos escolhemos operar fora da mesma área ampla do pool. Mas o que acontece se eu tiver tudo que ele deseja exceto um CD player? Ou talvez eu tenha mesmo um carro com o aparelho exatamente como ele quer – ou possa obtê-lo –, mas disponha de um modelo cinza, e não azul? Que tipo de mentira estou contando ao cliente? No máximo, uma mentira bem discreta. Seja como for, quando ele vem à agência, caso reclame, posso pôr a culpa em algum equívoco nos registros.

Muitas pessoas que desejam comprar um carro querem consegui-lo de imediato. Nesse momento é que desejo lhes vender um. Conseguir uma remessa especial de acordo com o modelo que o cliente deseja poderia levar um mês. Na maioria dos casos, uma pessoa não está aferrada a cada detalhe mínimo do automóvel que idealizou comprar. Há um conjunto de 12 cores mais ou menos, e a fábrica não ficaria pintando o carro com essas cores se um grande número de pessoas não as apreciasse. Assim, ofereço ao cliente em questão grande parte do que ele deseja. Quando você pede a um açougueiro meio quilo de lombo de vaca, não lhe diz para "recheá-lo" se ele estiver com 400 ou 600g, em vez de 500g; da mesma forma, você não precisa pagar pelo que não obteve.

Não estou aconselhando ninguém a mentir. Realmente creio que a sinceridade é a melhor política. Mas honestidade é uma questão de escala de valores. Ela nunca tem um só aspecto, ou seja, não está num ponto único.

Quando um cliente entra na loja, acompanhado de mulher e filho, e você diz: "Vocês têm um belo menino", isso é verdadeiro ou falso? Ele pode ser o garoto mais feio deste mundo, mas você certamente não confessaria isso se quisesse ganhar algum dinheiro. Se você estiver vendendo um casaco novo a um homem, olhará para o casaco antigo e dirá: "O senhor fez bom uso desse casaco", ainda que, intimamente, esteja pensando o seguinte: *Esse casaco já estava fora de moda dois anos antes de ter sido comprado, e o senhor deveria tê-lo jogado fora antes que ele começasse a ficar puído nos cotovelos.*

O CLIENTE GOSTARÁ DO QUE VOCÊ ESTÁ VENDENDO SE ELOGIAR O QUE ELE TEM

Tudo isso pode parecer óbvio a você, mas tenho visto vendedores estragarem muitos negócios ao tentarem esmagar o cliente com a verdade, em vez de lhe contarem uma pequena e piedosa mentira. Quando um cliente pergunta ao vendedor quanto ele daria por sua mercadoria, ouço vendedores se saírem com a seguinte exclamação: "Ora, essa peça de sucata!" Bem, o carro em questão pode estar com os quatro pneus carecas e sem acessórios, e também pode estar queimando mais óleo do que um motor a diesel. Talvez esteja cheirando como o vestiário de um estádio após um jogo de basquete. Mas é o carro dele. E ele o trouxe para você ver. E deve gostar desse carro. Mesmo que não goste, cabe somente a ele criticar seus defeitos. Se você fizer críticas desse tipo, estará insultando esse cliente. Assim, minta um pouco. Diga-lhe que bom motorista ele deve ter sido para vencer numa corrida de 120 mil quilômetros qualquer outro carro. Isso o fará se sentir bem, tão bem que ele não discutirá muito quando você lhe oferecer somente o que o carro realmente vale.

O que estou querendo mostrar não é apenas que as pessoas gostam de ser elogiadas mesmo quando sabem que o que você lhes está dizendo não é a inteira verdade. Mais importante que isso: esse tipo de atitude cria um clima agradável, descontraído, em que você deixa escapar aqui e ali pequenos elogios acerca do modelo usado pela mulher desse cliente, a inteligência do filho do casal, ou até mesmo a armação dos óculos que ele está usando.

Independente do que você diga, é essa conversa ligeira que faz o cliente superar o receio inicial de que você deseja ficar até com o ouro de sua dentadura. Isso é o que os militares chamam de "manobra diversiva". Mesmo que o cliente, de início, não reaja favoravelmente, continuo tentando prender-lhe a atenção até que ele fique descontraído. Abordarei outros temas de conversação mais adiante. Mas você nunca deve ficar envolvido demais com algum outro assunto a ponto de esquecer o motivo real de o cliente estar na loja. Ele pode se esquecer disso, mas você, nunca, nem mesmo por um segundo.

Você é como um ator numa situação de venda, e isso é algo que nunca pode esquecer. A escolha do momento certo para entrar em cena é a qualidade mais valiosa que qualquer artista pode ter. Trata-se de algo que você tem de aprimorar. Quando desejo espairecer um pouco durante um fim de semana e sair da cidade, geralmente vou a Las Vegas. Faço isso por dois motivos. O primeiro é porque se trata do único lugar onde jogo. Não espero ganhar, mas nunca aposto uma quantia tão elevada que não possa me permitir perder. Sei quais são as probabilidades, e sei também que elas estão contra mim. Mas é divertido.

O segundo motivo de minhas viagens a Las Vegas é que, lá, tenho a oportunidade de observar um dos melhores *artistas* deste mundo: Don Rickles. Observo suas entradas oportunas em cena, sua mímica facial, mesmo o modo como ele lança seus famosos "insultos". Não que pessoalmente deseje insultar um cliente, mas quero observar o modo como Rickles pode provocar alguém no auditório e, então, converter a irritação dessa pessoa num sorriso. Converter um assomo de raiva num sorriso é bem parecido com aquilo que nós, vendedores, fazemos: converter o receio inicial de um cliente numa atitude confiante. Converter um "não" em um "sim".

Você deseja que os clientes confiem em você quando está lhes vendendo algo, e que eles confiem em você após deixar a loja. Eis a razão pela qual você nunca desejará contar-lhes uma grande mentira que eles possam checar mais tarde. Você nunca vai querer lhes dizer algo que os torne alvo do riso de seus amigos e parentes por revelar ingenuidade. Você nunca pretenderá lhes dizer algo que os faça sentir-se tolos depois. E, algumas vezes, você sente o desejo de impedir que alguém faça algo por sua conta que irá causar-lhe embaraço mais tarde.

Há um grande número de negócios em que o preço real de um produto varia bastante em relação ao preço estampado na etiqueta. No ramo de automóveis, como todo mundo sabe, coloca-se um adesivo na janela de cada veículo, tendo, no centro, o preço sugerido pelo fabricante. Muitas pessoas sabem que a maioria dos carros pode ser adquirida por menos do que figura na etiqueta. Alguns modelos, como os Corvettes, são difíceis de conseguir e de vender pelo preço sugerido pelo fabricante. O mesmo ocorre com Cadillacs conversíveis e um bom número de carros importados. Mas muitos carros americanos podem ser adquiridos por um preço inferior ao da etiqueta e, como já disse, muitas pessoas estão cientes disso.

Mas algumas pessoas desconhecem esse detalhe, especialmente se vivem na zona rural, onde um ou dois distribuidores não concedem os costumeiros descontos. De vez em quando, alguém virá à minha agência, olhará para um dos carros que lhe agrade e preencherá um cheque com a importância que figura na etiqueta colada na janela do veículo. *Que há de errado nisso?*, você pergunta. Nada, realmente. Trata-se do que reza a tabela, e muitas pessoas esperam pagar aquele preço, sem nem mesmo regatear. Algumas pessoas simplesmente não gostam de fazer isso.

Então, por que não ficar com o dinheiro do cliente? Bem, num grande número de negócios, é isso que se faz. Mas, no comércio de automóveis, especialmente na venda de um carro como o

Chevrolet, que você pode comprar em qualquer parte, isso pode representar um risco. Muitos vendedores de automóveis não concordam comigo. Acho que eles estão errados ao receber o preço inteiro, sem desconto, a cada vez que alguém realmente deseja pagá-lo. Suponha que o cliente compre o veículo e vá a uma reunião em seu clube. Uma curiosidade acerca dos carros novos é que as pessoas gostam de exibi-los a seus amigos e vizinhos, o que pode ser um meio muito eficaz de fechar um negócio, como descrevo mais adiante. Mas atente para o caso desse cliente. Ele acaba de pagar o preço de etiqueta e dirige-se a uma reunião. Lá, ele faz os amigos virem até o estacionamento para darem uma olhada em seu carro novo. Então, alguém pergunta: "Quanto custou, Charley?" E Charley aponta para o adesivo que deixou afixado na janela do carro para mostrar que este é um modelo novo. "O quê? Você tem de ser um idiota para pagar o preço de etiqueta por um carro novo nos dias de hoje." Desse modo, o que Charley vai pensar a meu respeito? Que o confundi e o ludibriei, e que, agora, todos os seus amigos e colegas de clube o consideram um tolo.

CEDA UM POUCO E GANHE MUITO EM TROCA

Bem, sei que o vendedor que mantém o preço afixado no carro ganha uma comissão maior, mas não acho que isso valha o risco em muitos casos. Renuncio à oportunidade de ganhar $200 extras em troca da oportunidade de fazer de Charley um amigo. Porque, se ele começa a preencher um cheque com o preço integral e eu lhe digo "Desconte $250" ou "Não vou cobrar nada pela proteção das portas nem pelos cinco pneus radiais de aço", Charley pensará que sou a melhor coisa no mundo surgida desde o pão cortado em fatias. E falará de mim a outras pessoas, talvez até sobre como havia começado a preencher um cheque com o preço de tabela e eu, Joe Girard, não o deixei continuar.

Agora, cabe dizer que o preço da etiqueta é verdadeiro. Mas você pode se envolver em problemas com o cliente se o deixar acreditar nisso, ainda que seja verdade.

Não me intitulo engenheiro mecânico. Não concluí o ensino médio, e não fui nenhum menino prodígio nos anos em que estive no colégio. Portanto, não me envolvo demais com os detalhes técnicos dos carros que vendo. Não ajo como se estivesse vendendo caminhões altamente equipados para técnicos no assunto. Mas, de vez em quando, um cliente me procura com algum detalhe técnico em mente. Seu cunhado lhe disse que, se alguém conta com certo eixo traseiro em seu carro, poupará gasolina. Bem, já chequei isso, e a economia é de apenas alguns centavos. Assim, quando um cliente me pergunta se tal ou qual carro apresenta um índice de economia de 3,25, como ele deseja, eu lhe digo: "Certamente o senhor conhece os carros que dirige, não?" Isso serve a dois propósitos. Antes de mais nada, faz a pessoa em questão sentir-se bem. E, em segundo lugar, evita que meu empenho em vender o veículo seja adiado pela necessidade de ter de consultar o folheto de especificações, telefonar para o escritório ou mesmo para a fábrica.

Se o cliente expõe algo que irá fazer muita diferença na escolha do carro, faço a consulta em outro departamento. Isso porque não desejo que ele venha a pensar que o enganei no preço de algo. Isso, nunca! Mas detalhes como o do eixo traseiro e coisas do gênero não importam muito. Contudo, eu não diria a ninguém que um terno de poliéster seria 100% de lã. E não diria a uma dona-de-casa que uma geladeira tem 622 litros quando, na realidade, tem somente 48. Isso porque as pessoas acabam descobrindo detalhes desse tipo e nunca mais esquecem. E, mesmo se estiverem muito envergonhadas para contar a seus amigos sua atitude desleal, vão fazer má propaganda a seu respeito, de sua loja e de seus produtos de algum outro modo. A Lei Girard dos 250 está sempre em vigor.

Assim, retornamos à honestidade como a melhor política, junto com uns pequenos elogios e mesmo uma pequena mentira, útil em alguns casos. Tudo que você conseguirá por dizer uma grande mentira é a oportunidade de contar a seus companheiros como levou na conversa um cliente ingênuo. Se esse é o tipo de proeza que você pratica no momento da venda, estará cavando o próprio túmulo mais cedo ou mais tarde. E tornará mais árduo o caminho para nós, que, embora desejemos ganhar dinheiro, deixamos satisfeitos nossos clientes, que voltam sempre para comprar de nós e nos enviam seus amigos para comprar também. Se você não acredita nisso, aceite minha palavra a respeito. Vendo mais carros que qualquer outra pessoa neste mundo e creio nisso.

Você nunca será pego se contar a verdade – ou se fizer um cliente em potencial se sentir bem ao exagerar apenas um pouquinho.

14

Face a face com o cliente

Peça às pessoas que descrevam um típico vendedor de carros e, com muita freqüência, elas responderão que é alguém que usa um terno da última moda, o que significa um Ralph Lauren, um Zegna ou mesmo um da marca Brooks Brothers. Vão dizer que ele usa mocassins italianos e camisas brancas. Em outras palavras, elas dirão a você que um típico vendedor de carros está usando algo em torno de $1.000 em roupas e calçados. E essa é a maneira como as pessoas o imaginam: um homem que gasta bastante com sua aparência pessoal. Então, pensarão o seguinte: "Este sujeito vai ganhar muito dinheiro à minha custa."

Ganho bastante dinheiro, e isso vem acontecendo há anos. E gosto de roupas de qualidade, e as uso sempre que posso. Mas, se há um lugar onde não uso minhas melhores roupas, é no trabalho. Não me entendam mal. Afinal, visto sempre roupas limpas e corretas. Nada baratas. Mas não dou impressão de que preciso de você para pagar meu alfaiate. Creio que um vendedor deveria se apresentar tanto quanto possível como as pessoas às quais vende algo. Vendo Chevrolet, não Mercedes. Milhões de pessoas compram carros Chevrolet todos os anos, mas elas não são geralmente seus clientes mais ricos. E, em meu ramo de negócios, elas são, em sua maioria, trabalhadores de classe média. Trabalham nas fábricas e escritórios da vizinhança, se esforçam para ganhar seu dinheiro e não estão entre as pessoas de renda mais elevada. Assim, se por acaso entram numa loja e são atendidas por um homem com roupas que parecem caras, sentem-se ainda mais receosas e precavidas.

Não estamos aqui falando de pessoas pobres. Um homem pobre não comprará um carro novo, nem mesmo o modelo mais barato. Meus clientes pagam, em média, cerca de $15 mil por carros que compram de mim. Mas muitos deles têm de obter um empréstimo no banco para cobrir a maior parte dessa quantia, ou recorrer à financeira ou à sua cooperativa de crédito. Eles têm provavelmente um bom crédito, mas não são, é claro, milionários. E desejo que me vejam como alguém semelhante a eles mesmos. Eis como quero mostrar-me diante deles: como um camarada que está em seu nível e que compreende sua situação econômica.

TRATE DE PARECER UMA ESPÉCIE DE COMPANHEIRO DE SEU CLIENTE

Quando clientes novos me procuram pela primeira vez, eles relaxam um pouco, porque sempre estou usando uma camiseta esporte e calças largas, comuns. Nunca uso roupas que possam contrastar com as de meus clientes, o que os faria se sentir pouco à vontade. Não estou com as unhas polidas com esmalte incolor como fazem muitos vendedores que visitam constantemente manicures. Isso também causa retraimento nos clientes. Por vezes, operários de fábricas aparecem com marcas de graxa sob as unhas que custam a sair, mas eles esperam que um vendedor esteja limpo ao atendê-los. Você deve estar pensando que qualquer vendedor sabe disso. Mas, nesse ramo de negócios, tenho visto alguns colegas que parecem não saber o que é um banho há muito tempo, tenham ou não as unhas bem polidas. Um operário pode não ter tido tempo para ir a uma sauna após deixar a fábrica, mas tem o direito de esperar que seu vendedor procure mostrar-se limpo e asseado. Você pode estar imaginando que estou acentuando demais esse detalhe, mas lhe asseguro que não. As pessoas costumam se queixar a mim de outros vendedores. Portanto, a aparência é importante.

Quando um cliente entra em meu escritório, depara-se com um ambiente de negócios simples e familiar que não o deixa constrangido. Sei de casos de alguns vendedores que decoram seus escritórios com painéis religiosos e imagens consideradas controvertidas. Se sua tia comprou para presenteá-lo uma imagem abençoada pelo Papa, isso é uma lembrança autêntica, estimável. Mas coloque-a na parede de sua casa. Um grande número de pessoas, mesmo católicas, pode achar não ser essa a espécie exata de coisa para figurar na parede de seus escritórios. Costumo pendurar na parede de meu escritório certificados de premiações obtidas como vendedor e plaquetas alusivas a índices de vendas; portanto, as pessoas sabem que estão tratando com um vendedor de categoria. *Afinal de contas*, pensam os clientes em potencial, *se esse homem vende tantos carros assim, é porque deve conduzir bem seus negócios*. Pelo menos é isso que espero que eles pensem, e é uma verdade.

Também mantenho fora do campo de visão de um cliente objetos como mapas coloridos, folhetos em que são mostrados alguns equipamentos óticos e tudo mais que possa dar a uma pessoa a oportunidade de escolher algo e começar a preocupar-se com a cor ou o tipo de acessórios que o carro escolhido devia ter. Ele não veio à agência para adquirir um carro azul-celeste, com janelas que se abrem graças a controle eletrônico. Veio, isto sim, comprar um carro comigo. Tudo o mais vem a seguir, depois que já tenha decidido que quer comprar esse carro por meu intermédio. Assim, não desejo dar-lhe a oportunidade de começar a folhear um prospecto para, desse modo, livrar-se de assumir um compromisso naquele momento, dizendo que necessita de mais tempo para pensar no assunto. E eu não desejo que ele comece a "equipar" o carro antes de ter decidido que está na agência para comprá-lo. Isso porque, antes que você perceba, ele irá desejar tantas coisas que não será capaz de arcar com todas. E o preço será tão alto que todos que ele venha a procurar depois serão capazes de lhe oferecer um preço mais baixo, porque não farão menção alguma a um carro com tapetes persas e uma pintura especial de brilho metálico.

TORNE SEUS CLIENTES GRATOS A VOCÊ

Também não ofereço a meus clientes uma poltrona de encosto reclinável para que se sentem. Desejo que fiquem relaxados, mas não quero que se sintam tão confortáveis que eu não possa prender-lhes a atenção devidamente. É lógico que fazer com que eles relaxem é algo importante, mas disponho de muitos meios mais eficazes de oferecer esse *relax* a um cliente e torná-lo agradecido a mim. Uma poltrona superconfortável não surtirá esse resultado. Outras coisas, sim.

Se o cliente traz seu filho para a agência, reservo para o garoto balões de soprar e pirulitos, e tenho também broches para todos da família desse cliente com uma simples inscrição: "Eu gosto de você." Tudo que coloco nas mãos dos clientes e nas de suas famílias os faz sentir-se agradecidos a mim, não demais, simplesmente o suficiente.

Às vezes, uma pessoa pode entrar na agência e pôr-se a observar um carro. Aproximo-me dessa pessoa e paro a uma distância conveniente. De vez em quando, um colega desce e dá uma olhada no térreo. Também faço isso. Pode parecer tolo, mas isso é uma abertura muito boa. O homem o vê observando o mesmo carro e talvez sorria, e aí você estará em condições de começar a influenciá-lo. De vez em quando, alguém virá a apreciar a camisa que estou usando (gosto de usar camisas tipo polka coloridas)* e, então, direi: "Gostou dela? Pois aqui a tem. É sua." E começo a tirar a camisa. Quero que ele saiba que, se isso o fará feliz, ficarei muito contente em lhe ofertar a camisa em questão. Guardo uma camisa extra em meu escritório para o caso de uma pessoa realmente aceitar o oferecimento. Acho que sempre haverá alguém que pode aceitar de fato. E esse simples gesto, feito em tom de brincadeira, pode representar bastante para quebrar o gelo. Quer a oferta seja aceita ou não, desejo que todos pensem que farei qualquer coisa por eles, até mesmo dar-lhes a camisa que visto no momento.

Mantenho meu escritório tão arrumado quanto possível. Ali, não há nada que desvie a atenção do cliente e o leve a pensar demais sobre isso ou aquilo. Quando estamos conversando a respeito de preços e negócios, se preciso consultar algo ou fazer alguns cálculos em minha calculadora automática, não o faço onde o cliente possa olhar por cima de meu ombro. Conservo esse material no alto de uma escrivaninha, alguns passos adiante de minha mesa de trabalho. Desse modo, sou o único que pode ver os números e as operações realizadas pela máquina de somar.

Outra coisa que sempre faço é pôr em ordem as coisas no escritório depois que um novo cliente se retira. Ajeito tudo, esvazio os cinzeiros, recoloco no lugar os copos e desodorizo o ambiente com spray. Um grande número de pessoas não gosta do cheiro de álcool ou fumo. Assim, elas não sentirão tais odores quando entrarem em meu escritório.

Considero-me um ator desempenhando um papel. Desejo que o palco esteja preparado corretamente para o show que vou encenar, e quero que minhas roupas também sejam as mais adequadas. O que disse aqui acerca de como me visto se aplica ao meu tipo de cliente. Não estou dizendo que você deva se vestir do mesmo modo caso seus vizinhos, clientes e os costumes e normas em seus bairros sejam diferentes.

---

* Padrão de tecido em pois ou bolinhas. (*N. do T.*)

Um vendedor de categoria é um ator de primeira classe. Ele desempenha um papel e persuade sua audiência – os clientes – de que realmente é o que representa ser. Se seus clientes são pessoas que se vestem vistosamente, então você deve mostrar-se como eles.

Conheço meus clientes e sei o que eles esperam de mim. Conheço-os tão bem que a maioria pergunta por mim e me conhece; também posso ir a seu encontro sem artifícios e sei que me apreciarão por isso. Independente do fato de você agir assim ou não, o que importa é que conheça seus clientes, senão pelo nome, pelo menos por seu comportamento e seus hábitos. Então, você também será capaz de desarmá-los e ganhar a batalha.

Se esses momentos iniciais de contato o ajudarem a deixar um pouco relaxados seus clientes, a fim de possibilitar-lhes vencer os receios, e eles começarem a se sentir gratos a você por lhes dedicar seu tempo, já terá começado a vencer a batalha.

Traga-os para o seu lado desde o princípio e eles permanecerão com você.

15

O CHEIRO COMO MOTIVADOR DAS VENDAS

Um dos grandes mestres da arte de vender disse, certa vez, que, para vencer, o que temos a fazer é vender o momento da fritura, não o bife. Bem, isto é exatamente o que você tem de fazer ao vender carros. Afinal de contas, muitos de meus clientes já são donos de carro, talvez até mesmo de um Chevrolet. E eles certamente já viram muitos carros em sua vida. Deve haver mais de 100 milhões deles nas ruas. Assim, um Chevrolet, por si mesmo, não significa algo do outro mundo para eles.

O que representa um grande negócio é um carro novo e reluzente que será bom de se tocar, se sentar nele e tê-lo para si. E o detalhe do carro novo que atrai muitas pessoas mais que qualquer outra coisa é seu cheiro característico. Você já notou alguma vez o cheiro que tem um carro novo? Se você estiver de olhos vendados, ainda será capaz de dizer pelo menos algo sobre esse cheiro particular quando alguém o leva para o interior de um carro novo. Tocar o carro e vê-lo são atitudes que fazem algumas pessoas até babarem, desejando tê-lo. Mas nada atrai mais as pessoas do que o aroma.

Assim, procuro sempre fazer com que cada cliente cheire o carro. Não digo "deixe-o cheirar" e sim "faça-o cheirar". Muitas pessoas se sentem meio receosas de entrar num carro novo pela primeira vez. E se mostram relutantes em dirigi-lo. Isso ocorre porque temem ficar comprometidas de algum modo. E eis por que lhes digo para as empurrarem para o carro se isso for preciso. Porque você deseja que eles se sintam comprometidos, como se tivessem rompido o selo da mercadoria ou a tivessem desembrulhado, tendo, desse modo, de comprá-la.

Uma vez que eles estejam no carro e sintam seu cheiro, irão desejá-lo. Isso é um fato tão evidente que você deve pensar que cada vendedor que já chegou a vender algum carro o conhece. Mas esse detalhe é sempre tema nas reuniões para treinamento de vendedores, porque muitos deles não pensam que seja algo que mereça atenção. "Por que se preocupar com esse aspecto? O cliente já sabe o que é isso. Tudo que ele deseja é um bom preço."

LEMBRE-SE DOS CHEIROS QUE JÁ VENDERAM A VOCÊ

Há quem diga que não conhece os próprios sentimentos. Mas nunca me esqueço de certas coisas e de quando elas me entusiasmaram pela primeira vez. Lembro-me da primeira vez que tive em minhas mãos uma broca elétrica. Ela não era minha exatamente. Um garoto do bairro a ganhou num Natal. Mas eu estava presente quando ele a desembrulhou. Era uma Black & Decker novinha, e a tomei das mãos dele, liguei na tomada e não consegui parar de fazer furos em tudo. Lembro do primeiro carro novo no qual entrei. Já era crescido, e os únicos carros que já vira eram modelos antigos em que o estofamento já tinha um cheiro acre. Mas um dos rapazes da vizinhança ganhou um carro novo depois da guerra. Entrei nele no primeiro dia de uso e nunca esquecerei seu cheiro.

Quando você está vendendo outros produtos, pode não se dar exatamente o mesmo. Você vende a um homem apólices de seguro de vida, e não há nada, nesse caso, que possa levar o cliente a cheirar ou dirigir. Mas, tratando-se de algo que se move ou vibra, você tem de deixá-lo ter essa sensação. Quem tentaria vender a alguém um casaco de caxemira sem permitir que o apalpasse primeiro?

Portanto, façam com que o cliente entre no carro. Sempre procedo assim. Isso o torna ansioso para ficar com o carro. E, mesmo se perco essa venda, tenho um palpite de que o terei de volta, uma vez que ele tenha de retornar para sentir aquele cheiro particular por sua própria iniciativa. E, quando coloco o cliente num carro novo, não lhe digo nada. Simplesmente o deixo dirigir o veículo. Você ouvirá os pretensos especialistas dizerem que esse é o momento de vender a seus clientes todas as facetas de seus produtos. Mas não creio que assim seja. Tenho constatado que, quanto menos eu falar, mais o cliente vai cheirar o carro e senti-lo... e começar a falar. Desejo que ele sinta o cheiro, fique confortável e converse. Isso porque quero saber o que ele gosta e com o que está preocupado. Quero que ele me ajude a classificá-lo ao me dizer onde trabalha e alguma coisa a respeito de sua família e o lugar onde mora. Muitas vezes, o cliente lhe dirá tudo que você precisa saber para lhe vender algo e para ter seu crédito aprovado justamente quando você está no banco da frente do carro. É um dever deixá-lo guiar esse carro.

As pessoas gostam de experimentar as coisas, tocá-las, entreter-se com elas. Lembra-se do amortecedor de choques que havia nos postos de gasolina, onde se puxava uma alavanca que produzia um choque já amortecido pelo uso e então se acionava outra alavanca que produzia um choque novo? Bem, tenho certeza de que a maioria já tentou alguma vez manejar essas peças. Somos curiosos por natureza. Não importa o que você venda, busque um meio pelo qual possa demonstrar seus produtos.

O detalhe importante é ter certeza de que os clientes em potencial participem dessa demonstração. Se você puder apelar para seus sentidos, então também estará apelando para as suas emoções. E sempre digo que mais coisas são compradas em razão das emoções do que da lógica.

Uma vez que o cliente esteja atrás do volante, há muitas possibilidades de que ele pergunte aonde pode ir. Sempre digo a um cliente para ir aonde quer que deseje. Se ele reside nas vizinhanças da agência, posso sugerir-lhe que vá até sua casa. Então, ele poderá deixar sua mulher e filhos verem o carro novo. Algum dos vizinhos talvez esteja na varanda. Minha intenção é deixar que essa pessoa e outras mais vejam meu cliente atrás do volante daquele carro novo, porque desejo que ele se sinta como se já tivesse comprado o carro em questão e o estivesse exibindo. Isso ajuda a fortificar sua decisão de comprá-lo, porque provavelmente não gostará de voltar para casa e dizer a todos que não pôde fazer um bom negócio. Não quero fisgar em demasia um cliente... somente um pouco.

Não desejo que o cliente dirija o carro muito longe, porquanto meu tempo vale muito dinheiro. Mas uma pessoa que faz uma "viagem de demonstração" com um carro novo tende a supor que foi muito longe quando, na realidade, não é bem assim. Portanto, deixo que o cliente dirija o quanto quiser, porque, se ele pensar que percorreu um trajeto um tanto extenso, isso também ajudará a fazê-lo sentir-se comprometido comigo.

PROCURE FISGÁ-LO

Quando falo sobre "fisgar" o cliente e fazê-lo sentir-se comprometido, não quero dizer que eu esteja prejudicando de algum modo essa pessoa. Nunca deixa de existir um momento, numa situação de venda, mesmo após o cliente ter assinado o comprovante, em que ele não possa dizer não e voltar atrás. Assim, ele está em termos de igualdade comigo. Mas sinto que tenho pleno direito de presumir que, se alguém vem a meu local de trabalho para me ver, faz isso porque está interessado em comprar um carro comigo. É meu dever em relação a essa pessoa e a mim mesmo ajudá-la a eliminar suas dúvidas e receios e comprar um carro.

Quando falo sobre aroma, a referência é literal. Mas isso vale para um bom número de coisas além do cheiro em si. Para mim, o cheiro de um carro novo significa o arrebatamento da experiência. Suponho que, nos dias de hoje, existam pessoas que não se emocionem quando adquirem um carro novo. Talvez já tenham tido muitos carros e não lhes importa um a mais. Mas, para a maioria das pessoas, inclusive eu, comprar algo novo, mesmo o ato tão comum de comprar um terno novo, é algo excitante. Desejo levá-lo para casa, vesti-lo e exibi-lo. E, dificilmente, haverá algo que se compare à emoção de ter um carro novo. Para muitas pessoas, isso é quase como ganhar um bebê. Elas praticamente desejam oferecer charutos a todos que conhecem e anunciar o fato nos jornais.

Isso tudo faz parte do que chamo "o cheiro". Essa sensação, você quase poderia afirmar, vende o carro por si mesmo. Quase, mas não realmente. Isso porque muitos vendedores não entendem esse detalhe; assim, não o utilizam. Você tem de utilizar esse fator para fazer com que funcione a seu favor. Não espere simplesmente que isso aconteça por acaso. Você não deve deixar que tudo aconteça pura e simplesmente quando se trata de algo a seu favor. Deve fazer com que tudo aconteça. Certifique-se de que o cliente tenha a oportunidade de sentir o cheiro e a emoção, o impacto total.

Desejo acrescentar uma palavrinha final sobre o valor de se vender o cheiro. Nos anos imediatamente seguintes à Segunda Guerra Mundial, os carros novos eram escassos, e muitos compradores em potencial de carros novos tinham de se contentar com carros usados do último modelo. Naquela época, um produto entrava no mercado e era comprado por um bom número de distribuidores de carros usados. Esse produto era um líquido que o negociante borrifava nos compartimentos e no piso dos carros usados do último modelo. E a razão disso era fazer com que eles cheirassem como carros novos. Mas você conhece o valor desse aroma, porque certamente se lembra da primeira vez em que o sentiu. Assim nunca o esquece. Atente para as próprias experiências como consumidor sempre que estiver vendendo algo a alguém. Isso porque todos compartilhamos um grande número de experiências. E, se esse cheiro o sensibilizou, pode apostar que sensibilizará a quase todo mundo.

Seja o que for que você vender, há o equivalente para o cheiro que tem um carro novo. Pense em si mesmo como consumidor.

Pense no que o entusiasma em um produto ou no que sentiu da primeira vez que o adquiriu. Então, use essa experiência pessoal para vender o arrebatamento e a emoção de possuir esses produtos.

16

ESPIONAGEM E SERVIÇO SECRETO

Em todos os tipos de guerra, cada facção espiona o que se passa com a outra e mantém agentes secretos cuja função é descobrir o que a facção contrária fará contra a sua. No ramo de vendas, geralmente denominamos isso *qualificar o cliente*. Mas "qualificar" é uma palavra que possui muitos significados diferentes. E um deles é "habilitar". Aqui, permita-me dizer que, no que me diz respeito, todo mundo está habilitado a comprar um carro comigo. Esta é a razão pela qual gosto de descrever essa parte da função de vender como uma espionagem e um serviço de informações. Desejo saber o que o cliente quer fazer, o que deve fazer e o que tem condições de fazer.

Às vezes, todas essas coisas resultam no mesmo. Mas, em muitas ocasiões, mostram-se diferentes. O que um cliente deseja pode não ser algo com que ele se sinta feliz em ter ou que possa adquirir. Fico atento ao que o cliente diz que deseja, e tento atender ao seu desejo. Porém, se acho que o produto em questão não lhe será útil ou que ele não tem condições de adquiri-lo e pode obter algo melhor, então ponho minha mente para funcionar. Como sei o que tentarei vender a esse cliente? Observo, ouço com atenção e faço perguntas.

O que procuro e ouço são coisas que clarearão a mente do cliente, fazê-lo falar, de modo que me revele algo sobre si mesmo, suas necessidades e sua capacidade de pagar. Mas nem sempre o deixo tomar essa decisão. Com bastante freqüência, talvez na maioria dos casos, eu é que decido. Isso porque o cliente, com freqüência, não sabe realmente com o que pode arcar e o que deveria comprar.

Muitas pessoas não estão suficientemente a par de seguros de vida para saber do que necessitam, deixando, assim, a decisão por conta dos vendedores das apólices. Quando o produto consiste em roupas, as pessoas sabem que querem algo diferente, alguma coisa que esteja na moda, ou pelo menos algo que não as ponha em ridículo por estarem fora de moda. Assim, o vendedor resolve a questão junto com os clientes. É um tipo de negociação, baseada no que está em moda, no que é acessível e no que fica bem nos clientes. Nenhum vendedor de roupas, em sã consciência, venderá a uma pessoa algo que a faça parecer horrível. Mas as pessoas podem discordar a respeito de alguma vestimenta. Desse modo, há uma margem ampla para a tomada de decisões tanto pelo cliente como pelo vendedor.

Tratando-se de carros, não ocorre o mesmo. Você não tentará com empenho vender a um homem um carro esporte de dois lugares se essa pessoa tem mulher e quatro filhos. Quando se trata de seu segundo ou terceiro carro e ele tem boas condições financeiras, isso não importa muito. Mas você sabe que, se procurar empurrar para esse homem um pequeno carro quando ele necessita de um grande, estará deixando-o insatisfeito. E você não vai querer que isso aconteça, não importa quão certo ele esteja de que deseja aquele pequeno e elegante modelo esporte.

Portanto, você pratica uma espécie de jogo com o cliente, procurando descobrir o que é melhor para ele, não importando o que diga. Porquanto melhor para ele seja também o melhor para você, caso queira que ele fale bem a seu respeito e volte algum dia para comprar outro carro. E não esqueça que, a essa altura, você está lidando com um homem assustado.

CONHECER OS NOMES DE SEUS CLIENTES É ALGO CRUCIAL

O cliente em potencial entra pela porta da agência, e a primeira coisa que digo é: "Oi. Meu nome é Joe Girard." E o que digo logo a seguir não é: "Qual é seu nome?" Não desejo assustá-lo mais ainda. Não quero que ele comece a se sentir tolhido de algum modo. Assim, em vez de perguntar diretamente, digo: "E seu nome é..." Ele não hesitará um instante e me dirá como se chama antes que eu conclua a frase. Observe que realmente não lhe fiz uma pergunta. Simplesmente não lhe dou nenhum motivo para me encarar como alguém que esteja tentando sondá-lo. Foi uma frase natural e casual, e assim obtive o nome desse cliente. A partir daí, passo a chamá-lo pelo primeiro nome, porque agora já temos um relacionamento mais pessoal. Agora ele é Bill e eu, Joe. E, se ele tenta me chamar de senhor, eu o faço ver que sou simplesmente Joe. Assim já consegui quebrar um pouco o gelo inicial.

Como disse antes, se ele começar a dar alguns passos em volta de um dos carros da agência ou mesmo se agachar para espiá-lo por baixo, farei o mesmo. Não digo muita coisa, porque desejo saber o bastante, mas quero que o cliente me revele isso sem que eu tenha de ficar arrancando as informações dele.

Posso vir a lhe indagar sobre o que ele tem em mente ou o tipo de carro que anda dirigindo ultimamente, mas, na maior parte do tempo, manterei-me passivo e aguardando pelo que ele me diga. Ele terá de me dizer alguma coisa. E, assim que começa a falar, fico atento e me movimento a seu lado. Mas nunca chego a insistir junto com ele nessa etapa do jogo. Desejo induzi-lo a falar, deixá-lo mostrar-se como é voluntariamente – como no serviço secreto do exército, quando se pretende deixar que o inimigo se denuncie por si mesmo e fale o bastante, como se espera.

Se alguém começa a perguntar por mim citando meu nome inteiro, o que ocorre um grande número de vezes, então já conto com uma boa abertura. Pergunto ao cliente em potencial como ouviu falar de mim. Ele pode dizer que leu meu nome em algum lugar, e, então, prossigo perguntando a ele onde e nos pomos a conversar. Ou ele pode me dar o nome de alguém, que digo que conheço, mesmo que nunca tenha ouvido falar de tal pessoa. Ou ele pode dizer ainda que ouviu falar de mim na fábrica. *Que fábrica?*, pergunto. E aí já estamos falando sobre o lugar onde ele trabalha. À medida que ele vai respondendo, faço com que a conversa se movimente e talvez, então, venha a saber algo de útil, tal como a pessoa que ele conhece – e que eu conheço ou não – ou onde ela trabalha. Quando obtenho um nome conhecido, então posso perguntar-lhe se ele mora perto dessa pessoa e, então, descubro algo sobre a vizinhança e posso tentar calcular sua faixa de rendimentos de acordo com isso. Nós passamos da fábrica para o cargo que ele ocupa ali, e isso leva a outra estimativa de seus rendimentos.

Procuro ser como uma máquina que o cliente não percebe que está em funcionamento, da mesma forma, talvez, que um gravador ou um computador. Isso porque não há nada que ele venha a dizer sobre certa vizinhança, algum subúrbio, ou um salão de boliche, ou uma fábrica que eu não possa fazê-lo pensar que sei algo a respeito. Independente do que ele diga, sempre tenho uma resposta que soa como uma quase pergunta e que o faz prosseguir falando, poupando-me sondar mais a respeito de alguma coisa ou algum lugar que não conheça muito bem. Enquanto estamos falando sobre seu clube de boliche ou como o time de rúgbi de sua fábrica vai indo, eu saio-me com esta frase muito casual: "Dê-me, por favor, as chaves de seu carro e faremos uma boa avaliação para você."

Note que não pergunto: "Você tem um carro para negociar em troca?" Não desejo fazer essa pergunta, porque ela levará o cliente a pensar de muitas maneiras erradas. Ele começará a calcular que, se disser sim, estará se apressando a fechar um negócio. Ou pode estar desejando mentir e dizer não, porque imagina que obteria um preço melhor de mim se me apresentasse de repente a mercadoria, a fim de obter um preço ainda melhor, graças ao abatimento resultante de seu carro dado como entrada. As coisas não funcionam desse modo, naturalmente. O cliente obtém tanto quanto podemos oferecer-lhe, aquilo que reza a tabela, não importa quanto fixemos o valor da mercadoria dada como entrada ou permuta. Mas um grande número de pessoas espera poder executar outra jogada se se mostrar recalcitrante.

O que desejo fazer é envolver o cliente sem que ele se dê conta, de modo que se torne um pouco mais difícil para ele começar a erguer barreiras contra mim.

Tenho de prender sua atenção rapidamente. De outro modo, ele desenvolverá toda sorte de artimanhas. Observe-os quando tentam dizer que não têm uma mercadoria para permutar ou dar de entrada, e você poderá geralmente ler em seus olhos se eles estão dizendo a verdade ou tentando fazer alguma jogada. Quero dizer que há pessoas que desejam dar seu carro usado a seu pai ou ao filho que acaba de alcançar a maioridade, mas, muitas vezes, desejam trocar o carro velho por um novo. Assim, elimino todas as evasivas ao dizer: "Dê-me as chaves."

Atualmente, não costumo cuidar dessas permutas, pois tenho alguém que trabalha para mim que se encarrega disso. Mais adiante, falarei do modo como recorro à ajuda extra e, mais importante ainda, como a maioria dos vendedores neste ramo de negócios não pode dar-se ao luxo de não aceitar ajuda extra. Por muito tempo me incumbi dessas vendas na base de permuta e ainda o faço vez ou outra.

COMO CONHECER UM CLIENTE

Um vendedor experiente pode entender um cliente, seu lar, seu carro, lendo-os como se fossem um livro aberto. Muitas pessoas não notam o que outras estão vestindo ou onde vivem ou que carro dirigem. Se você prestar atenção aos detalhes – por exemplo, como estão gastas as mangas nos cotovelos e coisas parecidas – pode aprender bastante. Posso me acercar de um carro, olhar para o seu interior e dizer-lhe tudo acerca do veículo e de seu proprietário.

Há aspectos evidentes, por exemplo, o que está registrado no velocímetro, os adesivos referentes ao serviço de regulagem e a quilometragem que apresenta. Obviamente, tudo isso me diz o quanto o proprietário do veículo andou dirigindo durante um ano e se ele cuida devidamente de seu carro. Assim, esses detalhes revelam diretamente o valor do carro em questão. Se tem sido regulado com freqüência, isso mostra que seu dono é uma pessoa cuidadosa. Se a quilometragem é um tanto acima da média, já tenho aí algo para abordar com o cliente. Posso perguntar-lhe se viaja bastante ou se tirou férias e fez uma longa excursão. Quando olho o banco da frente e observo o porta-luvas do carro, estou procurando ver se há folhetos de outros distribuidores e fabricantes de carros. Tais folhetos me dirão, por exemplo, algo sobre o tipo de carro que essa pessoa vem procurando e quantos orçamentos diferentes lhe têm sido apresentados. Por aí, obtenho uma idéia mais clara do quanto terei de pedir para conquistar esse cliente em potencial.

Se os pneus já estão bem usados, sei que essa pessoa está em vias de enfrentar uma despesa de $150 ou mais por um novo conjunto. Isso o exclui, de certo modo, da lista de prováveis candidatos a um carro novo, pois muitas pessoas imaginam que podem continuar muito bem como estão, limitando-se a mudar o conjunto de pneus. Quando abro o capô para olhar o estepe e encontro apetrechos de pesca, já tenho mais um tema de conversa com o cliente. Pescadores adoram conversar sobre onde pescam e que peixes têm apanhado. Se vejo um trailer engatado na traseira do veículo, isso me revela ainda mais sobre o cliente em potencial. Ele é um excursionista amante do camping ou um remador.

Agora, se o carro em questão é uma inequívoca lata-velha, tenho de ser cauteloso. No caso, a pessoa pode até nem chegar até sua casa com o carro, o que é muito bom que eu saiba, porque isso significa que ela tem de comprar outro veículo imediatamente. Mas não posso dizer-lhe isso de maneira direta. O carro de um homem é como se fosse sua mulher; ele pode maltratá-lo se assim o quer, mas, se alguém mais tentar fazer isso, ele se mostra ofendido. Assim, procuro ser prudente acerca de tudo que disser quando o carro se encontra em más condições. Na maioria das vezes, direi a essa pessoa que seu carro até está com bom aspecto, levando-se em conta sua quilometragem ou tempo de uso.

Outro detalhe a que costumo ficar atento é quanto ao pára-brisa e aos adesivos nos pára-choques. Nada comento a respeito de propaganda política porque isso não é tema para discutirmos com um cliente sem que nos envolvamos em problemas. Se, por acaso, meu próprio filho estivesse concorrendo à presidência do país, eu não usaria uma pequena flâmula ou broche com os dizeres "Girard para Presidente", ao ir trabalhar. Aqui, desejo falar de outros tipos de adesivos de propaganda que são colados nos carros, alusivos a locais de veraneio, quando, por acaso, você vai visitar parques nacionais ou outras atrações turísticas. Porque, onde quer que o cliente em potencial tenha estado, já estive. Mesmo que nunca tenha ouvido falar de tal ou qual lugar, encontrarei um meio de utilizar isso para romper um pouco mais o gelo. E, se há no carro um carrinho de bebê ou quaisquer brinquedos, carregadores de bicicleta, sacos de dormir ou algo mais, já descobri alguma coisa sobre esse homem, suas necessidades e interesses, e o modo como cuida dos objetos que possui.

MIRE BEM NO ALVO

Quando me volto para o cliente, digo: "O senhor conserva este carro em boa forma." A seguir, isso nos leva a perguntas acerca de quanto lhe concederei como desconto e o faz sentir que aprecio seu carro. Então, talvez lhe pergunte: "O que tem em mente?" Nesse momento começamos a tratar do negócio propriamente. Ele pode me dizer que deseja outro carro semelhante ao seu. Talvez se queixe de que as portas produzem muito ruído ao bater. Assim, sugiro um modelo de duas portas, em vez de outro de quatro. Farão menos barulho e, melhor do que isso, em minha opinião, custam um pouco menos, portanto posso mencionar a esse cliente um preço mais baixo do que aquele que ele viria a conseguir de alguém mais por um modelo de quatro portas.

Se você estiver vendendo casas e alguém reclama da extensão do trecho gramado que tinha de aparar onde residia antes, você não oferecerá uma casa com um jardim enorme. Se ele se queixa de subir vários lances de escada, você não mostrará uma casa colonial de três pavimentos; tratará de mostrar-lhe uma casa confortável mas de um único andar. O mesmo ocorre com os carros. Você está prestes a colocar o cliente no interior de algo que transporta sua família, puxa um *trailer* ou leva um barco nos fins de semana e que deve ajustar-se à sua conta-corrente.

Quando pressinto que um cliente está indeciso, não conduzo a situação para um fechamento rápido da transação. Recuo um pouco. Talvez escolha falar sobre o carrinho de criança que vi dentro do carro desse cliente e lhe pergunte quantos anos seu filhinho tem. Provavelmente, ele retirará fotos de sua carteira, que olharei fazendo alguns elogios amáveis. A menos que ele me pergunte, não me porei a falar de minha família. Essa não é uma situação social. Trata-se de uma venda a ser feita, e creio que uma das coisas mais tolas que os vendedores podem fazer é competir com um cliente. Este mostra fotos de seus filhos, e um bom número de vendedores logo exibe retratos de seus garotos. Isso não é a reação mais inteligente que você possa ter, porque, desse modo, estará tentando suplantar esse cliente. Ao fazer isso, você está dizendo: "Você pensa que isso é grande coisa, pois veja só meus filhos como são."

O cliente não está interessado nas fotos dos filhos do vendedor. Ele quer é mostrar as suas. Qual a vantagem de você estabelecer essa competição? Nenhuma, em absoluto. Deixe o cliente ficar em plano principal, no palco. Limite-se a sentar e ficar assistindo.

Quando vejo apetrechos de pesca no carro, pergunto ao cliente sobre o que tem pescado ultimamente, e logo ele estará me falando sobre um peixe enorme que pescou. Já ouvi alguns vendedores se saírem com esse comentário em tais ocasiões: "Isto não é nada. Pesquei *um desses* bem grandes no último domingo." Para que isso? Assim, você o fará pensar que talvez o maior acontecimento em sua vida não mereça nenhum registro. Talvez você tenha até fisgado um tubarão igual ao do filme do mesmo nome. Mas, como já disse, isso não é uma competição de bravatas num clube. Isso é um negócio e, se tudo que esse cliente conseguiu pescar foi uma tainha, faça-o pensar que foi a própria baleia que engoliu Jonas. Você deseja trazê-lo para seu lado e cativá-lo. Mas, se agir apelando para recordes de pescaria, esse cliente se voltará contra você e se esquivará do anzol...

Falei, em capítulo anterior, da importância da "viagem demonstrativa", isto é, quando o candidato a comprador sai conosco da agência em seu carro novo. Você está dando ao cliente uma parte da mercadoria. Uma amostra grátis, e espera lhe dar o bastante para que, assim, ele queira o produto inteiro. Faço-o dar um passeio para que deseje a mercadoria toda. Quero que tenha essa demonstração para que, desse modo, ele sinta que obteve algo por nada e me deva um pouco de algo. Desejo vê-lo no carro para que ele possa ir com o mesmo a alguma parte e seus filhos, amigos e colegas de trabalho possam vê-lo nesse veículo.

Isso torna um pouco mais difícil para ele voltar atrás e dirigir de novo seu carro usado. Desejo vê-lo nesse carro porque quero ver aonde ele vai e ouvir tudo que deseja dizer sobre o novo modelo, inclusive aquilo de que não gosta, se for o caso.

Mas, acima de tudo, como já disse antes, quero que ele sinta aquele cheiro especial de um carro novo em suas narinas, porque, então, o terei inteiramente cativado pelo carro. Nesse momento, se torna muito difícil voltar a sentir o cheiro de mofo de seu velho carro estacionado à porta da loja.

Quando ele já teve esse atendimento completo e ainda está em minha companhia, entramos no escritório, a porta é fechada e ali nenhuma chamada telefônica ocorrerá para interromper os próximos passos da transação. Ainda estamos conversando e nos auscultando. Quando acabo de examinar o carro que o cliente trouxe para dar como entrada, costumo perguntar: "Ele está pago, não está?" Se ele diz que resta ainda pagar duas prestações, fico sabendo que se trata de um cliente crediarista e que minha capacidade de arranjar financiamento e obter uma fórmula de pagamentos mensais para ele pode ser mais importante do que o preço total. Podemos conversar bastante sobre o preço total, mas o que preocupa mais o cliente é: "Quanto por mês?"

CREDIÁRIO É A SOLUÇÃO

Isso é um fato em relação aos artigos de custo mais alto que a maioria das pessoas adquire. Não há nada nisso de que um cliente possa se envergonhar. Todo mundo compra à prestação, é um bom recurso. Se você for esperar ter toda a quantia necessária depositada num banco, talvez passe a vida toda sem nada. Mas são muitas as pessoas que ainda se sentem envergonhadas por não poderem pagar algo à vista. Assim, você tem de tratar esse assunto com cuidado, sobretudo se o cliente vem fazendo prestações há um longo período, e dificilmente desfruta de qualquer direito de eqüidade sobre o carro, mesmo que este esteja quase que totalmente pago.

Algumas vezes, minha capacidade de vender a um cliente depende integralmente de minha habilidade em conseguir-lhe crédito suficiente para pagar pelo carro desejado. Se ele está realmente em aperto ou sofreu um recente baque financeiro, posso, ainda assim, encontrar meios de lhe conseguir o dinheiro necessário para adquirir o carro, mas, se for esse o caso, tenho de estar a par da situação, pois isso muda a natureza da transação. O preço não conta aqui. Agora, estamos falando a respeito de encontrar um meio de obter crédito para o cliente: conseguir um fiador ou, em alguns casos, até mesmo colocar o carro em nome de um amigo. Depois, discutiremos o modo como consigo que um amigo seja fiador de uma nota de compra para o cliente. E o uso do expediente de colocar o carro no nome de alguém mais exige grande cuidado. Se você pretende recorrer a esse expediente, deve assegurar-se de algo importante, isto é, revelar de antemão ao banco ou à financeira ser esse o recurso adotado. De outro modo, vocês não estarão cumprindo a lei. Eles têm de saber, de antemão, porque precisam saber onde localizar o carro no caso de terem de reaver esse bem, por meio da reintegração de posse.

Um detalhe importante acerca do sistema de crédito é que você precisa saber o mais cedo possível se tem de vender ao cliente com base no preço ou em sua capacidade de facilitar o empréstimo para a compra, sem cogitar do preço. Não faz sentido algum ficar girando em torno de preços se o crédito do cliente está a zero.

Se o carro usado do cliente já estiver pago ou perto de ser liquidado, não teremos quaisquer problemas. Tão logo eu tenha verificado que está tudo certo com ele, passo a afugentar de novo seus naturais receios. Então, escolho um tema para conversa, que pode ser o adesivo relativo ao Parque Yellowstone que vejo colado na janela de seu carro. Pergunto-lhe acerca da viagem que fez e me limito a ouvi-lo. Quando o cliente perguntar se já estive naquele local, provavelmente responderei afirmativamente, mas, ainda assim, o deixarei contar suas impressões, e não me porei a relatar-lhe as minhas. Isso porque desejo deixá-lo falar sobre algo que o divertiu, alguma coisa muito agradável, para que ele relaxe um pouco.

Reconheço quando o cliente está mais descontraído porque leio isso em sua linguagem corporal. Observo seu rosto, olhos, o modo como mantém os braços perto do corpo e as pernas cruzadas antes rigidamente e agora já mais soltas. Enquanto tudo isso se passa, descubro o que ele necessita e o que lhe pode ser vendido. Existem muitos modelos diferentes, tamanhos diversos, enfeites, acessórios variados, portanto posso imaginar um carro a qualquer preço para lhe vender, desde que isso atenda às suas expectativas. Posso desviar a atenção do cliente do carro Impala em que estava pensando inicialmente, para negociar com ele um Monte Carlo, um Cavalier ou mesmo um Aveo. Naturalmente, eu gostaria de tornar tudo mais fácil, e vender ao cliente exatamente o que ele tem em mente quando entra na loja. Mas ele pode não ter condições de comprar tal modelo de carro. Ou pode realmente ter condições de arcar com algo maior e melhor. Posso lidar com ambos os casos.

O que necessito saber é o número de visitas que já fez a agências de automóveis e que preços lhe foram apresentados. Preciso saber disso porque provavelmente conquistarei a preferência desse cliente ao fazê-lo pensar que obterá um preço mais em conta de mim. Não quero dizer que ele não o obtenha de fato. Ele o obterá, se eu puder ajudá-lo, porque prefiro ganhar um pouco menos de dinheiro por carro e vender um grande número deles a ser ganancioso e vender apenas uns poucos a preço elevado. Esta é a minha filosofia, este é o sistema que tem feito de mim o Maior Vendedor do Mundo. Consigo melhores resultados do que qualquer outro vendedor porque quero vender mais carros, não conseguir preços mais altos. Aja assim e o resto virá naturalmente. E, é claro, você contará com um cliente feliz que falará bem a seu respeito aonde quer que vá e até lhe enviará novos clientes.

Se sei que o cliente tem em seu carro folhetos de propaganda de outros negociantes, ou os vejo em seu bolso, deduzo que ele já tem alguns preços em mente. Mas mesmo que não venha a saber disso logo, posso descobrir depois com facilidade. A essa altura, estamos em meu escritório. Já lhe ofereci uma bebida ou um cigarro. Se seus filhos o acompanham, ganharão bolas de gás e pirulitos. Brinco com seus filhos pequenos, até mesmo os sento em meus joelhos para conversar com eles se necessário. Não há problema. Meu escritório está limpo, arrumado e, além disso, posso comprar boas calças com o dinheiro da comissão de apenas uma venda. Portanto, isso vale a pena.

Muitos vendedores ficam o tempo todo sentados à mesa de seus escritórios, com um bloco de papel sobre ela. Desse modo, imaginam, podem anotar todas as informações sobre os clientes e os carros que desejam lhes vender. Imaginam que é um ótimo sistema. Errado! Trata-se de um sistema tolo, porque, se você age assim e depois mantém o cliente preso até o fim, talvez não conclua o negócio com ele.

TENHA TUDO PREPARADO PARA O FECHAMENTO

A providência que tomo sempre é a de conservar sobre a minha mesa um formulário de pedido e uma aplicação de crédito. Então, enquanto conversamos e colho informações sobre o cliente, onde mora, o que faz e o que deseja, isso vai diretamente para os formulários. Então, se conduzo o cliente adequadamente até o final, já disponho de uma ficha em ordem e tudo que necessito agora é da assinatura dele. Ao proceder de outro modo, você terá de transferir todos os dados do bloco de anotações para os formulários. E, enquanto está fazendo isso, o cliente pode se lembrar, de repente, de que tem de comprar um alfinete de gravata antes que a joalheria mais próxima feche. Então, ele sai às pressas e você perde uma venda.

Não estou dizendo que você deva trancar a porta do escritório e guardar a chave no bolso para reter o comprador ali. Não procedo desse modo. Mas quando chegamos a esse ponto decisivo do negócio, já consumi uma hora ou mais do meu tempo e do de meus colegas. E isso vale um bocado de dinheiro para mim. E também deve valer bastante para o cliente. Se ele já chegou tão longe e suas intenções não são sérias, ele é um mau sujeito. Naturalmente, se não pude cobrir o preço de alguém mais, o que é improvável, ou não disponho de um carro que a pessoa deseja em algum lugar próximo, o que é praticamente impossível, esse cliente tem todo direito de sair sem fazer a compra. Porque, se isso acontece, significa que não cumpri minha tarefa profissionalmente.

Se perder um cliente a essa altura do processo de vendas, isso quer dizer que fiz algo errado. Todos sabemos que você não pode vender a todos. Sabemos que algumas pessoas vêm à loja simplesmente porque não têm mais nada para fazer. Mas, se você pressupõe que isso seja o motivo para certa venda que deixou de fazer, sem antes analisar o caso muito bem, a fim de descobrir o ponto em que falhou, não estará fazendo um bom uso de seu aprendizado como vendedor. Você tem de admitir que é culpado de vender mal até que restar provada sua inocência por meio de uma autocrítica.

Mas o motivo mais comum para a perda de um cliente que parecia realmente interessado reside em não lhe dispensar suficiente atenção, não procurar ler em seu rosto e em seus gestos. Se você não tiver o costume de empregar bastante tempo e concentração nesse ponto, perderá algo que o cliente está lhe dizendo espontaneamente. E esse algo que ele diz, em determinado momento, provavelmente tem a ver com o motivo pelo qual está receoso, hesitante e porque você não está fazendo o que é adequado para superar os últimos obstáculos.

Todo mundo detesta o mutismo, e a maioria das pessoas deseja saltar essa muralha de silêncio. Permita que seus clientes façam isso. Deixe-os falar porque não podem suportar o silêncio. Deixe-os oferecer a você as chaves para a hesitação e a relutância que demonstram. Você pode aprender muito mais observando e ouvindo do que falando.

Mas há momentos em que um vendedor pode lucrar falando. O cliente está pouco à vontade, contraído, sorrindo tolamente, batendo com os pés no tapete, fazendo, enfim, todas essas coisas que as pessoas fazem quando se sentem pouco à vontade e receosas. Você observa e percebe isso e também que a pessoa tem algo a incomodando. Mas você não sabe do que se trata. Já descobriu o que ele precisa e o que pode pagar, mas ainda não o levou a uma decisão final. Isso é ponto pacífico. Nada está acontecendo exceto o desconforto que acomete o cliente. Assim, faça-lhe uma pergunta. Algumas vezes, isso é um modo bem adequado de conseguir uma resposta ao que se quer descobrir. Não lhe faça uma pergunta que ele possa responder com um sim ou (especialmente) um não. Não pergunte: "Há alguma coisa mais que deseje saber?" Porque ele pode dizer não, e você desperdiça uma oportunidade. Pergunte algo que ele venha a responder com palavras reais: "O que eu omiti?" "O que deixei de lhe dizer e era necessário que o senhor soubesse para se decidir?" Ou mesmo algo bem direto: "O que fiz de errado?" Isso pode fazer com que o cliente sinta que pode *ajudá-lo*. E você pode começar a dominá-lo.

Quando falo acerca de reter um cliente a esse ponto, não quero dizer cerceá-lo. Não há realmente uma diferença acentuada entre restringir e cercear, naturalmente. Estamos falando desses dois termos como coisas separadas, mas, se você está conduzindo adequadamente uma situação de venda, há uma nuance leve entre uma coisa e outra. Você sabe quando a fase investigativa está concluída quando tem noção do que o cliente deseja e necessita realmente, e também o que ele tem condições de adquirir. Se você sabe tudo isso – e tem consciência de que sabe –, já deu o passo decisivo.

Deixe que o cliente se revele por si mesmo, enquanto você o observa e escuta, e ele se mostrará acessível ao encerramento da transação.

17

Retenha seus clientes

Muitos vendedores perdem oportunidades de vender porque agem com precipitação e falta de tato. Eles já começam pondo uma caneta na mão de um provável comprador antes de saberem algo sobre ele ou o que deseja. Assim, afugentam essa pessoa, não importa quão pouco ela realmente deseje adquirir. E um grande número de vendedores começa a fechar um negócio sem ter uma noção clara de seus próprios desejos.

Já lhes falei sobre aquela bolsa de mantimentos e de como, naquele dia do meu início de carreira, transportei mentalmente a imagem dessa bolsa para a figura de meu cliente. Foi o que fiz realmente. Isso funcionou, porque me levou a agir melhor e a me empenhar bastante naquela venda. O motivo era simples: eu sabia o que queria. Sempre sei o que desejo quando me deparo com um cliente. Todos desejamos tantas coisas que nunca deveria ser um problema definir nossos próprios anseios em relação a cada venda. Algumas vezes, tudo o que desejo é essa nova chance de vender algo, porque ela significa um passo à frente do dia anterior. Conheço-me e sei o que o clima de competição desse jogo de vendas significa para mim. Se não estou me empenhando contra o recorde registrado por alguém mais, por estar realmente na dianteira das estatísticas como vendedor, então sinto o desejo de derrotar a mim mesmo, Joe Girard.

Quando você fecha a porta do escritório e fica em confronto apenas com o cliente, isto é como se fosse um cirurgião diante de um paciente que está na mesa de operação. Mas você não fará a primeira incisão até ter certeza do que deve realmente ser feito. Não vai querer extrair a vesícula desse paciente se ele tem apendicite. Assim, quando você começa a fechar um negócio, fará melhor em se assegurar que realizou todo o trabalho de sondagens preliminares. Quando você já sabe que o cliente deseja realmente o que você pode oferecer e quando sabe o que ele quer, então está pronto para seguir em frente.

Presumindo que o cliente não venha porque sua mulher o pôs para fora de casa e ele não tinha nada mais para fazer, imagino que conto com uma pessoa propensa a gastar dinheiro com facilidade toda vez que alguém entra em meu escritório e fecho a porta.

ULTRAPASSADA A FASE PRELIMINAR, MANTENHA-SE AO LADO DO CLIENTE

No momento, eu e o cliente estamos falando sobre o modelo do carro. "Então, você gostou daquele Impala de quatro portas", afirmo (e não pergunto) a ele. O cliente pode ainda estar tentando se esquivar. Mas suponho que ele quer comprar, apenas se sente um pouco mais assustado porque a porta do escritório está fechada. Nessa ocasião, geralmente ofereço-lhe uma bebida ou um charuto. "Qual é a cor que você deseja?", posso dizer então. Se ele menciona uma cor, presumo que já ultrapassamos o ponto em que não pode haver recuo. Talvez a questão da cor seja abordada mais cedo, quando alguém está comprando um terno. Um homem pode dizer que quer um terno *azul*. Mas, em meu ramo, um cliente diz de saída que precisa de um carro, não de um Malibu vermelho. Assim, quando chegamos à fase em que ele ou eu falamos da cor do carro, já estou fechando o negócio com esse cliente, quer ele saiba disso ou não.

"Um modelo bege dessa vez." "Aguarde um minuto, por favor." E já estou saindo para ir checar a lista dos carros no estoque. Pelo menos é isso que o cliente supõe. E, então, volto dizendo: "Temos justamente um modelo dessa cor. Já o estão retirando da loja para o senhor." O pedido já foi anotado, porque estive providenciando isso enquanto conversávamos. "Tudo certo, é só assinar." Não digo: "Assine aqui." É muito formal. E estendo a caneta para o cliente. Talvez ele assine, e isso pode ser o encerramento da venda.

Todos sabemos que isso geralmente não se processa assim com tanta facilidade. Não desejo entregar uma caneta para o cliente cedo demais. Mas se já falamos sobre a cor do carro ou ele me perguntou acerca de um equipamento específico opcional e encontrei um carro no estoque que dispõe do que esse cliente deseja, tenho de dar o próximo passo.

O passo seguinte é muito avançado, mas é o único que nos coloca, a mim e ao cliente, do mesmo lado. Nas aulas do curso de treinamento para vendedores, costumam dizer que o encerramento de uma venda inicia com o pedido formulado. Na minha opinião, isso começa com a questão do dinheiro. Nesse momento, costumo me levantar e, quase de costas para o comprador, vou me virando ligeiramente, estendo minha mão e digo claramente: "Dê-me $100 e farei com que eles tenham o carro pronto para o senhor." Não hesito e digo: "Bem, vou necessitar de um depósito", porque isso não é bom, já que faz a pessoa ficar nervosa, arisca. Desejo que nos coloquemos em condições de dar o próximo passo.

Eu solicitei $100, portanto, ele tem de apresentar uma razão para não irmos adiante no negócio. Talvez ele examine sua carteira e diga: "Tudo que tenho aqui são $73." E você sabe o que digo então? Claro que sim. Direi que $73 está ótimo. Então, ele argumenta que vai precisar de algum dinheiro para despesas de momento e nesse caso fixo a quantia de $60 ou mesmo $50. Mas não muito menos, porque, se o cliente já chegou a esse ponto do negócio, ambos desejamos que compre o carro. E se ele desembolsa pelo menos $50 – talvez até mesmo um pouco menos do que isso às vezes –, está decidido a comprar.

Mas o que acontece se o cliente vasculha os bolsos e verifica que só dispõe de $27 em dinheiro vivo? "Aceito um cheque", digo para tranqüilizá-lo. Mas peço $100 ou mais, no caso de ele querer "roer a corda". Muitas pessoas se sentem felizes ao preencher um cheque nessas ocasiões, porque imaginam que podem sustar o pagamento do mesmo se mudarem de opinião.

COMO SE ASSEGURAR DE QUE SEU TEMPO SEJA PAGO

Pense nisso um minuto. Acabei de gastar talvez uma hora ou mais com alguém que veio à loja, perguntou por mim e me disse que queria comprar um carro. Acreditei nessa pessoa. Assim, quando ela preenche um cheque para obter o carro, presumo que esteja agindo sério a respeito, o que significa que deseja que eu receba aquele dinheiro. Não estou ali para brincar ou me divertir – embora ame minha profissão. Assim, quando recebo o cheque, peço desculpas por me ausentar da sala um instante, e começo o processo de *hammering* (certificar-me da procedência e validade do cheque). Afinal de contas, um cheque é dinheiro que, presumo, o cliente em questão quer que eu venha a receber. E trato de sondar sua validade o mais rápido possível.

Uma coisa com que o cliente pode contar é ter seu carro em mãos no momento em que precisa dele. Se nossa conversa girou sobre uma viagem que pretende fazer ou planos para as próximas férias, sei que esse cliente partirá para uma viagem dentro de dois dias, por exemplo. Ele terá seu carro o quanto antes eu puder providenciá-lo na agência ou nas imediações, no momento que ele deseja. Como já disse anteriormente, se não dispusermos do modelo desejado em nosso estoque, outro revendedor da cidade o terá. E, desde que tenhamos um acordo de intercâmbio mútuo, sempre posso entregar ao cliente praticamente o que ele deseja. Presumo que ele esteja sendo sincero sobre o que quer, portanto sempre me mostro disposto a contornar uma situação difícil e ter um carro pronto quando declaro isso a ele.

Afinal de contas, estamos no negócio de compra e venda. Assim, quando recebo o dinheiro, o cliente recebe o carro. Algumas vezes, não posso encontrar o que um cliente deseja. Isso é muito raro, mas acontece. Embora eu ainda leve em conta que o que ele estava querendo mais era o carro em si, e não certo tipo de rádio ou transmissor particular. Não posso crer que um cliente chegue ao ponto de preencher um cheque e assinar uma fatura somente porque deseje um estofamento de vinil para o teto do veículo. Presumo que ele deseje um automóvel. E isso, ele terá, e de boa qualidade, não importa o preço que pague.

Se você imagina que muitas de minhas vendas têm menos a ver com a cor do equipamento do que com o preço, está certo. Negocio a comodidade. Muitas coisas fazem com que eu venda de maneira diferente daquela com que meu competidor venderia ao mesmo cliente. Algo disso tem a ver comigo e com o fato de que faço o cliente confiar em mim – e também gostar de mim. Já falamos sobre todos os meios diferentes que emprego para levar o cliente a relaxar e confiar em mim. Se ele se empenha bastante para ganhar seu dinheiro, sabe muito bem quanto o carro custará. Ele já conversou com seus amigos e provavelmente tem falado com outros vendedores de carros. Assim, quando me procura, ele espera obter um preço mais baixo do que aqueles que outra pessoa já lhe apresentou. Sou levado a crer que cubro ou derrubo os preços de meus competidores inúmeras vezes; minhas estatísticas provam isso. Afinal de contas, como insisto em dizer, se estou vendendo mais carros e caminhões do que os outros, devo, com freqüência, estar igualando e derrubando seus preços. As pessoas podem comprar comigo porque me apreciam e confiam em mim. Mas isso se dá também porque sabem que terão um bom tratamento de minha parte.

Já expliquei que há uma categoria muito ampla de preços entre todos os diferentes carros que podem vir ao encontro das necessidades de um cliente. Todo vendedor sabe bastante sobre isso. Creio que entendo desse aspecto melhor do que ninguém, porque passo grande parte do tempo analisando essa faceta do trabalho. Conheço todas as opções diferentes relativas a carros que vêm equipados da fábrica, e sei com exatidão tudo que pode ser instalado num carro quando já o temos em estoque. Isso me propicia uma flexibilidade maior no tocante ao preço do que outra pessoa teria no negócio de venda de carros, porque conheço não só todos os modos diferentes como um carro pode ser equipado, mas também tudo acerca dos custos e preços de venda das opções. Há muitos tipos de detalhes opcionais que tornam um carro mais atraente sem aumentar muito seu custo. Digo custo, e não preço. Assim, posso "oferecer" a troco de nada ou por uma quantia extra bem reduzida um bom número de complementos que podem tornar minha negociação impossível, ou quase, de ser superada.

Isso significa que nunca sou derrotado? Certamente não. Há inúmeros outros vendedores espertos e dinâmicos neste e em outros setores dos negócios. Mas se eles não estão vendendo 1.500 ou mesmo 1.000 carros por ano, tenho de acreditar que não são de todo tão bons quanto eu. Além disso, se forneço a alguém um preço e essa pessoa comunica esse preço a outro vendedor, posso perder a oportunidade de venda por causa da inveja. Os outros vendedores que trabalham comigo são, em sua maioria, amigos meus. Mas, quanto a outros vendedores de outras agências, estes, às vezes, se mostram invejosos de meu sucesso e venderão um carro tão barato que isso os levará a perder dinheiro, somente para que possam dizer ter derrotado Joe Girard.

Isso quer dizer, como estou certo de que você entenderá, que todos estamos neste jogo por algo mais que dinheiro. Entretanto, quando alguém vende bem barato apenas para me derrotar, está se envolvendo nisso por motivos equivocados. Quando digo "mais do que o dinheiro", quero dizer dinheiro e *outras* razões. Mas o nome do jogo em questão é dinheiro e, a menos que este esteja presente ou venha mais tarde, não venderei um carro barato demais simplesmente para vencer a competição. (Já expliquei por que, às vezes, é um bom negócio perder dinheiro numa transação a fim de que o cliente venha a fazer boa propaganda de mim depois, quando se trata de alguém de certa importância.)

Quando descrevo uma série de preços e opções, as pessoas dizem que isso deve causar confusão. E é verdade. Se um cliente tenta não perder de vista todos os elementos do preço total de venda, ele nunca irá consegui-lo, portanto nunca pode saber o que todos esses elementos custam ao distribuidor ou ao vendedor. Por exemplo, se um negociante vende muitos carros durante um ano padrão, consegue abatimentos da fábrica, isso sobre todos os carros que ele vendeu durante determinado ano, dependendo do número de carros que compra da fábrica. Um cliente não pode ter ciência disso; assim, ele nunca sabe qual o custo de um carro. Por conseguinte, não pode saber qual será o preço exato para venda.

FAZER COM QUE O CLIENTE CONFIE EM MIM APÓS A CONCLUSÃO DA VENDA É O QUE REALMENTE IMPORTA

Tudo que vem a seguir se resume numa palavra: confiança. Se um cliente confia em mim, comprará comigo. Mas tenho de ter certeza de que essa confiança perdurará além do momento em que ele obtiver seu carro e pagar por ele. Tenho de me assegurar de que ele confia em mim depois de ter ido em seu carro novo para casa e para o trabalho, quando o estiver exibindo e falando sobre ele com seus conhecidos, inclusive o quanto pagou.

Disponho de certos fatores que trabalham a meu favor para promover essa confiança. Em primeiro lugar, como insisto em dizer, se vendo mais que outros vendedores, isso deve ser porque sei como estabelecer preços baixos para os carros que vendo. Antes de mais nada, as pessoas gostam de se gabar de como compraram barato seus carros, assim elas sempre diminuem em alguns dólares o preço que, na realidade, pagaram quando começam a falar sobre o assunto, isto é, seu carro novo. Além disso, procuro fazer de cada cliente um amigo, quer lhe venda ou não. Então, o comprador sempre tem a impressão de que, se algo está errado com o carro, não só a General Motors e a Merollis Chevrolet estão comprometidas, mas também Joe Girard está por trás dessa venda ruim.

Quando atingimos a etapa da negociação do preço do carro, estamos bem próximos do encerramento. Mas não próximos o bastante. O depósito, quando é muito substancial, fecha em muito a porta que encerra a venda. Já disse que procuro obter uma boa quantia em dinheiro ou em cheque visado, para impedir que o cliente mude de idéia após ter feito um trato. Quero dizer que, se tenho de aceitar somente $10 ou $25, a venda estará em perigo, não importa o que o cliente assine. Isso porque, se ele falar em outra agência sobre o trato oferecido por Joe Girard, algum vendedor de cabeça oca, desejoso de provar que é mais vivo que eu, pode abater meu preço bastante, a ponto de o cliente não se importar em perder o pequeno depósito que fez comigo. Você nunca sabe, ao certo, se o cliente comprará de fato até que tenha o produto desejado e você receba todo o dinheiro.

Você já conhece minha atitude no tocante ao jogo das probabilidades. Mesmo que acredite que sou o melhor e mais persuasivo vendedor em meu ramo de negócios, não gosto de permitir que um cliente se vá após uma venda apenas parcialmente feita. Isso quer dizer que, se um cliente financiará sua compra em outra parte que não por intermédio de nossa agência, não desejo vê-lo sair de meu escritório sem que primeiro deixe um bom depósito ou leve o carro novo consigo.

ENTREGUE A ELE O PRODUTO PARA RETÊ-LO

Isso é certo! Se, por uma questão de tempo ou documentos a tratar, o cliente sai de meu escritório sem que o negócio seja completado ou se ele tiver deixado algum dinheiro como depósito, tentarei fazê-lo levar o carro que está para comprar.

Isso se chama entrega *in loco* ou entrega antecipada, e significa exatamente o que quer dizer. Procurarei encontrar o carro que o cliente deseja ou um bem parecido e, então, deixarei levá-lo até sua casa, como se já fosse seu. Isso pode parecer muito arriscado para você, mas, em minha experiência como vendedor, já provou ser um meio eficaz de impedir o cliente de procurar comprar em outro lugar. E pode crer em mim quando lhe digo que isso termina financeiramente bem para mim e para meu distribuidor.

Tenho certeza de que você pode entender o valor da "entrega antecipada". O cliente está com o carro, leva-o para casa, ele é seu, ainda que os detalhes finais de financiamento e registro de venda não tenham sido completados. Aquele é seu carro. Ele o mostra à mulher, aos filhos, aos vizinhos, amigos, colegas de trabalho, seu patrão – todo mundo o vê em seu carro novo. Agora, encare o outro lado em jogo. Entreguei ao cliente as chaves, e ele levou o carro e pôs o taquímetro para funcionar. Pode desfrutar desse carro por dois ou três dias antes que o negócio seja finalmente concluído. Será que passa pela cabeça do cliente que lhe facultei o uso de um carro novo simplesmente porque gosto dele? Acreditará realmente que não contraiu nenhuma obrigação comigo ao percorrer alguns quilômetros num carro que ainda não é seu? E mais importante: será que pensaria que está livre para ir a alguma outra agência a fim de fazer melhor negócio agora, que está dirigindo um carro que ainda não é realmente seu?

Ele não pensa nada disso. A questão de propriedade pode ser um pouco confusa para ele. Se ele imagina que já possui o carro, então fechei a venda. Mas se ele simplesmente pensa que o carro lhe foi emprestado e está na obrigação de devolvê-lo em perfeitas condições, está certo e ainda não concluí inteiramente a venda. Mas o que é provável que ele fará, uma vez eu o tenha feito entrar naquele carro? Certamente, não será percorrer a zona rural toda nesse carro buscando economizar outros $50. Isso porque, quando ele leva o carro, assina um documento segundo o qual garante que irá devolvê-lo em seu estado original se a transação, por algum motivo, não for concluída. Isso não é o que um advogado denominaria um "contrato de cláusulas rígidas", mas é um forte compromisso moral para qualquer ser humano razoavelmente decente. Pelo menos, ele tem funcionado sempre desse modo com meus clientes.

Não sei quais são as normas legais no local em que você trabalha e, nesse caso, certamente é necessário verificar bem isso antes de começar a adotar o sistema de entrega antecipada em tais condições. Mas, com toda franqueza, se você puder adotar o método, não conheço outro meio melhor de levar até o fim uma operação de venda a pessoas que, de outro modo, poderiam ficar "apenas olhando" por muito tempo após poderem tomar uma decisão clara. Se eu estivesse no negócio de roupas, convocaria o alfaiate e lhe diria para começar a fazer marcas com giz nas mangas enquanto o cliente ainda estivesse se olhando no espelho e checando a cor do tecido à luz do dia.

Quando você adquire seguros de vida, o agente quase sempre faz a entrega *in loco* da cobertura de riscos, isto é, um documento escrito que representa o compromisso. Trata-se de uma apólice de seguro a curto prazo que você obtém quando contribui com apenas alguns dólares, visando ao prêmio total. De certo modo, você fica coberto mesmo que eles não tenham confirmado o que lhes contou sobre a aplicação do seguro, e não saibam sequer se seus cheques são bons. Mas eles devem ganhar mais do que perdem com isso. E assim faço eu – muito mais –, porque retenho o cliente. Dou fim à sua busca por um melhor preço. Ele não dará ouvidos aos sabichões do escritório que lhe dirão: "Você pagou muito caro. Eu podia ter conseguido esse carro para você mais em conta no atacadista."

Mas consigo muito mais que isso. Eu faço ao cliente uma oferta irrecusável e ele dificilmente poderá fugir depois do compromisso assumido, porque demonstro confiar nele mais do que qualquer outra pessoa. Quando me dirijo a um cliente no escritório e digo: "Dê-me $100 e terei o carro pronto para o senhor", algumas vezes essa pessoa dirá que não tem dinheiro algum consigo e que não disporá do suficiente no banco até o dia do pagamento. Se todo o resto está correto com ele, se tem um bom emprego e parece responsável, eu o olho bem nos olhos e digo: "Não precisa me dar o dinheiro agora, sua palavra já vale bastante para mim."

Agora, como você acha que o cliente se sente quando digo isso, tratando-se de uma pessoa que ainda se mostra um tanto insegura e ainda não tomou uma decisão firme? Surte um ótimo efeito, certamente, dissolvendo toda a sua hesitação, e aí já o "prendi".

Ou, então, ele me dirá que não acha que sua cooperativa de crédito vá aprovar seu pedido de empréstimo até sexta-feira, quando estamos, por exemplo numa quarta. Isso só lhe daria dois dias para resolver o assunto. Bem, talvez o empregado que cuida dos empréstimos na cooperativa de crédito seja um de meus "perdigueiros". Se isso ocorrer, estou certo de que podemos dar um jeito para que as coisas andem mais depressa. Mas, ainda que não conheça o tal empregado, e o cliente me pareça bom, irei colocá-lo à vontade em seu novo carro da mesma forma.

Agora, suponhamos que o cliente comece por apresentar uma lista de especificações que eu não possa encontrar, exatamente iguais, no estoque da agência. Muitos vendedores dirão nessa oportunidade: "Não se preocupe, conseguiremos o que o senhor deseja. Farei um pedido especial à fábrica." Não direi isso. Se tenho em estoque um carro que se aproxima bastante daquele que o cliente em questão deseja, farei todo o possível, incluindo a entrega de um modelo para amostra, a fim de conseguir que ele compre aquele carro. Pedidos especiais levam semanas para serem atendidos, geralmente mais tempo do que o mencionado ao cliente. Este começa a ficar impaciente, a data prometida se escoa e ele acaba comprando o carro em outro lugar. Não correrei esse risco se puder ajudá-lo. Há um bom número de outros carros que servirão exatamente aos propósitos do cliente.

Seja o que for que ele peça, tenho como atendê-lo. Não vou empurrá-lo para o interior de algo que ele deteste e, então, trancá-lo ali. Mas um carro à mão, tanto para ele como para mim, merece todo empenho.

Agora, suponhamos que eu conduza o cliente de volta para um local onde já se encontra o carro para a "entrega antecipada" ou de amostra. Ele olha o modelo e diz: "Eu queria um cinza, não azul-claro." Então, digo-lhe como o carro parece ótimo e como representa o último modelo, e que ele terá de aguardar uma semana para obter um carro que só se diferencia daquele que lhe é apresentado por um pequeno detalhe. Nesse meio-tempo, ele já está com as chaves do carro nas mãos. Talvez eu também venha a insinuar que o pessoal da agência cometeu um engano, e peça desculpas por isso. Agora, se a pessoa bate o pé e diz "Nada feito", "Quero o que escolhi", aí talvez você esteja às voltas com um problema. Mas o carro não é como o vestido de sua mulher, por exemplo. Uma pessoa está dentro de um carro grande parte do dia. Além disso, nenhuma das cores com que os fabricantes de carros da Chevrolet pintam seus modelos é ruim.

Se você não está no negócio de carros, pode pensar: "Bem, isso é um truque sujo." Nem sempre entendi a arte de vender – na verdade, quando comecei na profissão, era bem ingênuo. Mas, depois de ter vendido 12 mil carros e camionetas, entendo esse negócio um pouco melhor. Vamos supor que um cliente deseje um Monte Carlo prateado com todo o equipamento opcional. Ora, disponho de um em estoque com todos os complementos que o cliente deseja... só que a cor é azul-claro. Assim, peço um prateado na fábrica. Isso significa que pode levar algumas semanas até que o cliente receba o produto. Nesse meio-tempo, um amigo lhe diz que ele poderia ter comprado um Ford Focus. Então, sai em busca desse modelo. Talvez decida comprá-lo, em vez do meu Monte Carlo. Ele pode resolver viajar de férias ao Havaí e cancelar o pedido do carro para dispor do dinheiro para a viagem. Ou quem sabe sua filha lhe anuncie que vai se casar e ele ache que precisará de dinheiro para os preparativos e outras despesas relativas ao casamento. Já ouvi clientes meus dizerem que sua sogra morará com eles e que necessitam de dinheiro para acrescentar mais um cômodo à suas casas. O carro terá de ficar para outra oportunidade, talvez o ano seguinte. Acredite no que lhe digo: tenho escutado os mais diversos motivos para cancelar o pedido de um carro que está sendo providenciado. Deixe que lhe explique outra faceta da venda de carros. Quando um cliente decide comprar um carro novo, o primeiro e mais importante fator é o carro (isto é, a opção quanto ao estilo); o segundo fator é o preço (o preço dele é bom? Tenho condições de adquiri-lo?); e o terceiro fator e menos importante é a cor. Algumas pessoas podem saber exatamente que cor desejam. Outras podem pensar somente que desejam certa cor. Com freqüência, uma pessoa virá à agência pensando que gostaria de um carro branco, por exemplo, mas, quando vê um marrom, decide que preferiria ter um carro desta cor. No caso do cliente que desejava o Monte Carlo prateado, se tivesse podido contar com um azul-claro bem limpo e pronto, as probabilidades seriam as de que esse cliente se sentisse muito feliz com ele – por estar ali à mão, por não ter de ficar esperando pelo outro e poder levar o carro para casa no mesmo dia. O que um cliente adquire é um carro a um bom preço. A cor não tem influência alguma sobre o valor que ele está recebendo em troca de seu dinheiro. Minha sugestão a qualquer vendedor é entregar seus produtos nas mãos do cliente tão logo quanto possível, após ele ter tomado a decisão de comprar. Isso fará vendedor e cliente muito mais felizes.

Lembre-se: antes que eu coloque alguém num carro novo sem ter recebido dinheiro algum por ele ainda, já conheço o bastante sobre essa pessoa. Estivemos sentados no escritório e o cliente falou bastante e lhe fiz algumas perguntas. Sei onde ele trabalha e há quanto tempo, onde mora e talvez se a casa lhe pertence ou está perto de ser sua inteiramente. Não vou colocar um carro novo nas mãos de alguém que aja como um trapalhão ou se pareça com um. *E que me diz de um trapaceiro?*, você pode perguntar. Mas está esquecendo que o cliente não vem à loja para roubar um carro de mim. Ele está relutante e tento superar essa relutância dando-lhe exatamente o que ele deseja, de um modo que o fará chegar a uma decisão firme. Ninguém me ludibriará numa situação como essa. E atente para o seguinte fato: nunca fui vítima de calote ao empregar o método da entrega antecipada.

Pense de novo acerca do efeito de uma entrega desse tipo. Ouça o que um cliente diz quando o faço entrar num carro novo: "Você está me dizendo que me entrega este carro sem que eu obtenha o OK do banco?" Quando lhe respondo: "Sua palavra vale bastante para mim", conquisto-o de vez. É claro que, imediatamente antes de ele sair com o carro, pergunto-lhe o nome da companhia de seguros que cobre seu carro, porque terá o seguro de nosso carro também. E não se esqueça de que temos o carro desse cliente em nosso lote, e que isso vale algo também. Não faria a entrega antecipadamente sem ter a certeza de que isso representa um risco válido e um bom investimento. Se algo acontecer ao carro, o cliente sabe que ele não é seu e que é responsável por ele. Mas não sou advogado. Dessa forma, procure certificar-se como tal sistema opera em sua cidade.

A ENTREGA ANTECIPADA SURTE RESULTADO PARA INÚMEROS VENDEDORES

Se você vende outras coisas que não são carros, a entrega antecipada pode funcionar até melhor para você do que para mim. Certa vez, conheci um homem que consertava e vendia aparelhos de televisão, e que usava esse expediente com muita eficácia. Digamos que você o chamasse e lhe pedisse para consertar seu aparelho. *Qual o defeito?*, ele indaga. E você, então, responde que há muito chuvisco e a imagem escurece e ninguém pode ver nada direito. Ele pergunta pelo tempo de uso do aparelho, que outros defeitos apresenta e assim por diante. Então, ele diz que levará o aparelho para consertar e que gostaria de trazer outra televisão para que você e sua família possam usar enquanto a outra está sendo consertada na loja.

Você pode imaginar como a coisa funciona a partir daí. As probabilidades são de que a televisão antiga valha uns $20 hoje em dia, e talvez precise de um tubo de imagem de $80. Em seu lugar, o técnico-vendedor deixa, provisoriamente, uma televisão de tela plana no valor de $1.000. Caramba! Uma televisão de tela plana! Vai levar vários dias para consertar o outro aparelho e sua família se sente excitada com a oferta desse "emprestador". Só que todos podem apostar que não se trata de um empréstimo. Quem vai querer voltar a ter uma tevê usada depois de ter visto as imagens da nova tevê? Mas meu amigo não pretende deixar uma tevê de tela plana com alguém que viva, por exemplo, num barraco ou num quarto de pensão onde suas malas ficam retidas pela dona quando o aluguel está atrasado. Ele já sondou o crédito de tal pessoa após o chamado e quando vai à sua casa.

Quando o aparelho antigo já está consertado, também já está estabelecido um acordo de compra à prestação que permite ao cliente trocar sua televisão antiga por uma de tela plana talvez por apenas $40 mensais. Quem nessa família permitirá que o papai recuse essa oferta e continue a ficar com a tevê antiga?

Adoto esse sistema, e o vendedor de tevês também. Você pode empregar esse sistema com tudo, exceto com um filé. O primeiro *smoking* que tive me foi vendido pelo homem a quem recorri para alugar um; ele apanhou um modelo novo do seu estoque e começou a fazer as marcações com giz. Insisti em dizer que só desejava alugar um *smoking* para ir a um casamento, e ele me disse para não me preocupar, porque precisava colocar outro modelo novo de *smoking*, do meu tamanho, em seu estoque de roupas a alugar. Ele deve ter me compreendido muito bem, porque me agradou saber que eu estava usando um modelo novo e me caía à perfeição, simplesmente pelo preço que pagaria por um alugado. Quando peguei o *smoking* após terem sido feitas as devidas alterações, vesti-o de novo para ter certeza de que assentava bem. Ele me fez colocar também uma camisa adequada para a ocasião, uma gravata, tudo enfim que complementa um *smoking*, e a impressão foi ótima. Você imagina o que aconteceu logo em seguida? Ele começou por perguntar quantos filhos eu tinha, e quantos outros garotos meus parentes tinham. E, antes que me desse conta, ele havia "provado" a mim que, com tantas cerimônias de casamentos que eu teria de freqüentar nos próximos anos, não poderia me permitir alugar algo tão barato como pudera comprar aquele terno tropical de seda brilhante. "E veja como lhe veste bem!", disse o homem.

Costuma-se dizer que é mais fácil vender a vendedores do que à maioria das outras pessoas, e isso talvez seja verdade, mas o que aquele homem que alugava *smokings* me demonstrou era verdadeiro. E, mesmo que a coisa não tenha dado certo de acordo com os cálculos, o que paguei pela roupa pelo menos me salvou do contratempo de ter de ir a uma loja e alugar um *smoking* todas as vezes que necessitasse ir a um casamento ou banquete.

Quando falo sobre empregar o método da entrega antecipada para vender um carro, você pode pensar que estou evitando mencionar preços. Isso não é verdade. Orgulho-me de oferecer os melhores preços da praça e gozo dessa reputação. Mas como já disse reiteradas vezes, a questão de comparar preços de carros é praticamente impossível para um cliente por causa da ampla variedade de modelos e opções. Há mesmo algumas cores de carros que têm um custo maior que outras.

A questão é que quase nunca dois carros que venham da fábrica têm exatamente o mesmo preço. É possível haver dois carros idênticos, mas isso quase nunca ocorre na mesma região ao mesmo tempo. O que isso significa é que, se um cliente que tenha estado visitando agências nas redondezas me procura trazendo um preço, o valor que menciono raramente será, com exatidão, referente ao mesmo carro. Assim, há confusão, e desalento. Não procuro confundir o cliente. Não tenho por que agir assim. Se lhe apresento um preço muito mais baixo, isso se dará por dois motivos. Ou o carro que tenho à disposição, que pode ser muito similar, custa menos, ou estou disposto a ganhar menos sobre o carro que vendo ao cliente, ou ambos os motivos. O certo é que, devido ao fato de vender tantos carros, posso me permitir ganhar uma margem menor em cada um deles. Um bom número de vendedores visa a um lucro elevado por carro porque não sabe o que sei acerca de garantir um grande afluxo de clientes em potencial. Eles não entendem que, se você conta com dez ou 12 pessoas que vêm diariamente à sua procura, pode ganhar muito mais dinheiro oferecendo melhores negócios do que se atendesse somente a dois ou três por dia.

Há ocasiões em que não posso reter um cliente, e lhe digo para ir consultar dois outros revendedores. Nesse caso, eu lhe digo que penso poder baixar o preço deles em $1.000. Bem, isso talvez seja ir longe demais. Mas o fato é que não encosto o cliente na parede. Eu o deixo ir, porque sei que ele acabará voltando. Quando isso acontece, ele tem de me dizer os preços que obteve dos outros negociantes. De outro modo, eu lhe digo, não sei como compará-los. Uma vez ciente dos preços que ele obteve de outros, posso derrotá-los ou não. É muito improvável que eu possa abater $1.000 de seu lance mais baixo. Vez ou outra, um cliente pode simplesmente obter dois preços muito elevados, talvez elevados demais porque os vendedores se mostraram gananciosos e julgaram que tinham marcado um tento. Mas geralmente posso sugerir $50 ou $100 a menos que seu preço mais baixo.

O cliente ouve meu preço e diz: "Mas você me disse que podia me fazer um abatimento de $1.000 e tudo que me oferece agora são $100 a menos." Bem, eu estou me referindo a um carro com equipamento extra, e friso isso ao cliente. Ou posso dizer: "Ouça, eu não sabia que o senhor era um comprador tão bom. Já conseguiu os dois preços mais baixos da cidade. Eu simplesmente não posso abater mais do que fiz." E isso provavelmente é verdade. Está bem, eu lhe falei em $1.000, e isso o trouxe de volta. Agora, menciono apenas $100 de abatimento. Será que perderei esse cliente? Provavelmente não. Já o agradei dizendo-lhe quão bom comprador ele é. Além disso, há aquele velho provérbio chinês que diz *$100 são $100*. E ganho o cliente por isso.

AS PALAVRAS MÁGICAS

O que os clientes desejam ouvir são minhas palavras mágicas: "Tenho um preço melhor a lhe oferecer." E, no caso de quase todas as pessoas que primeiro fazem um giro pelas lojas para pesquisar preços, posso fazer tais palavras soarem eficazmente. Certamente *desejo* isso em todas as ocasiões. Porque desejo vender um carro, mesmo se isso vier a reduzir um pouco minha comissão na venda. Afinal de contas, uma pequena parte de algo é melhor do que uma grande parte de nada, e os números são bons o bastante em meu negócio para valer a pena derrotar o preço dos outros de modo legítimo, com tanta freqüência quanto puder. Ganhar dinheiro me faz muito feliz. Poupar dinheiro faz o comprador sentir-se muito contente. Supero o melhor preço dado ao cliente e todo mundo fica feliz.

Algumas vezes, fazer o preço baixar bastante não é uma questão apenas de reduzir a margem de lucro e a minha comissão em uns poucos dólares. Às vezes, a fim de mencionar um preço baixo, posso ter de dissuadir o cliente quanto a algo opcional como um motor maior ("Para que o senhor quer um consumidor de gasolina como este?") ou uma certa compressão do eixo traseiro ("Isso vai lhe poupar apenas $1 por ano de gasolina") ou o ar-condicionado. "Ele irá custar-lhe cerca de $50 toda vez que precisar ligá-lo; afinal, quantos dias faz realmente muito calor por aqui?")

Mas, seja o que for que eu faça para vender um carro a um cliente, ele sabe que acaba de fazer uma transação honesta ao sair com o veículo da loja. Ninguém jamais me acusou de deturpar o que vendo, tampouco saiu da Merollis Chevrolet com algo comprado comigo e que tenha achado que adquiriu gato por lebre. Minha reputação é por demais valiosa para que eu venha a agir incorretamente. E isso é verdade também para a maioria dos vendedores que já conheci neste ramo de negócio, não importa o que as pessoas digam em contrário.

Algumas vezes, os vendedores se sentem tentados a usar de artimanhas com um cliente em matéria de financiamento e pagamentos. Isso é a pior coisa que você pode fazer, mas ocorre, com freqüência, nos dias de hoje. Para muitos clientes, o problema do preço total é secundário em relação à pergunta: "Quanto por mês?" Muito bem, agora pense apenas em como isso pode funcionar. Um cliente deseja certo modelo de carro. O vendedor percebe que essa pessoa não se preocupa com outra coisa que não as prestações mensais. Assim, em vez de procurar vender-lhe um carro que o cliente pode realmente adquirir, o vendedor sobrecarrega o preço com equipamentos opcionais. Quando chega a ocasião de determinar o valor do empréstimo relativo ao carro, o cliente diz que gostaria de pagar como da vez anterior, talvez $300 por mês. O vendedor diz: "Nós conseguiremos isso para você." E, quando, algum tempo depois, o carnê chega da financeira, a prestação é de $450. Se o cliente assinou o documento porque confiava no vendedor, ele está em apuros. Mas o vendedor também está, porque prejudicou alguém em seu orçamento e isso talvez por três ou mesmo quatro anos. Ninguém adquire somente um carro em sua vida. Mas aquele vendedor irá vender àquele cliente apenas uma vez, e será malvisto por 250 outras pessoas.

Não desejo que isso me aconteça. Eis por que, quando fecham seus negócios comigo, meus clientes sempre sabem exatamente o que adquiriram, o valor e a quantidade de prestações. Algumas vezes, um vendedor atenderá o cliente quanto ao valor das prestações, mas esticará o prazo para quatro anos, em vez de dois. Se o cliente sabe o que está obtendo quando assina a fatura, tudo bem. Mas se só vem a descobrir quando recebe o carnê do banco, isso significa que o vendedor o lesou de fato.

Não estou dizendo que haja alguma coisa errada em tentar negociar algo mais com o cliente. Sempre faço isso quando posso. Por vezes, telefono para a casa de um cliente depois de ter feito sua compra comigo, tentando vender-lhe um equipamento extra que ele pode querer em seu carro, tal como um rádio melhor ou um conjunto melhor de pneus. Mas ele sabe o que está obtendo e, caso responda que não lhe interessa, tudo bem. Quanto a pagamentos mensais, posso dizer ao cliente que o que ele quer irá custar mais. E, se ele deseja pagar as prestações na mesma duração de tempo em que fez com seu carro anterior, talvez tenha de reformular seu orçamento e acrescentar alguma quantia, porque tudo aumentou e os pagamentos terão de sofrer algum acréscimo. Ou, talvez, mantendo-se a mesma quantia, o prazo do crediário irá consumir outros seis meses ou um ano. Isso faz parte da venda. Se o consumidor não pode arcar com a mesma, não vou querer que o faça. Não desejo que essa pessoa tenha seu carro retomado depois, porque, então, terei perdido e a seus amigos e parentes para sempre, e não posso me permitir tal coisa.

Ainda que você seja muito hábil em persuadir um cliente a comprar mais, assegure-se de que ele saiba o que está assinando antes que seja tarde demais. De outro modo, você terá feito uma venda ruim. E isso não afetará somente a você, ao prejudicar seus clientes; também estará me prejudicando, porque a má reputação de um vendedor afeta a nós todos. Assim, não polua nosso ambiente com truques baratos.

Lembre-se de que ninguém – nem mesmo eu – vende a todo mundo. Você não tem de torcer o braço de alguém ou lhe contar mentiras para ganhar a vida no negócio de vendas. Tudo que tem a fazer é usar a cabeça e plantar muitas sementes e encher todos os assentos da roda-gigante de que já lhe falei. Se o fizer do modo certo, será capaz de obter ótimos rendimentos e viver em paz com sua consciência. Já provei que isso é possível.

Encerramento da venda: se o cliente chegou a esse ponto, é porque deseja comprar. Nunca se esqueça disso. Dessa forma, você lucrará bastante.

18

Como ganhar após encerrar a venda

A primeira coisa que faço após ter efetuado uma venda é preparar uma ficha relativa ao comprador com tudo o que sei sobre ele e acerca do que adquiriu. Ao mesmo tempo, uma carta especial de agradecimentos é remetida ao cliente. Presumo que isso seja algo bastante óbvio a ser feito: agradecer ao cliente por ter comprado comigo. Mas você se surpreenderia se soubesse quantos vendedores não fazem isso. O que equivale a dizer que o meu "obrigado a você" é apreciado naquela casa, pelo fato de ser algo tão raro.

Meu bilhete de agradecimento diz ao cliente quão feliz fiquei em lhe vender o carro desejado. Isso também o leva a se lembrar de que pagarei $50 por pessoa que ele me enviar a fim de comprar um carro. Essa é uma boa ocasião de lhe lembrar acerca de se tornar um "perdigueiro". Quando ele recebeu o carro, você, naturalmente, tocou no assunto, e agora estará relembrando a ele, quando ele está exibindo seu novo carro e falando sobre ele aos vizinhos e colegas de trabalho. Tenho por norma enviar a carta de agradecimentos no mesmo dia em que efetuo a venda; assim, nunca me esqueço disso.

Um grande número de vendedores deseja dar as costas a um cliente tão logo lhe tenha entregue o carro novo. Se alguma coisa não funcionar bem nesse carro e a pessoa que o comprou volta com ele à agência, alguns vendedores chegam até mesmo a se esconder do cliente. Encaram as reclamações e problemas do cliente como aborrecimentos que acabarão por passar. Mas esta é a pior atitude que você pode tomar.

Encaro isto do seguinte modo: problemas de reparos e outros tipos de queixas de clientes normalmente fazem parte de todo negócio, não importa o que você venda. Se você souber lidar com eles adequadamente, isso poderá ajudá-lo a vender muito mais no futuro. Quando um carro novo dá entrada na agência com um problema sério de funcionamento, o departamento de reparos sabe perfeitamente que espero ser informado disso se tiver vendido esse veículo. Irei até o cliente e procurarei acalmá-lo. Direi estar certo de que o trabalho de reparo será feito adequadamente, e que ele ficará satisfeito com tudo que diz respeito ao carro. Isso faz parte de meu trabalho. E, se o cliente tem ainda problemas piores, minha função é ficar a seu lado e certificar-me de que o carro desse cliente volte a funcionar como deve. Lutarei por esse cliente com os mecânicos, o distribuidor e a fábrica.

Se alguém compra um "abacaxi" de mim – e isso *pode* acontecer –, então converterei esse "abacaxi" num "pêssego". Farei o que for necessário para conseguir o carro certo. Algumas vezes, chego até mesmo a fazer um investimento de meu próprio bolso. Muitas agências de automóveis, por exemplo, não garantem o alinhamento das rodas, mesmo se tratando de um carro novo. Afinal de contas, uma pessoa topa com um buraco ou faz uma curva mais fechada no primeiro dia em que dirige o carro novo e aí o alinhamento pode se romper. Mas, se um cliente volta à agência e me pede que seja feito o alinhamento devido, certifico-me de que ele seja atendido e pago o serviço de meu próprio bolso. Isso me custa somente cerca de $50 deduzíveis das taxas, e faz o cliente sentir que realmente desejo vê-lo contente. (Mas também digo, polidamente, a esse cliente que ele não deve contar com um segundo atendimento grátis.)

O valor de nos colocarmos do lado do comprador é óbvio. Me torno seu amigo, e ele pode voltar a me procurar quando desejar um carro novo. Além disso, falará bem de mim a outras pessoas se eu lhe der cobertura na hora certa. Este é um dos melhores meios de converter clientes em pessoas confiantes, que acreditam em você, em seus interesses e em sua satisfação pessoal.

Encaro um cliente como um investimento a longo prazo. Não venderei apenas aquele único carro e depois mandá-lo passear quando não se mostrar satisfeito com o que comprou. Espero lhe vender todos os carros que ele venha a comprar futuramente. E desejo vender a seus amigos e parentes. E, quando chegar a época, espero vender carros a seus filhos também. Assim, quando comprar comigo, gostará dessa experiência e se lembrará dela e de mim. Também falará a respeito a todos que encontrar pela frente que precisem de um carro. Encaro cada cliente como se ele fosse uma renda anual para o resto de minha vida. Assim, eles têm de ser felizes e acreditar em mim.

Penso que as pessoas compram comigo porque estão cansadas de ser tratadas com precipitação ou rudeza. Elas estão fartas de ter prejuízos. Sabem o que lhes acontece quando um vendedor lhes arranca um preço alto demais e depois se afastam e se escondem quando elas necessitam de sua ajuda para reaver o carro em perfeitas condições. Sim, elas sabem o que acontece. Elas podem ter sido enganadas uma vez. Tudo que você tem a fazer é dar as costas a um cliente uma vez para ele logo vir a saber que foi mal atendido, que mentiram para ele e o ludibriaram.

Mas isso não ocorre com meus clientes. Quando alguém aparece numa agência e demonstra pressa porque necessita com urgência de um carro, alguns vendedores se sentirão tentados a "explorá-lo" bastante. Eles tirarão vantagem dessa necessidade imediata e procurarão conseguir um preço polpudo, talvez $600 a mais do que o cliente teria de pagar se visitasse outras lojas com mais calma. Mas ele não dispõe de tempo para tal. Quando me deparo com um cliente nessa situação, não posso lhe entregar o carro. Por que agiria assim? Se ele está disposto a fechar um negócio depressa sem olhar bem a mercadoria, obterei um bom lucro para o revendedor e para mim, claro. Isso é evidente e ótimo para todo mundo. Mas não espremerei um cliente simplesmente porque ele precisa de algo com urgência. Encare a coisa deste modo: uma pessoa que está com pressa e disposta a pagar mais do que deve descobrirá bem cedo o que fizeram com ela. E, então, essa pessoa se enfurecerá e passará a falar o diabo do carro, do distribuidor e do vendedor. Quem deseja isso? Não eu, e posso provavelmente me dar ao luxo de sofrer alguns prejuízos. Mas você nunca sabe quem irá lhe custar a perda de uma grande renda anual. E, além disso, aprecio muito quando meus clientes estão felizes. Isso me faz feliz também.

FAÇA UM ABACAXI SE TRANSFORMAR NUM PÊSSEGO

Quando um cliente entra no departamento de manutenção e reparos guiando um autêntico carro-problema, isso exigirá de mim e de meu pessoal um grande consumo de tempo e energia para fazer chamadas telefônicas e encontrar os lugares certos onde conseguir o necessário para apressar o reparo do veículo. Comprar de mim pode valer o mesmo que $500 ou mais do que comprar com outro vendedor, justamente por causa do modo como cuido dos clientes que têm problemas. Não faço um cliente pagar mais por esse tipo de serviço de qualidade. Ele o obtém sempre, não importa o valor da transação que faça comigo. Não anoto em sua ficha que ele comprou barato de mim e que não tenho de fazer alguma coisa mais por ele. Todo mundo recebe a mesma qualidade de atendimentos de minha parte.

Penso que isso pode ser válido em qualquer ramo de negócio. Se compro um terno em uma liquidação, espero que me sirva tão bem como se eu o tivesse comprado a um preço alto. E, se tenho a impressão de que na loja estão tentando evitar fazer alterações na roupa para ajustá-la devidamente, insistirei com eles para que a ajeitem conforme desejo. E me lembrarei do tratamento recebido naquele estabelecimento quando desejar comprar outro terno.

Manutenção e reparos em carros representam um grande mistério para muitas pessoas. Nos velhos tempos, carros eram simples e todo menino pensava que sabia tudo a respeito de seu funcionamento e como consertá-los. Mas nos dias atuais, carros são bem mais complicados. Mesmo que os carros atuais sejam melhores, muitas pessoas se sentem de mãos atadas, sem saber o que fazer quando alguma coisa falha. Conheço algumas pessoas que freqüentaram um curso noturno de reparos em automóveis, justamente para que pudessem saber o que os mecânicos dizem sobre as falhas de seus carros.

Isso nos traz de volta aos "abacaxis". Esses podem acontecer. Não com muita freqüência, mas acontecem: talvez o inspetor da fábrica tenha sofrido uma ressaca violenta ou um fornecedor se tenha equivocado acerca de um detalhe da estrutura de montagem. Não estou querendo responsabilizar ninguém dessa indústria. Mas, às vezes, um carro sai da linha de montagem com uma série completa de coisas falhas. Ele pode funcionar bem o bastante para sair da linha de montagem e entrar no lote a ser distribuído, e passar por uma inspeção final. Mas, depois, algo pode vir a falhar. Suponho que se trate apenas de uma questão de probabilidades. Um carro pode necessitar de ajustamento para a transmissão; outro está com um pistom que não se ajusta a seu cilindro; outro ainda tem um mecanismo do eixo dianteiro defeituoso. Eles podem localizar e consertar tais defeitos muito facilmente. Mas o que acontece quando uma em duzentas mil vezes todas as falhas acontecem com o mesmo carro? Aí você tem um "abacaxi".

Um cliente aparece trazendo um carro com defeito e ele é consertado. Então, poucos dias depois, outro defeito surge, e aí está o cliente de volta. Em muitas revendedoras, a atitude do pessoal é esta: "Olha aí está de novo aquele cara chato." Bem, deixem que eu lhe diga que, quando um cliente adquire um "abacaxi", as únicas pessoas culpadas são as que não agiram direito com ele.

Não é tão fácil assim cuidar de carros defeituosos. Procuro manter relações cordiais com o pessoal do departamento de reparos, pagando a eles seu café da manhã, dando presentes quando suas mulheres dão à luz e coisas desse gênero. Mas essas são despesas de negócios, porque conto com elas quando um de meus clientes vem à loja com problemas em seu carro. Também conheço as pessoas certas que devo contatar nos escritórios da Chevrolet. E, quando nada mais dá certo, telefono para alguém mais na cidade para ter certeza de que meu cliente obtenha o que lhe é devido.

Tudo isso me custa dinheiro e consome boa parcela de tempo. Mas acho que não tenho escolha. Pense simplesmente em alguém que está num ataúde dentro de uma capela, e observe todas as pessoas que lhe vêm prestar as últimas homenagens. Um homem vai até sua casa, faz a barba, muda de roupa e talvez renuncie a uma noitada no clube de boliche para ver seu amigo pela última vez. Pense no poder compulsivo que é exercido por essa pessoa que jaz naquele ataúde. E haverá cerca de 250 pessoas mais que procederão da mesma forma que aquele homem para ir ver o falecido. Todos têm esse tipo de poder catalisador, e nenhum de nós na profissão de vendedor pode se permitir o risco de desagradar um só cliente que seja, por causa dessas 250 pessoas por ele influenciadas.

Como você sabe, as pessoas falam bastante sobre carros. Em muitas partes do país, esse é o tema favorito de conversas entre as pessoas, até mesmo mais do que as mudanças de tempo. E aquilo em que penso constantemente é que em alguma parte, pessoas estão contando uma história sobre como adquiriram um carro novo e tudo que depois começou a sair errado com ele. Essas pessoas continuam a voltar à oficina para reparos em seus carros, mas estes nunca são consertados direito; assim, elas nunca mais comprarão de novo aquele tipo de carro. E, então, o interlocutor começa a contar a mesma história, só que termina por dizer: "Falei com meu vendedor, Joe Girard, sobre meus problemas e, sem que me desse conta do que acontecia, meu carro estava funcionando melhor do que quando o comprei." Sei que as pessoas dizem coisas assim sobre o modo como as trato, porque tenho ouvido comentários sobre isso em diversos lugares. Todas as vezes que pessoas aparecem na agência e citam meu nome, sempre pergunto a elas como ouviram falar a meu respeito. Isso é uma grande abertura. E você se surpreenderia com o número de pessoas que mencionam que alguém mais lhes falou sobre os bons negócios e a qualidade de tratamento que obtiveram de mim.

Não quero chegar a ponto de fazer crer que isso seja uma espécie de vara de condão, mas, certamente, surte um bom resultado na profissão de vendedor. E pode ter certeza de que beneficia bastante meus negócios.

Espero que, a esta altura, você já tenha compreendido que faço inúmeras coisas que outros vendedores não fazem. E também espero que entenda que o que faço é válido para todo mundo. Sou útil a meus clientes, que sabem que me preocupo realmente com eles, e acreditam em mim. Mas não faço tudo isso por amor. Eu o faço por dinheiro. Com freqüência, venho dizendo que a coisa de que gosto mais no mundo é dormir bem. É meu hobby, e minha ocupação predileta. Logo, quando tenho de me levantar da cama de manhã, alguém me compensará por isso.

Mas, quando procuro tratar bem meus clientes, ninguém se sai com esta depois: "Girard não agiu com sinceridade. Ele só visa ao dinheiro." Só digo o que realmente tenho de dizer, e faço isso *também* para ganhar dinheiro. Mas é muito mais agradável ser gentil com os clientes do que tratá-los como pessoas chatas e pechincheiras, e procurar se esconder deles quando surgem com algum problema. Você ganhará muito mais dinheiro fazendo seus clientes acreditarem em suas palavras.

Conheço um homem que costumava comprar todas as suas roupas numa certa loja, das mãos de um determinado vendedor. Ele sempre entrava na loja após ter olhado algo na vitrine que o agradasse. O vendedor estava sempre pronto a atendê-lo e permanecia a seu lado todo o tempo. Esse meu conhecido comprava dois ou três ternos todos os anos com o mesmo vendedor – ele nem precisava fazer essas compras, porque praticamente não usava ternos em seu trabalho. Mas o vendedor se dava ao trabalho de encontrar exatamente o terno de que meu amigo gostara e providenciava sempre um exemplar igual com o alfaiate da loja quando o homem comprava. E, algumas vezes, dizia a meu conhecido, quando esse aparecia na loja, que não pensava que houvesse alguma coisa nova de que viesse a gostar. Isso era quase um desafio lançado ao cliente para que provasse que ele, vendedor, estava enganado.

De qualquer modo, certo dia, esse meu amigo entrou na loja e perguntou por seu vendedor habitual. Alguém, então, lhe disse que ele se aposentara e, após dar essa informação com indiferença, se afastou. Meu amigo ficou alguns instantes olhando aqui e ali os ternos pendurados nos cabides da loja e chegou mesmo a experimentar um paletó. Mas ninguém veio atendê-lo, procurar saber o que queria. Finalmente, ele saiu e nunca mais voltou àquela loja. E agora me digam se o relacionamento entre o vendedor e o cliente é ou não é importante.

Vendo algo que centenas de milhares de outros vendedores vendem. *Um Chevrolet é um Chevrolet,* talvez você esteja pensando. É possível comprá-los em qualquer cidadezinha do país. Eles são todos iguais. Certo? Errado, amigos! Um Chevrolet vendido por Joe Girard não é apenas um carro. Ele significa um relacionamento pleno entre mim, o cliente e sua família, seus amigos e as pessoas com quem ele trabalha. Cerca de 250 pessoas.

Você deve estar pensando que já ouviu tudo isso antes. Mas insistirei em repetir, porque acredito nisso e sei que é o certo. Trata-se da coisa mais óbvia deste mundo para mim, e torna minha vida profissional muito interessante e proveitosa. Mas, mesmo sendo óbvia, insistirei em frisá-la, porque, ainda que seja evidente para mim, não deve sê-lo o bastante para alguém mais. De outro modo, como é possível que existam tantos vendedores que mal conseguem ganhar para seu sustento, e tantos clientes que pensam que todos os vendedores são espertalhões ricos?

Já disse a você quão importante é a fase pós-venda. Contei-lhe como sempre envio meus agradecimentos a cada cliente atendido. Dei-lhe uma noção de como zelo por meus clientes quando eles têm problemas com os carros que lhes vendo. Assim, você tem uma idéia de como me ponho ao lado desses clientes tanto quanto possível. Não só ajo como descrevi, como também faço outra coisa.

MANTENHA-SE EM CONTATO COM OS CLIENTES

Mesmo que não receba mais notícias de um cliente após a venda, permaneço em contato com ele. Há muitos vendedores que recebem suas comissões e, então, se esquecem do cliente, especialmente se não há problema algum com o carro vendido. Mas como você pode imaginar, encaro as coisas de outro modo. Se vendo um carro a alguém, essa pessoa receberá meu cartão de agradecimento e obterá minha ajuda junto ao departamento de reparos, caso necessite. Mesmo que não venha a necessitar dessa ajuda, no entanto, meus clientes terão notícias minhas.

Algumas poucas semanas (ou meses) após eu ter efetuado a venda, repasso as fichas dos clientes novos e começo a contatá-los pelo telefone. Você pode pensar que isso é algo incômodo, mas, para mim, se trata de indagar sobre futuros negócios e assegurar-me de que vou consegui-los. Pense simplesmente na experiência típica de uma pessoa comum que compra um carro de um vendedor comum. Quando a transação está completa, o cliente sente-se aliviado justamente por sair de uma vez da agência.

Com meus clientes, é diferente. Empenho-me bastante, e eles sabem disso. Quando a venda é feita, eles se sentem aliviados também, mas não por terem escapado das garras de um vendedor renitente; seu sentimento de alívio tem a ver com o fato de que passaram por uma experiência em que se mostraram de início muito receosos e acabaram por ficar satisfeitos em razão de tudo ter saído melhor do que esperavam.

Então, pego o telefone e pergunto ao cliente como está indo o carro que comprou de mim. Em geral, telefono durante o dia e quem vem atender é a mulher do cliente. Se não os tiver visto mais desde a ocasião da entrega do carro, então calculo que não tiveram nenhum problema com ele. A mulher do cliente dirá que o carro está ótimo. Perguntarei-lhe se não houve problema algum. E trato de lembrá-los de vir à oficina para uma série de *check-ups* necessários para a garantia do vendedor na operação realizada. E também lhe digo para se assegurar disso e dizer a seu marido que, se tiver qualquer problema com o carro, se produzir algum ruído diferente, qualquer problema de quilometragem, ou o que quer que seja, que traga o carro em meu local de trabalho e me procure. Então, pergunto a ela se sabe de alguém que esteja querendo comprar um carro. Sugiro amigos e parentes do casal e lhe recordo que pagarei $50 por qualquer cliente que me enviarem. Se ela responde que seu cunhado esteve falando na noite anterior acerca do mau estado em que está seu automóvel, peço a ela o nome e o endereço dessa pessoa. E também lhe peço para dizer a seu parente que lhe telefonarei mais tarde. A seguir, recordo mais uma vez os $50 de gratificação e me despeço.

Ora, as probabilidades são de que essa senhora dirá a seu marido que telefonei e perguntei por eles, e se o carro estava 100%. Se ele nunca comprou comigo antes, chega a ficar perplexo, porque ninguém imagina que vendedores, especialmente os de carros, ligam para clientes após lhes venderem algo. E talvez eu ainda seja capaz de vender ao cunhado da dita senhora um carro. Portanto, amplio a cadeia de boa-vontade e bons negócios, porque essa mulher obtém a gratificação de $50 de praxe e seu cunhado torna-se o segundo cliente satisfeito da família. E agora tenho dois compradores garantidos a cada três ou quatro anos.

MEU MÉTODO SURTE OS MELHORES RESULTADOS

Se o que estou descrevendo é assim tão óbvio, como acontece que muitos vendedores nunca praticam isso? Sei que não sou mais esperto que a média das criaturas. E sei que não sou uma pessoa muito atraente. Mas talvez tenha entendido melhor a questão, e apreendido o processo de vendas em sua totalidade. Talvez isso decorra do fato de ter me iniciado tarde na profissão, não ter contado com conselhos e instruções prejudiciais e ter precisado criar meus próprios métodos. Não conheço todo esse manual de instruções que muitos vendedores conhecem, de como se posicionar no salão da loja e aguardar a entrada de um "pechincheiro", um "tipo chato" ou "extravagante". Além disso, talvez minha necessidade de ser bem-sucedido fosse maior. Mas, de uma coisa, tenho certeza: há algo acerca desse momento em que um vendedor finalmente despacha o pedido de compra. Isso lhes ofusca a mente. Eles já conseguiram o que queriam, e se esquecem de todas as coisas inteligentes que deviam saber sobre prosseguir em contato com o cliente e o manter satisfeito em relação a uma próxima venda ou consulta.

Digo isso porque tenho experiência. Compreendo esse anseio de um vendedor em efetuar a venda e botar logo a mão no dinheiro. Compreendo isso tão bem como os outros, talvez até melhor, porque conheço essa sensação o suficiente para evitar que ela me vença. Se ganho $150 por uma hora de trabalho, conheço a tentação de pensar que é assim que a coisa funciona. Mas, quando sinto essa tentação me acometer, também antevejo a cura para ela.

E qual é a cura? Consiste em usar sua cabeça. Ninguém que vende carros faz $150 em uma hora ou mesmo duas. Ou você vem investindo um bocado de tempo e dinheiro promovendo negócios, plantando as sementes, enchendo os assentos vagos da roda-gigante... ou gasta um bom número de horas sem fazer nada. Se você vende um carro por dia e ganha $150, que é uma comissão média elevada, não conseguiu realmente essa quantia por uma hora de trabalho. Você ganhou, no caso, $150 por um dia de trabalho. Bem, isso não é mau. De fato, se você vende um carro por dia, estará bem acima da média como vendedor de carro. Mas não estaria fazendo $150 por hora.

Vendo mais do que cinco carros diariamente, e sou o Maior Vendedor do Mundo, pelo menos é o que diz o *Guinness World Records*. Sei que tenho de gastar um bocado de tempo e dinheiro para realizar isso. Fazer o tipo de negócios que faço me custa uma boa parte de minhas comissões de vendas. Mas vale a pena, porque vendo mais, me sinto bem quanto a meu trabalho e – mesmo com o que gasto para conseguir negócios – ainda consigo guardar mais após pagar os impostos do que qualquer outro vendedor de automóveis do país. Você não vai encontrar nada disso no *Guinnes World Records*, mas juro que é verdade. Assim, se você está me dando sua atenção, mantenha-a, pois isso é tudo acerca de satisfação pessoal e dinheiro. E ninguém pode vir me dizer que todo o esforço exigido para vender aproximadamente 1.400 carros e faturar cerca de $500 mil anuais não vale a pena, isso se você for um profissional de verdade em nosso negócio.

Continue a vender mesmo após o encerramento – o dinheiro chegará mesmo a crescer.

19

Aceite toda a ajuda que puder obter

Já lhe falei sobre tudo que faço para firmar meus negócios, manter o fluxo de clientes que vêm me procurar e comprar carros comigo. Até aqui, você deve estar achando, porém, que nenhum ser humano poderia fazer tudo isso e ainda ter tempo para comer duas vezes por dia e passar em casa para trocar de roupa uma vez por semana.

Vamos observar minha própria história novamente. Em meu primeiro ano completo como vendedor de carros, isto é, 1963, vendi 267 unidades. Qualquer pessoa desse ramo de negócios dirá que um vendedor que vende 267 carros obtém bons rendimentos. Não é um ganhador de prêmios, nem será mencionado no *Guinness World Records*, claro. Mas recebe um bom dinheiro, ontem ou hoje. Meu índice de produção se elevou a 307 no ano seguinte, e a 343 em 1965. Por volta de 1966, comecei a analisar bastante aquilo que estava dando certo para mim e descobri aqueles detalhes que, como podia ver, estavam me proporcionando resultados mais efetivos. Em outras palavras, já aprendera onde se concentravam minhas forças e comecei a usá-las o melhor que pude. Estava, então, usando meu próprio sistema de publicidade postal direta e começava a desenvolver a técnica dos "perdigueiros". E já aprendera, então, que meus clientes não eram "filantes".

Então, como procedi no primeiro ano em que realmente estava operando desprovido de experiência e cuidadosa autocrítica? Como comprovei, no primeiro ano, que não estava mais atuando na base do instinto e dos sentimentos? Em 1965, vendi 343 veículos, mas, em 1966, meu total de vendas subiu para 614 unidades. Estava vendendo muitos carros e caminhonetes, e estava ganhando muito dinheiro. Mas também estava queimando meus miolos, ficando até mais tarde no escritório para cuidar da papelada e dar telefonemas. No fim do ano de 1969, o homem que faz a minha declaração de imposto de renda deu uma olhada em minhas contas e disse: "Joe, você está dando um duro danado e paga metade do que ganha ao governo. Por que não gasta algum dinheiro para conseguir um pouco de ajuda e contratar alguns braços e pernas para auxiliá-lo? Isso custará somente 50 centavos de cada dólar que você gasta. Além disso, será capaz de se concentrar mais no que faz e gosta mais (*encerrar as vendas*), e poderá pagar a outra pessoa para que faça o serviço de rotina."

Agora, atente apenas para o que ele me disse. Estou em dívida com meu contador por ter possivelmente salvo minha vida e, em última análise, fazer com que minhas vendas aumentassem e meu faturamento também. Não posso encontrar melhor exemplo do que esse para qualquer um que tenha atingido uma faixa de impostos tão alta. De fato, tenho conversado sobre esse ponto ultimamente com meu contador, e ele me diz que vendedores que faturam mais de $20 mil por ano trabalhando sozinhos podem se permitir pagar pelo menos a um ajudante que trabalhe em regime de meio expediente. O ponto essencial é que acabou ganhando muito mais dinheiro por cada dólar que gasto com a ajuda de outras pessoas. É como um investimento de capital. Em vez de adquirir uma máquina, compro o tempo de um ser humano para ficar livre para fazer o que faço melhor, isto é, "encerrar um negócio".

Lembre-se de que ninguém vende tudo sozinho. Para vender a seus clientes, você emprega a ajuda de fora, quer pense desse modo ou não. Você usa o telefone, lança mão do serviço dos correios e utiliza os serviços de outras pessoas em sua organização, tais como secretárias, arquivistas, mecânicos, alfaiates etc. Você dispõe de outras pessoas para fazer o que for preciso melhor do que você.

Comecei a recorrer à ajuda de fora quando minha lista de correspondência passou a tomar grande parte de meu tempo de trabalho. Então, contratei estudantes que podiam dispor de parte do dia para cuidar dos prospectos de propaganda e endereçar minhas cartas aos clientes. Você pode não dispor senão de um punhado de nomes em sua lista de correspondência. Mas, se essa lista vem a incluir mais do que algumas centenas de clientes e o número de cartas aumenta, você não poderá dispor do tempo exigido para fazer o trabalho de rotina, a menos que pense que é incapaz de ganhar mais do que $5 ou $7 por hora quando estiver trabalhando. Estou falando sério. É assim que vejo os números. Se você pode ganhar $15 por hora (e estou certo de que você é capaz de ganhar bem mais que isso), ainda assim estará lucrando ao pagar a alguém $5 para fazer parte do serviço burocrático. Porque, mesmo que você consiga ganhar apenas $15 numa hora de trabalho, ainda conta com $10 se contratar alguém para deixá-lo livre para a tarefa mais importante. Isso é matematicamente simples, e não há como argumentar em contrário, a menos que você *goste* de fazer o trabalho extra-venda. E, se é esse o caso, você deve sair desse ramo de negócios. Seria mais feliz não vendendo.

Após ter essa conversa com meu contador, contratei um moço que conhecera algumas semanas antes. Um amigo meu o enviara para aprender acerca do negócio de vendas. Telefonei-lhe e o empreguei para recepcionar meus clientes. Nessa época, muitas pessoas estavam vindo à agência à procura de Joe Girard. Com freqüência, haveria pessoas esperando enquanto me achava atendendo e fechando um negócio com outro cliente. Assim, perdi alguns clientes porque eles se cansavam de esperar e saíam, ou deixavam que outro vendedor os atendesse no salão de exposição. Além disso, estava perdendo clientes com os quais estava prestes a fechar negócio, porque era interrompido por outras pessoas que apareciam no escritório ou me telefonavam. Agora nunca atendo telefonemas quando estou fechando uma venda com um cliente. Disponho de alguém para cuidar desses telefonemas de negócios. E não recebo telefonemas particulares, porque digo a todos para não ligarem para mim no local de trabalho, a menos que se trate de algo muito sério e urgente.

Assim, contratei esse moço para me ajudar. Eu o instruí quanto a atender os clientes e explicar-lhes que me achava impedido de recebê-los naquele momento, mas que meu auxiliar iria ajudá-los na medida do possível. Esse rapaz os entrevistava e selecionava, mostrava-lhes os carros e respondia às suas perguntas. Ele também se incumbia de examinar atentamente a mercadoria escolhida pela pessoa interessada em adquiri-la, e levava essa pessoa no carro para uma viagem demonstrativa. Depois, ele me chamava em meu escritório de encerramento das vendas e me dizia o que apurara sobre tal ou qual cliente em potencial. Treinei-o em apurar as dicas sobre passatempos, viagens, necessidades das famílias desses clientes em potencial e sobre algum sinal de que essas pessoas já haviam procurado outros revendedores de carros. Ele também me dizia em que condições o carro antigo dos clientes estava.

Meus rendimentos aumentaram substancialmente. Ele ganhou dinheiro e eu, idem. Uma vez tendo constatado o valor desse empregado, tive certeza de que era o caminho a seguir. Em 1966, eu já havia vendido quase duas vezes mais carros, sem ajuda, do que um ano antes, mas isso praticamente me levou à estafa. Não poderia realmente ter atravessado outro ano como aquele sem ajuda e não podia parar ainda. Tinha de continuar quebrando recordes. E, após ter superado os recordes de todo mundo, tinha de prosseguir superando o meu próprio recorde.

MEU MAIOR COMPETIDOR

Querem saber com quem entro em competição? Comigo mesmo, Joe Girard. Desejo superar amanhã o que fiz hoje. Não há ninguém mais com quem competir, porquanto já os suplantei a todos. Li um artigo em alguma publicação sobre um homem em Illinois que é tido como o maior vendedor de Cadillac. E presumo que o seja de fato, mas vi sua estatística e percebi que, mesmo os Cadillacs sejam vendidos duas vezes mais que os Chevrolets nos Estados Unidos, não só vendo mais que esse homem numa contagem de 3 a 1 por unidade, mas provavelmente vendo duas vezes mais o valor em dólares. Sei que o que retiro em comissões atinge mais que o dobro do que ele retira. Assim, com quem mais competir senão com Joe Girard?

O único modo como posso continuar a bater meu próprio recorde é gastar um pouco de meu dinheiro para contratar pessoas que me ajudem a aumentar minha produção. De outro modo, alcançaria um limite no qual não seria capaz de progredir mais, o que isso acabaria me matando. Também importaria numa redução de meu volume de vendas e rendimentos. Vender é minha alegria, e o dinheiro, minha recompensa.

Mas o que é mais importante do ponto de vista dos negócios é que você obtenha o maior rendimento possível ao contratar pessoas, a fim de ficar livre para desempenhar seu trabalho mais produtivo. E, se você é um vendedor profissional, seu talento maior e sua maior alegria consistem em encerrar uma venda. Isto é a meta, a vitória, o poder e a glória de vender.

Agora, recorro a meus ajudantes para poder me concentrar, durante a maior parte do expediente, no encerramento das vendas.

Foi em 1970 que contratei meu primeiro empregado em regime de tempo integral, um jovem chamado Nick Renz. Ele ainda está comigo, e agora é meu braço direito, dirigindo a parte administrativa das operações de vendas e me auxiliando em outras aventuras de negócios, especialmente nas palestras para grupos de vendedores e no programa de filmes sobre minhas vendas. Meu filho Joe também trabalha em regime de tempo integral comigo. Cada um recebe um salário que muitos vendedores achariam muito atraente. Pagando-lhes um bom salário, eu, ainda assim, faturo mais do que jamais conseguiria trabalhando sozinho.

A verdade é que, como venho dizendo, nenhum de nós opera como um só homem. Não fabricamos o que vendemos. Muitos vendedores não fazem entregas. Todos atuamos como parte de um gigantesco sistema econômico no qual todos dependem de todos. O jeito é ficar no comando de pelo menos uma parte desse sistema, para que você tire proveito dos esforços de outras pessoas, ainda que lhes pague um preço justo por seu trabalho.

Meu filho Joe acha-se atualmente à frente do que chamo a fachada de nossa organização. Quero dizer, com isso, que ele recepciona nossos clientes, organiza-os em filas para que aguardem sua vez de serem atendidos por mim e obtém todas as informações possíveis sobre eles. Ele é muito mais do que um recepcionista. É o nosso "agente secreto". Mostra aos clientes os carros, descreve suas particularidades, proporciona-lhes um passeio de demonstração e manipula a mercadoria; está atento a todos os detalhes-chave que já mencionei anteriormente. Executa a maior parte da tarefa de procurar descobrir qual é o tipo de pessoa com a qual estamos negociando, quais são seus interesses, o que deseja adquirir, do que está temerosa e o que podemos fazer para lhe vender o que deseja.

Logo após Joe ter feito entrar o cliente em meu escritório, ele me telefona do salão da agência. Fala sobre diversas coisas ao telefone, dando a impressão de estarmos falando de outra pessoa. Mas o que na realidade ocorre é que Joe está me fornecendo seu relatório sobre o cliente que está comigo no momento. Joe me informa a quilometragem do carro do cliente, as condições em que estavam os pneus e todo o tipo de coisas, como um adesivo da Disneylândia, uma caixa vazia de cartuchos de espingarda de caça ou algo mais que me propicie "munição" para desarmar o cliente e conseguir lhe afugentar o receio de comprar o que ele veio adquirir.

Tenho falado aqui bastante sobre esse temor. Mas tente simplesmente imaginar o que um cliente está enfrentando. Ele é provavelmente um homem da classe média, um trabalhador comum, e talvez tenha de gastar cerca de $5 mil em um automóvel. Isso representa tanto quanto ele pode ganhar em quatro meses, o que significa que custa tempo e é difícil esquecer-se desse fato essencial. O que tentamos fazer, nesse caso, é encaminhar seus pensamentos até o ponto onde ele fará essa compra. Ora, temos de ter em mente que ninguém o forçou a vir a nosso local de negócios. Apesar das cartas comerciais, apesar de todo empenho persuasivo dos "perdigueiros", esse cliente não virá procurar-nos senão quando desejar e precisar de um carro. O que tentamos fazer é concretizar sua decisão do modo menos penoso possível. E, quanto mais dados sobre esse cliente Joe me transmitir pelo telefone, mais rápida e eficazmente poderei encerrar a transação com ele e prosseguir atendendo o próximo. Quando falo "eficazmente", quero dizer colocar esse cliente dentro do melhor carro possível de que ele necessita para ir trabalhar, levar sua família a passeios e preencher suas horas de folga – a um preço que ele tenha condições de pagar. Lembre-se de que não desejo iludir um homem acerca do valor total ou do número de prestações mensais com que terá de arcar. Quero que ele seja capaz de controlar todas as variáveis a respeito desse carro, incluído o respectivo pagamento. Isso porque, se ele não conseguir pagar todas as prestações, ainda assim posso ganhar minha comissão, mas ele ficará decepcionado diante da lembrança de ter comprado comigo. Presumo que você esteja dizendo que, ao usar ajudantes, posso desempenhar melhor a tarefa de conseguir o carro certo ao preço certo para a pessoa certa, porque meu serviço de informações opera melhor.

Joe também me ajuda a vender em confiança a nossos clientes, porque ele tem por incumbência levar seus cheques ao banco para que sejam "martelados" – esta é a nossa gíria usual para verificar a garantia de um cheque.

Uma vez que eu possa contar com o depósito do cliente e com sua assinatura no formulário de pedido e, espero, sua presença física no carro, Nick assume o comando da operação e maneja tudo que se refere à tarefa administrativa de pós-venda. Ele acerta os detalhes do crédito, seguro e providências relativas ao registro do carro, envia o cartão de agradecimento, cuida de toda escrituração e certifica-se de que todas as informações relativas ao cliente atendido sejam colocadas em nosso fichário.

E o que faço então? Encerro as vendas em meu escritório. Conduzo os clientes até o ponto em que eles dizem um "sim" que signifique sim de fato; jamais um "Talvez" ou "Eu lhe darei uma resposta depois".

UMA GRANDE ATUAÇÃO É AQUELA QUE SE MOSTRA VERDADEIRA

Já disse anteriormente que vender significa atuar. Represento para meus clientes. Não minto, assim como um ator também não mente no palco. Desempenho o papel de amigo, conselheiro, persuasor. Quando você vê Carroll O'Connor desempenhando o papel de Archie Bunker, sabe que ele não é Archie Bunker, tampouco há qualquer Archie Bunker. Mas você também acredita que Carroll O'Connor *é* Archie Bunker. Ele não está contando a você uma mentira quando realiza uma grande atuação. Nem eu estou mentindo. Sou todas as coisas que pretendo ser, e sou também Joe Girard, procurando colher a emoção da venda de outro carro e tentando ganhar mais algum dinheiro.

Necessito de ajuda para obter o *script* pronto e também para reter as simpatias da audiência após a representação. Eu costumava executar toda a tarefa sozinho, e me saí muito bem. Ganhei alguns prêmios mesmo antes de passar a contratar outras pessoas para me ajudarem. Mas agora, com essa ajuda, estou alcançando um rendimento ainda melhor. E, quanto mais você consegue obter, mais pode permitir-se utilizar essa ajuda para que, assim, ganhe ainda mais. Uma vez que você esteja trabalhando cada minuto de suas horas de atividades, não há nenhum outro modo de se expandir, exceto recorrendo à ajuda de outras pessoas de maneira inteligente e eficaz. Não há outro caminho.

Isso não é completamente verdadeiro. Muitas pessoas me perguntam como foi que nunca tratei de estabelecer meu próprio negócio e me tornar um distribuidor. A resposta mais simples é a seguinte: sou um vendedor. É verdade que fiz um bocado de outras coisas nos primeiros 35 anos de minha vida, antes que me convertesse num vendedor. Não fiz muito bem a maior parte delas. Somente ao descobrir o ato de vender – necessitava descobri-lo – é que realmente encontrei algo que adorei e nunca mais desejei parar de fazer. Mas, atualmente, vender é a grande alegria, a grande satisfação e o grande produtor de dinheiro de minha vida.

Eu poderia levantar dinheiro para me tornar um distribuidor. E poderia, quem sabe, dirigir uma operação em boa escala. Mas não desejo fazer isso. Entretenho-me bastante vendendo. Disponho de duas pessoas muito qualificadas que ganham um bom dinheiro zelando por minhas transações. Não preciso vigiá-las. Não tenho um quadro extenso de pessoal, nem capital, serviço de segurança ou decisões de chefia a serem tomadas. Meu distribuidor ganha mais dinheiro do que eu, mas ele tem direito a isso, porque investiu muito capital em seu negócio e tem muito mais responsabilidades do que eu. Mas tenho um rendimento líquido maior do que muitos outros negociantes.

A MAIOR EMOÇÃO DA MINHA VIDA

A pior coisa acerca de vir a ser um distribuidor é que não me sobraria tempo para vender. Provavelmente ganharia mais dinheiro, mas não aquele algo mais. E teria de renunciar à maior emoção de minha vida: o prazer de concluir cinco ou mais operações de venda quase diariamente. Nenhum distribuidor pode jamais contar em fazer isso. E eu não renunciaria por nada a essa emoção. Não que ser dono de sua loja não seja um modo perfeitamente respeitável de se ganhar a vida. Claro que é. Mas simplesmente não é muito divertido. Colho as duas emoções ao mesmo tempo: o entretenimento e o dinheiro. E não acho que haja algo que se iguale à alegria de vender.

As únicas outras coisas que me entusiasmam são as atividades que venho exercendo nos últimos anos e que se relacionam com vendas. Como já disse, faço palestras para vendedores e interpreto e produzo filmes para treinamento de vendedores. São muito ilustrativos e mostram como vender face a face.

Já falei sobre o impulso exercido por um fator econômico, e sobre a emoção de vender um carro. Mas tenho verificado que aquelas outras duas atividades (palestras e filmes) me permitem unir, de um modo muito especial, o impulso e a emoção de vender. Não é sobre isso exatamente que este livro versa, mas permita-me explicar a você esse ponto e penso que vai perceber que ele está intimamente relacionado com aquilo que abordamos. Quando subo num tablado e falo a outros vendedores, duas coisas essenciais se processam. Uma é semelhante ao sentimento que experimento quando finalmente tenho um cliente em meu escritório. Durante a palestra, tenho a mesma sensação – em escala maior, porque sei que estou falando numa sala cheia de gente. Depois, meus ouvintes me procuram e me dizem como muito do que eu disse na palestra os impressionou. Verbalmente, ou por intermédio de cartas, eles me asseveram que nenhuma outra pessoa jamais lhes disse tanto acerca de como é vender realmente. E isso se explica pelo fato de que ninguém mais que dá palestras sobre técnicas de venda teve uma experiência tão íntima quanto a que tive. Isso também faz parte do entusiasmo de produzir filmes; saber que as pessoas que os vêem nunca presenciaram algo tão verdadeiro e natural a respeito de seus negócios. Sinto orgulho do que faço e de como faço, e recolho uma emoção autêntica ao saber que estou contribuindo para mudar a vida profissional de outros vendedores.

Gosto de vender e ajudar outros vendedores muito mais do que apreciaria a idéia de dirigir uma empresa. Eis por que dei início ao Curso de Vendas Joe Girard. Ao longo dos anos, tenho observado muitas pessoas tentarem vender algo somente vez ou outra para melhorar a média de seus rendimentos. Sempre acreditei que, se essas pessoas pudessem vir a contar com uma orientação adequada e um bom treinamento, provavelmente estariam vivendo hoje de um modo que jamais suporiam possível.

Mas lembre-se apenas de que, quando você está a sós com um cliente, frente a frente, nesse confronto crucial, há muitas outras pessoas e postos de serviço trabalhando para você. E você deve procurar obter e aceitar toda a ajuda que puder remunerar. Isso pode significar "perdigueiros", como também uma ajuda que poderá ser por tempo integral, ou não. Porque essa ajuda e esse incentivo representam o meio indicado para que você extraia o máximo de suas habilidades e de seu tempo.

Todos que desejam, com disposição autêntica, podem desenvolver o tipo de operação que desenvolvi. Aos poucos, fui criando esse sistema de vendas com parte do dinheiro extra que a própria expansão de meus negócios me proporcionou. Mais ajuda, mais clientes, mais dinheiro, mais ajuda, mais clientes, mais dinheiro, e isso num processo contínuo. Foi desse modo que as coisas aconteceram comigo, e desse modo podem acontecer com você.

Não pense que, agora, estou vadiando porque, depois de empregar alguns ajudantes aqui e ali em regime de meio expediente, passei a contar com duas pessoas que trabalham para mim em tempo integral. Continuo trabalhando justamente o mesmo número de horas que costumava trabalhar antes, mas procurando fazer sempre o melhor, porque, agora, o que faço em tempo integral é o que executo com mais perfeição: o fechamento das vendas. Um cirurgião não limpa seus instrumentos; ele conta com pessoas pagas para fazer isso, a fim de se concentrar naquilo que envolve mais dinheiro e perícia: a cirurgia. E é isso que nós somos, cirurgiões, e também devemos concentrar todo o nosso tempo de atividades na cirurgia. Deixe que alguém mais prepare o paciente, faça os testes e exames, obtenha os dados pessoais, clínicos, e assim podemos fazer as incisões preliminares, eliminando os receios dos clientes e alcançando seu interior, onde podemos localizar é extirpar a resistência oposta à venda.

Obtenha toda a ajuda que puder; ela aumentará seus rendimentos.

20

Gastos e lucros

Há muitos modos de associar tudo o que já disse sobre mim mesmo e de nossa profissão. Um desses modos consiste em entender que todos os recursos mais eficazes para conquistar clientes e lhes vender um produto custam dinheiro. Você tem de "comprar negócios" se deseja eliminar os riscos e assegurar-se de um lucro crescente e constante. Esta é a mesma situação com que se defronta qualquer outro homem de negócios. De fato, é sobre isso que qualquer negócio versa: decidir quais os melhores meios de empregar dinheiro para obter o máximo de retorno de capital. Conosco, os vendedores, trata-se de uma questão de empregar o tempo tão bem quanto o dinheiro. Mas, desde que saiba qual é a tarefa mais importante e valiosa que temos a desempenhar, tudo que temos com que nos preocupar é sermos espertos e inteligentes quanto ao modo como "comprarmos negócios".

Não custa muito esforço entender o valor dos "perdigueiros", porque você tem de lhes pagar somente quando já conta com aquilo pelo qual pagou: o cliente que já comprou. Assim, vale a pena gastar tempo e dinheiro para conseguir mais "perdigueiros". Não há dificuldade alguma em compreender que a publicidade postal direta, aquela que será lida, compensa os gastos, e reconhecer que não convém enviar cartas que não merecem ser lidas, mesmo gratuitamente.

Estou certo de que já o convenci de que meu recrutamento de "perdigueiros" e minha publicidade postal direta valem o investimento. Mas você pode pensar que valem somente para mim e que não seria útil tentar algo parecido em seu caso. Mas o que estou tentando dizer é que sabia de antemão, antes de ter gasto o dinheiro e começado a movimentar as vendas, que tudo isso daria resultado. Esta é a razão pela qual as utilizei em primeiro lugar. Fui capaz de começar com elas em pequena escala e progredir depois. É isso que você pode fazer também.

Mas tem de ser capaz de encarar a situação real de seus negócios e verificar quais são suas melhores oportunidades. Digamos, por exemplo, que a mulher de um mecânico da agência de automóveis seja internada num hospital para ser operada. Esse homem é bom em seu trabalho e me ajuda bastante com os problemas de atendimento a meus clientes. Desejo enviar um presente para ele. Todo mundo costuma enviar flores e doces para pessoas enfermas. Mas doces e flores duram muito pouco. E acho que, quanto mais durar a lembrança, mais vezes as pessoas presenteadas irão lembrar-se de Joe Girard. Assim, imagino o que viria a ser um presente mais duradouro; então, envio uma planta, em vez de flores. A planta ornamental permanece na casa da pessoa, que sempre se recorda de quem a enviou. Bem, tenho um acordo com um florista para que sejam enviados presentes aonde quer que eu julgue oportuno. Envio uma espécie de viveiro para plantas, decorativo, e que funciona também como uma peça de mobiliário. As pessoas não se desfazem de um presente assim. Ele é especial, valendo mais do que me custou. E aí está o jogo... o que quer que você possa fazer valerá mais do que o custo. Isso não quer dizer que a lembrança tenha de ser barata. Em vez disso, pense em quão útil essa oferta poderá ser para desenvolver seus negócios. Pense no quanto isso levará as pessoas a pensarem em você como uma criatura amável e a conversarem a seu respeito com os amigos e parentes. Esse é o tipo de avaliação de negócios de que você necessita para ter certeza de que está fazendo seu tempo e seu dinheiro renderem mais eficientemente. Isso é o que o pessoal do Pentágono chama "custo efetivo". Não significa algo barato; quer dizer obter o valor de seu dinheiro, seja muito ou pouco o que resolva gastar.

DESPESAS QUE SE TORNAM MAIS QUE COMPENSADORAS

Presentes, viveiros de plantas, você pode estar pensando, isso é para pessoas abastadas. Não é verdade. Destinam-se a todo mundo. Simplesmente pare para pensar um pouco no que acontece quando sabe que um cliente está doente e aí lhe enviam um cartão desejando-lhe um pronto restabelecimento. Que vendedor faz isso? Assim, aí está o tal cartão chegando para a pessoa doente, no hospital. Ele nada tem para fazer ali senão ver programas de tevê e aguardar visitas.

Você, então, lhe envia esse cartão – não estou falando mais em plantas etc. – e sabe que esse cliente irá lembrar-se de seu nome e falar a seu respeito com todos que aparecerem para vê-lo no hospital: "Recebi esse cartão de Joe Girard, aquele camarada que vende carros da Chevrolet." Ou você é um vendedor de roupas, por exemplo, e envia qualquer lembrança ao sujeito que dirige a alfaiataria, quando ele adoece. Então, entra um cliente na loja que deseja comprar três ternos, mas, como vai fazer uma viagem no dia seguinte, necessita das roupas com urgência. Se houver algum modo de fazer certos ajustes nos ternos – diminuir as mangas ou algo assim –, você sabe que seu amigo da alfaiataria o fará. Ele ainda se lembra de sua gentileza.

Quanto mais dinheiro você gastar de modo inteligente, maior o número de pessoas que irá trabalhar em seu nome, falando a seu respeito, ajudando-o a vender, comprando.

Tenho falado bastante sobre fazer julgamentos e gastar dinheiro. Mas há também alternativas importantes de investir o tempo. E uma das mais importantes é pensar com esperteza. Seja qual for o negócio que você desenvolva, ou o modo como esteja dando certo, ele pode ser melhorado. Não há nenhum meio perfeito para fazer negócios. Você pode encontrar sempre algum meio de fazer as coisas melhor se empregar tempo suficiente em pensar sobre isso. Mas você tem de criar meios que o ajudem a colher idéias novas. Tem de encarar os métodos já testados e considerados válidos, como se pudesse reformulá-los e fazer com que funcionassem melhor para si mesmos.

Eis um exemplo clássico: um jovem termina o curso de treinamento de uma companhia de seguros de vida e passa a procurar oportunidades de negócios, isto é, clientes. Todos no curso lhe disseram que um dos meios de conseguir isso seria usar um catálogo de executivos. Assim, esse moço faz o que lhe foi dito e consegue um exemplar do tal catálogo. Senta-se numa poltrona, abre a primeira página e aí pára. Pensa que vinte outros rapazes que freqüentaram o mesmo curso de treinamento de vendas estão agora fazendo a mesma coisa que ele. Todos estão sentadinhos com um catálogo em seu colo, aberto na primeira página. Isso quer dizer que estão em busca dos mesmos prováveis clientes para vender-lhes a mesma coisa. *Por que devo me incomodar com isso?*, diz o rapaz para si mesmo. *Mas o que posso fazer para tomar-lhes a dianteira?* Então, ele tem uma idéia muito simples, óbvia, que ninguém lhe havia sugerido. Em vez de abrir o livro na parte correspondente à letra "A", ele o abre próximo da metade, no "N". Como resultado, ele contata clientes em potencial que nunca tinham sido procurados nesse sentido, obtém uma série de entrevistas e vende muitas apólices de seguros.

Atualmente, esse homem é um agente de seguros muito próspero, e acredita que parar para pensar em um modo operacional melhor foi o que mais contribuiu para o seu sucesso. Depois disso, diz ele, não foi necessário mais nada. Não dou inteiro crédito à sua afirmativa, nem ele, pois ambos sabemos que ele continua a trabalhar com muita criatividade o tempo todo. Ele está sempre à procura de alternativas novas e diferentes de abordar os mesmos e antigos problemas. E, com essa procura, ele provavelmente encontrará tais recursos com mais freqüência do que outros vendedores.

NÃO TENHA RECEIO DE FAZER AS COISAS DE MODO DIFERENTE; GERALMENTE, ISSO É O MELHOR

Você pode dizer a mesma coisa do meu programa de publicidade postal direta, de meus presentes e da minha maneira de agir ao fazer negócios. É bastante diferente do modo como outras pessoas costumavam vender carros, e diferente do modo como muitas outras pessoas ainda fazem isso. Quando me iniciei na profissão, ignorava de todo a "sabedoria" do negócio de vendas; desse modo, desenvolvi meus próprios métodos. Não todos de uma vez, mas aos poucos, enquanto me mantinha em busca dos melhores meios para articular meus negócios e vender mais. Não estou procurando dizer que inventei tudo que faço. Muitas de minhas idéias, foram inspiradas em outras pessoas e outros negócios. Todos, em suas atividades de venda, começam a procurar prováveis clientes numa lista, partindo da primeira letra do alfabeto? Então, por que não filam uma cópia dessa lista do agente de seguros e começam pelo meio da lista, ou mesmo tentam a parte final? Mas, seja o que você preferir escolher para começar, o detalhe mais importante é não se deixar levar por esses sujeitos que lhe dizem que não se pode fazer isso ou aquilo porque nunca foi feito antes.

Essa pode ser a atitude mais tola deste mundo: que algo não pode ser feito porque nunca foi feito antes. Se isso fosse verdade, nunca haveria algo de novo neste mundo. Nenhuma das invenções ou das grandes idéias revolucionárias existiria. E o mesmo é válido para os negócios que você faz. Quem diz que alguma coisa não irá dar certo por não ter sido praticada antes? Justamente as pessoas que não desejam competir. Mas é simplesmente isso que caracteriza nossa profissão de vendedores: competição. Todos que vendem algo estão competindo o tempo todo com outras pessoas que vendem o mesmo produto ou outros. Um cliente não decide se vai aguardar seis meses em vez de comprar comigo hoje, porquanto ele também deseja usar seu dinheiro na compra de um barco ou numa viagem de férias. Assim, o vendedor de barcos e o agente de viagem estão vendendo contra mim, além das milhares de outras pessoas que vendem Chevrolets e todos os outros tipos de carro no mundo.

A maior vantagem que você pode obter é criar um melhor meio de contatar e vender a seus clientes. Boas idéias sempre fazem jus ao tempo empregado em pensá-las e amadurecê-las. E sempre valem o dinheiro que pode custar para pô-las em execução. Chamam isso de "P e D", Pesquisas e Desenvolvimento. Você pode contar com isso também. Deve estar sempre buscando novas coisas a serem tentadas e novos meios para testar o valor do que já fez. Desse modo, você estará constantemente procurando aperfeiçoar o mais importante produto que vende – você.

A estratégia consiste sempre em procurar novos modos de se fazerem coisas antigas. O inesperado pode ser o mais eficaz. Já mencionei o fato de que sou muito sensível a termos étnicos depreciativos. Um sujeito começava a se sair com *carcamanos, wops,* e logo sentia meu sangue ferver. Quer eu o esmurrasse ou não, o certo é que perdia o controle e a venda. Finalmente, chegou um dia em que resolvi que meu negócio, durante o expediente, consistia em vender carros a quem desejasse adquiri-los. Eu não desejava perder chances de venda ou um par de dentes me metendo em brigas por causa de minha origem siciliana. Assim, fiz uma coisa muito simples. Falei com o dono da tipografia onde imprimo meus cartões e lhe disse para que imprimisse para mim novos cartões comerciais. Em vez de colocar nesses cartões meu nome legal, Girardi, pedi ao impressor para suprimir o *i* final. Eu não mudei meu nome legalmente falando. Decidi, apenas, assumir um nome artístico, como John Wayne e Dean Martin e milhares de outras pessoas. Mesmo aquele vendedor de Cadillacs que mencionei anteriormente suprime a última parte de seu nome em suas atividades comerciais, porque é longo demais para se escrever e pronunciar.

Essa foi uma idéia simples, mas imaginá-la me custou bastante tempo. Uma vez que decidi adotá-la, mudou minha vida, porque eliminou um dos percalços mais importantes em minha vida profissional, sem alterar coisa alguma em minha vida particular. Tenho recebido cartas indignadas de outros cidadãos italianos que pensam que mudei meu nome em definitivo porque estava envergonhado do que tinha. Mas isso não é verdade. Procedi pela mesma razão pela qual não uso ternos vistosos para trabalhar e pelo mesmo motivo por que faço muitas outras coisas em meu negócio de vendas. Fiz isso porque desejava que meus clientes me encarassem como a pessoa em quem acreditam e de quem desejam comprar um carro. Não me preocupo com o que eles pensem acerca do mundo real. Quero é que venham a meu show, confiem, acreditem em mim e comprem comigo. Assim, tenho certeza de que lhes apresento um bom desempenho, usando as roupas certas, proporcionando-lhes um ambiente confortável onde podem estar comigo, e usando um nome que eles recordarão somente porque gostam de comprar de mim. Se eles têm preconceitos, isso é problema deles. Não quero saber disso. No mundo onde lhes estou vendendo, não quero que coisa alguma interfira em sua confiança em Joe Girard.

Não estou recomendando que alguém mude seu nome. Mas o que estou tentando dizer é que você deve atentar para tudo, incluindo seus nomes, para ver se pode melhorar a eficiência em vender algo. Mudar meu nome profissional deu certo para mim. Algo mais poderá funcionar a seu favor, se tiver uma idéia nova ou tomá-la emprestada de outros setores de negócios. A busca de novas idéias, a pesquisa e o desenvolvimento constituem algo que sempre justifica o investimento de seu tempo e dinheiro. Quando digo tempo e dinheiro, também devo mencionar um terceiro ingrediente: paciência.

Paciência não é algo quando você não dispõe de tempo ou dinheiro ilimitados. Sem ela, você nunca pode obter os resultados financeiros do que começou a movimentar. Quando comecei a recrutar "perdigueiros", sabia que levaria algum tempo antes que passasse a ver a aproximação de novas oportunidades de negócios. Mas simplesmente me mantive observando e recrutando. E, assim, me portei após as pessoas terem firmado contrato comigo. Elas receberam de mim, pelo correio, cartões recordando-lhes acerca dos $50 de gratificação, e muitos também receberam telefonemas. Você planta as sementes e tem de regá-las, e depois terá de fazer outras coisas enquanto espera que elas brotem. Mas elas brotarão, sem dúvida, se você tiver executado as primeiras providências adequadamente. Pode apostar nisso, porquanto se se empenhar e tiver paciência, marcará pontos a seu favor e não perderá essa vantagem ao longo de seu caminho.

Mas a paciência, por si só, de ficar parado perto da porta da loja, não reverterá as probabilidades a seu favor. Você tem de construir as próprias possibilidades empregando tempo e dinheiro, a fim de desenvolver seus próprios métodos de conseguir clientes e dinheiro.

Tempo e dinheiro bem investidos desenvolverão seus negócios notavelmente. Procure sempre alternativas novas e melhores para fazer isso.

21

Não há um capítulo final

Se você me acompanhou com atenção até aqui, espero que não esteja ainda em busca de palavras mágicas, fórmulas ou frases para dizer a si mesmo diante do espelho. A vida não funciona desse modo, nem os negócios. Não há segredo; não existe nenhuma mágica. O processo de vender com sucesso significa o uso interminável de seus recursos mentais. Não há um capítulo final. O processo simplesmente se mantém continuamente no início.

Para mim, decorreram 35 anos de desacertos para atingir o início desse processo. Mas somente alguns anos, a partir de então, para chegar ao topo. E estou no topo.

Um grande número de pessoas até aqui, talvez milhões, tem ouvido falar de mim. E milhares têm comprado comigo. Pensam que sabem bastante sobre mim, porque eu conheço muito sobre elas. Pensam que estive no Parque Nacional de Yellowstone. Pensam que pesquei salmões próximo de Traverse City, Michigan. Pensam que tenho uma tia que vive próximo da Base da Força Aérea de Selfridge. Elas pensam essas coisas porque estiveram no Parque Nacional de Yellowstone, pescaram salmão e vivem perto da Base de Selfridge, e porque sei tudo a respeito de suas vidas.

Essas pessoas pensam que conhecem meu nome e como sou. Elas têm ouvido muitas coisas sobre mim. Mas a única coisa com que realmente se preocupam é aquilo que obterão em troca de seu dinheiro quando compram comigo. Acreditam em mim e em meu modo de negociar, porque têm certeza de que lhes ofereço os melhores negócios. E estão certas quanto a isso, que é tudo que realmente importa para elas e para mim.

QUALQUER UM PODE FAZER O QUE VENHO FAZENDO

Se há algo parecido com um segredo em tudo o que disse, é o fato de que qualquer um pode fazer o que tenho feito. Você não precisa ser um gênio. Nunca cheguei a concluir o ensino médio. Mas ainda confio em meus olhos, ouvidos e meus sentimentos acerca de como gosto de ser tratado, e sei o que me faz comprar de uma pessoa, e não de uma outra.

Fiz um autotreinamento para me lembrar todas as vezes que alguém que venho a conhecer pode se tornar importante para a minha vida profissional. Nunca penso em alguém como se representasse uma única oportunidade de venda. Nunca. Sempre penso na Lei Girard dos 250; todos os amigos, parentes, companheiros de clube e colegas de trabalho que podem tornar-se parte desses 250. Não é necessário um especialista em computador para entender como essa lei funciona. Sei que as mesmas 250 pessoas que poderiam falar mal de mim por ser desatencioso podem ser meus clientes. Nunca me esqueço disso, e não creio que outros vendedores possam permitir-se esquecer esse detalhe importante.

Você pode ter certeza de que, se estou pensando nessas pessoas todo o tempo, procuro tratá-las com toda atenção, mesmo daquelas que desfrutam das piores condições de crédito possíveis. Afinal de contas, por inúmeras vezes em minha vida, estive em más condições financeiras. Mas me recompus e tenho atualmente uma disponibilidade de crédito das melhores. Assim, suponho que, se alguém tem tido problemas em pagar suas contas, ainda pode ter condições de se recuperar. E, se você pensa num meio de conseguir financiamento para essa pessoa quando sua taxa de crédito ainda é baixa, poderá fazer dela um amigo fiel para toda a vida.

É por isso que me mostro igualmente atencioso quando uma pessoa tem de contar com um avalista para obter o financiamento para seu carro. Quando me deparo com um caso assim, digo ao cliente para trazer seu melhor amigo a fim de me ajudar a confirmar sua aplicação de crédito, e me permitir cuidar do assunto. Quando uma pessoa descobre que é necessária sua assinatura para a concessão de empréstimo a um amigo, comumente começa a falar sobre como tem uma norma acerca de nunca assinar um documento de outrem para compartilhar das obrigações de pagamento. Mas tento apagar essa impressão. Peço à pessoa em questão para encarar os fatos acerca da aplicação do crédito e digo "Faça isso por mim apenas". E lhe indico a caneta para que assine o documento. Se essa pessoa hesita, faço-lhe um apelo baseado na sua amizade com meu cliente, lembrando-lhe como pescaram juntos, freqüentaram a mesma escola e andaram atrás das mesmas garotas. Faço-a lembrar-se de como são os melhores amigos deste mundo, e que seu companheiro necessita de sua ajuda. E meu cliente tranqüiliza seu amigo assegurando-lhe que ele não terá problemas quanto aos pagamentos, porque sua fase ruim já passou e ele já tem um bom emprego agora. Converto isso num favor especial que a pessoa não pode recusar, sob pena de perder o amigo e ficar malvisto por mim. E ela assina os papéis.

Procedo desse modo porque acredito realmente que as pessoas possam mudar de vida, como eu mudei a minha. Assim, você também pode modificar sua vida. Quando obtenho a assinatura do avalista em um formulário de crédito, estou expressando minha crença em que outras pessoas podem levantar-se após terem descido muito baixo, superar as dificuldades, como eu fiz.

Nunca me esqueço daquela noite que passei na casa de detenção juvenil e das noites em que dormia em vagões de carga na estação ferroviária. Agora, durmo numa bela casa em Grosse Pointe Shores, a apenas uns poucos quarteirões de onde residem membros da família de Henry Ford II. Como presente para a minha mulher, mandei construir um banheiro espetacular com uma banheira de mármore, uma sauna e colunas em toda a volta do recinto. Isso, por si só, me custou $32 mil, o que é mais dinheiro do que jamais faturara num período de dois anos antes de ingressar na profissão de vendedor.

Se isso soa como se estivesse me gabando, a verdade é que estou realmente, mas apenas um pouco. Mas você não leram este livro para saber se sou um ótimo sujeito. Queria saber como me tornei um vendedor bem-sucedido, e como você pode ser também.

O sentido de minha mensagem é que você pode fazer o mesmo, porque, se eu o fiz, levando em conta meu início, então praticamente qualquer pessoa pode fazê-lo. Mas você tem de *querer* fazer isso. Conheço muitos vendedores que são tão hábeis como eu, talvez mais. E um grande número é muito bom em concluir transações, talvez até mesmo melhores do que eu, mas eles não levam em consideração o conjunto como faço, e como você pode fazer. Eles podem ser preguiçosos, podem contentar-se simplesmente com uma fatia de bolo. Mas, se você espera obter mais, tem de desejar com mais empenho. Tem de saber o que quer a ponto de praticamente sentir-lhe o gosto. Você tem de motivar a si mesmo do modo como fiz, quando minha mulher me disse que não havia dinheiro para alimentar nossos dois filhos pequenos. Talvez o que você queira ansiosamente seja o dinheiro necessário para alugar um cômodo independente para a sua sogra. Talvez você deseje viajar numa cabina de um navio de primeira classe. Talvez queira fazer uma viagem a Paris. Então, se desejar com força suficiente para influenciar sua vida profissional, isso servirá de mola propulsora. Encare todas as pessoas que conhecer como se elas pudessem dar-lhe o que você deseja, caso consiga fazer com que tais pessoas comprem de você. E consulte a si mesmo para entender por que gosta de algumas pessoas, e não de outras, e por que você compra com algumas, e não com outras.

Pense no medo que sente algumas vezes quando vai comprar alguma coisa. Então, pode começar a entender o que está se passando na mente de seus clientes quando os encontra. Pense em como as pessoas procuram por um amigo quando estão assustadas e, então, seja esse amigo. Torne-se um amigo em que seus clientes possam confiar e acreditar.

Como tenho dito, isso é um jogo e uma representação. Mas também é real. Se você estiver cumprindo sua função, realmente se tornará amigo desses clientes. Não quero dizer que você jogue boliche com eles ou os convide para jantar em sua casa. Não se trata desse tipo de amizade. Mas sim o tipo de amigo em que uma pessoa possa confiar que será tratada sincera e decentemente. Quando o cliente aparece, ele está receoso. Ele pensa que você não está interessado em sua saúde e bem-estar, mas apenas em seus próprios interesses. Ele acha que você não se preocupa com suas mulheres e filhos e com o que lhes aconteceu no emprego naquele dia. Mas eis que, de repente, esse cliente verifica que você se preocupa com esses detalhes, porque lhe pergunta esses aspectos de sua vida familiar. Logo ele não se mostra mais receoso. Começa a crer que talvez você se preocupe com ele. Você o deixa falar e ouve com atenção. E, dentro em pouco, ele estará confiando em você o bastante para fazer o que lhe é dito, isto é, assinar o pedido e comprar com você.

O PREDICADO MAIS VALIOSO NUMA TRANSAÇÃO DE VENDA

Agora, chega o momento do teste real. O cliente compra de você, mas vai lamentar isso? Não, se ele confia e acredita em quem lhe vende. Ele não se queixará se verificar que você realmente o tratou honestamente, e que realmente se certificou de que ele compreendeu com exatidão o que estava adquirindo e por quanto. Depois que o cliente vai embora com o que adquiriu, é chegada a hora do teste real. Ele saiu da loja em segurança. Agora, está convivendo com o que comprou, com aquilo que a confiança em você o fez adquirir, sem estar absolutamente seguro, além de uma dúvida razoável, de ser isso o que desejava fazer. Agora, ele está vivendo com o que você lhe proporcionou. E, se você faz o jogo corretamente e ganha a batalha para ambos, aí terá alcançado o que é o predicado, ou o bem mais valioso do negócio de vendas, um cliente que confia em você porque o ajudou a obter o que necessitava e queria.

Tudo isso parece bastante simples. Nada mais a fazer. Nada, exceto manter sua cabeça no lugar. Já disse com insistência que você tem de querer – e saber o que quer – com firmeza. Mas isso pode fazer de você ganancioso, em vez de um bom vendedor. Isso poderá levá-lo a assediar demais o cliente. E, quer venda algo ou não a ele, se o acossar muito, você o perderá. Mesmo que esse cliente não fale mal de você com os amigos, ele não voltará a procurá-lo da próxima vez. Você tem de aprender a controlar seus desejos, para que, assim, se torne mais inteligente e não estupidamente ganancioso.

Você pode começar o dia, por exemplo, sentindo raiva de alguém: seu patrão, sua sogra, seu cachorro ou até seu pai já falecido. Mas fará melhor em refletir sobre isso antes de ir trabalhar. Porque você pode usar esses sentimentos para orientá-lo na direção de bons hábitos, não dos maus. Em vez de procurar ludibriar e passar a perna em seus clientes, você pode converter esses sentimentos no anseio de fazer o cliente passar para o seu lado. Conquistá-lo, enfim.

Nunca deixei de tentar provar a meu pai que valia alguma coisa. Por um número excessivo de anos, permiti que suas palavras destruíssem minha motivação, porque estava tentando fazê-lo gostar de mim ao provar que ele estava certo. Realmente achava que se agisse de modo desagradável e fosse um vadio, meu pai gostaria de mim porque isso provaria que ele tinha razão. Mas depois eu teria de crescer, amadurecer. Não havia nenhum modo de sobreviver se eu continuasse a acreditar piamente que não dava para nada – como dizia meu pai. Agora, procedo do outro modo. Relembro sua frase, de que eu não prestava para nada, e utilizo essa lembrança para provar que ele estava errado. Toda vez que faço de um cliente um amigo, provo que meu pai não tinha razão. Venço minha luta com ele toda vez que vendo um carro, toda vez que alguém acredita e confia em mim.

Em vez de fazer de mim um tolo e um inútil, suas palavras e a lembrança de seus punhos e sua correia me tornam mais disposto, eficiente e fazem de mim um profissional ainda melhor do que era antes. Todos que convertem a si mesmos em algo melhor têm de lutar com as forças que, em seu íntimo, se propõem a transformá-los em alguma coisa pior.

Todo mundo tem em si esses sentimentos. De ambos os tipos, destrutivos e construtivos. Vencer é construtivo. Se pude deixar de ser um perdedor para me tornar um vencedor, e você sabe agora que consegui isso, então qualquer um pode fazer o mesmo.

Não acordei numa bela manhã e cheguei de repente a uma miraculosa mudança. Não soube em um rompante como tratar os clientes, a quem devia ouvir, de quem me distanciar, como conseguir que as pessoas lessem minhas cartas, como levar as pessoas a comprarem comigo e gostarem disso.

ISSO PODE ACONTECER COM VOCÊ

Procurei explicar-lhe como tudo isso me aconteceu. Tentei fazê-lo de um modo que o convencesse de que isso pode acontecer com você, se você fizer com que aconteça. Não estou falando acerca de saúde mental ou paz de espírito. Estou falando do ato de vender. Refiro-me às horas em que você está trabalhando e pensando em seu trabalho. Isto representa uma grande soma de tempo na vida de qualquer vendedor profissional. E exige dele que atente para si mesmo e para o que deseja e o leve a se concentrar no modo como obtê-lo. Você tem de fazer isso diariamente. Tem de lembrar a si mesmo o que quer realmente. E tem de pensar em como obter o que deseja e como pode conseguir mais disso.

Isso significa que você tem de encarar seu trabalho como uma profissão com ações certas e outras erradas, com idéias e métodos que dão certo e outros que não funcionam. Você tem de analisar a si mesmo e a seu trabalho para que assim saiba o que o torna eficientes. Falei bastante sobre como penso, sinto as coisas e trabalho. Revelei-lhe muitos detalhes sobre meus métodos. Sei que há muita coisa aí que você pode utilizar, porque muitos vendedores me têm dito que aprenderam algo com o que lhes contei. Eles me disseram que o que faço dá resultado para eles. Mas os melhores entre eles irão desenvolver seus próprios métodos e técnicas. Inspiram-se em meus métodos e desenvolvem variações melhores. Ou podem mesmo apresentar com seus sistemas um rendimento melhor do que os meus apresentam – para eles. E conheço vendedores em setores completamente diferentes que adotam minhas técnicas e variações com sucesso, ainda que elas nunca tivessem sido usadas antes naqueles ramos de negócios. Todos temos visto um grupo de novos e pequenos negócios a varejo se desenvolver – *boutiques*, como as chamam, pequenas lojas que geralmente vendem roupas, que oferecem um serviço muito pessoal. Isso significa que, mesmo que você possa comprar tudo que deseje empurrando um carrinho no supermercado, as pessoas desejam um atendimento pessoal. Elas preferem comprar de pessoas que agem como se se preocupassem com seus compradores: pessoas que lhes telefonam quando aparece um artigo como elas desejam, que se lembram de seus aniversários e de seus interesses, que lhes escrevem pessoalmente.

Qualquer pessoa pode dirigir uma operação de vendas tipo *boutique*, não importa o que você venda. Isso porque o que conta não é o tipo de loja em que você trabalha ou que tipo de mercadoria vende; o que conta realmente é o modo como você trata seus clientes. Este é o mais antigo e gasto conselho deste mundo, mas é também o mais verdadeiro. Num mundo de computadores e auto-serviços, um vendedor que diz "muito obrigado" pode se parecer com um herói e um amigo. Você tem de dizer porque é isso que quer dizer realmente. Mas por que não deveria agradecer? Alguém entra na loja e compra de você e lhe dá dinheiro e assim você pode alimentar seus filhos ou ir a Europa ou comprar um barco a motor muito veloz. Você faz bem em ser sincero ao dizer "obrigado". Fará bem em acreditar que alguém que lhe proporciona ganho não é um caloteiro, um desocupado, mas um ser humano.

Neste livro, não há uma palavra final. A história não tem fim. Ela simplesmente está sempre recomeçando. Mas, cada vez que ela começa, cada vez que você planta sementes ou enche os assentos da roda-gigante, torna-se um pouco mais profissional, um pouco mais eficiente. Os clientes e o dinheiro aumentam gradualmente, mas aumentam. E, quanto mais você vende, mais entretenimento e mais lucros alcança.

No começo deste livro, eu disse que, se você o lesse com atenção e aprendesse o modo como aprendi e fiz o que fiz, seria um vendedor melhor no que quer que vendesse e gostaria mais de seu trabalho e de si mesmo.

E essa garantia ainda está de pé. Se fiz o que fiz, você também pode fazer. Isso, eu garanto.

Este livro foi composto na tipografia
Adobe Jenson Pro Lt, em corpo 12/15, e impresso em
papel off-white no Sistema Digital Instant Duplex
da Divisão Gráfica da Distribuidora Record.

NIGHT AT THE MUSEUM
BATTLE OF THE SMITHSONIAN

Based on the novelization by Michael Anthony Steele

Based on the Screen Story and Screenplay
by Robert Ben Garant & Thomas Lennon

LEVEL 2

SCHOLASTIC

Adapted by: Lynda Edwards

Publisher: Jacquie Bloese

Editor: Fiona Davis

Designer: Christine Cox

Picture research: Pupak Navabpour

Photo credits:
Cover art and internal photos © 2009 Twentieth Century Fox Film Corporation. All rights reserved.
Page 5: Smithsonian Institute.
Pages 48 & 49: Milan Trenc; Vriens; R Loud/Getty Images.
Pages 50 & 51: C Clark/Smithsonian Institute; S Finn/Alamy; C Lovell/Corbis.
Pages 52 & 53: Underwood & Underwood, Bettmann, Poodles Rock/Corbis.

Based on the novelization by Michael Anthony Steele
Screen Story and Screenplay by Robert Ben Garant & Thomas Lennon.
Published by arrangement with Barron's Educational Series, Inc., Hauppauge, NY, USA.

Published by Scholastic Ltd. 2009

Mary Glasgow Magazines (Scholastic Ltd.)
Euston House
24 Eversholt Street
London NW1 IDB

Printed in Singapore. Reprinted in 2010.

CONTENTS

NIGHT AT THE MUSEUM
BATTLE OF THE SMITHSONIAN

Larry Daley is a businessman. Before he became rich, he worked at the Museum of Natural History in New York, in the USA. He has a son, **Nicky**. Larry and Nicky know the secret of the museum.

Museum of Natural History

Dr McPhee is the head of the Museum of Natural History. He wants changes in the museum, but are all changes good?

Theodore (Teddy) Roosevelt was the youngest president of the USA. He was very clever.

Jedediah Smith was an American adventurer. He was the first white man to get to California by land.

Octavius was a famous Roman leader. He did a lot of good things for his people.

PLACES

The Museum of Natural History is a famous museum in New York. It has exhibits from many different places in the world.

Smithsonian Museum

Pharaoh Kahmunrah was the brother of Ahkmenrah, an Egyptian leader.

Ivan the Terrible was a strong leader of Russia in the 1500s. People say he killed his son.

Al Capone lived in Chicago in the 1920s and 30s. He was very dangerous.

Napoleon Bonaparte (1769–1821) was a powerful French leader. People say he was very short!

General Custer was an American soldier. He lost his last battle in 1876.

Amelia Earhart was the first woman to fly across the Atlantic in 1928.

Abraham Lincoln was one of the greatest presidents of the USA.

The Smithsonian Museum is a very big museum in Washington. It is really nineteen different museums in one place.

NIGHT AT THE MUSEUM
BATTLE OF THE SMITHSONIAN

CHAPTER 1
Changes at the museum

Larry Daley was sitting in his office. He was watching the television. The man on the television shouted at the camera, 'Say it with me! It's new! It's fantastic! It's Larry's Magic Torch!' Larry laughed happily and shouted the words, too.

Life was good for Larry. Only a few years ago, he was just an ordinary man with a dream. But at that time, he also had a lot of problems. He didn't have a job and he didn't have any money. Then he started work at the Museum of Natural History in New York, and his life changed. Today he was a very rich businessman. Life couldn't be better! Or that's what he thought.

One of Larry's workers, Ed, came into the office. His eyes were shining. 'Fantastic news, boss!' he said excitedly. 'We've got that big meeting with the guys from Los Angeles. It's in three days!'

Larry didn't look up. He was busy reading an email on his phone. 'For the next three days, we work lunchtimes and evenings,' he said. 'This is important.'

Ed wasn't happy. They were always working these days. 'Of course, boss,' he said. 'But can't we just be happy for a moment?'

Larry started to walk to the door. He looked at another message on his phone. 'I don't have a moment, Ed. Time is money.'

Larry got into his car outside. 'Take me to the Museum of Natural History,' he told his driver. Then he got out his phone again and started to answer his messages.

Larry often went to the museum to see his old friends, but this was his first visit for a long time. When he got to the entrance, he had a surprise. There was a sign on the door, 'Closed for building work.'

Dr McPhee, the head of the museum, opened the door for Larry.

'Oh look!' Dr McPhee gave Larry a thin smile. 'It's Mr Big Business. Mr I'm-Too-Good-For-Eleven-Fifty-Dollars-An-Hour!' He didn't like Larry very much.

Larry looked round the museum. It was usually empty and quiet, but today it was full of activity. There were people and boxes everywhere.

'What's happening?' he asked. He was worried. Something was wrong.

Dr McPhee smiled. 'It's the future, Mr Daley! Look at this!' He took Larry to the statue of President Theodore Roosevelt on his horse. He touched something on the floor and suddenly a strange light appeared. The light was full of different colours. It danced and changed. Then they could see the form of a person. It got clearer and clearer. It was Theodore Roosevelt! But *this* Theodore Roosevelt moved like a real living person.

Larry couldn't believe it. 'It's a hologram!' he cried.

The hologram smiled at Larry and spoke. 'And what is your question?'

'Hmm … where were you born?'

'In New York,' said the hologram. 'Twentieth Street. In the year …'

McPhee turned off the hologram. 'So this is the future. These new interactive exhibits bring the past to life!'

But Larry wasn't happy. 'What's going to happen to all the old exhibits?' he asked.

'Oh, they're no use now. We're sending them to the Smithsonian Museum in Washington. They'll keep them in boxes there.'

Dr McPhee took his coat and walked to the door. Larry hurried after him. He had to stop this.

'But people love these exhibits,' he shouted.

McPhee stopped and looked at him. His little eyes were hard. 'People love new things, Mr Daley. Things change. I'm sure you can understand that. You left us, remember?' He put on his coat. 'We can't find another night guard who will stay in the job. My night guards all tell terrible stories! "Oooh, Dr McPhee – the T-Rex* comes alive every night!" Can you believe it?' He opened the door.

Larry tried again. 'But you can't send the exhibits away!'

'Oh yes, I can,' said Dr McPhee coldly. 'They're going tomorrow morning! Goodbye, Mr Daley!'

* * *

The museum was quiet. The workers were all gone but Larry stayed. He sat on the floor by the big T-Rex and tried to think. What could he do? How could he save the exhibits?

* T-Rex = Tyrannosaurus Rex. It was a very big animal. It lived about 67,000,000 years ago.

The Museum of Natural History was a very special place for Larry. Only Larry, his son and a few other people knew the secret of the museum. Inside the building there was a pharaoh called Ahkmenrah and his magic tablet. After dark, the Tablet of Ahkmenrah gave life to all the exhibits in the museum. They were all Larry's friends and he loved them.

It was now quite late and the sun was setting through the large museum windows. Larry felt T-Rex's head against his back.

'Hey, boy,' he said quietly.

Slowly boxes started to open. Attila the Hun* came out of one box and Sacajawea** got out of another.

Theodore Roosevelt rode up on his horse. 'Larry, my boy! It's good to see you!' Then his face went dark. 'A lot has changed here!'

'Hey, Teddy,' said Larry. He was feeling terrible. 'I didn't know about this!' Then his phone buzzed and he read the message.

'You haven't been here. That's why,' said a small voice. Larry looked down. A little cowboy was sitting on the edge of one of the boxes. 'There's no one to speak for us.'

'It'll be OK, Jedediah,' Larry tried to smile. 'The Smithsonian is a great museum!'

'It won't be home!'

'Listen, everyone!' said Teddy loudly. 'It's our last night. We must enjoy it!' And he and the other exhibits took one last walk round the museum together.

Usually Larry had a good time with his friends at the museum, but tonight was different. The place was sad and

* Attila the Hun (406–453 AD) was the leader of a large part of Asia.

** Sacajawea (c:1788–1812) was a Native American woman.

quiet. When the sun started to come up, all the exhibits climbed back into their boxes. Except Teddy.

He looked sadly at Larry. 'I'm not going. Some of us are staying here.'

Larry didn't know what to say. Then Teddy lifted his head. 'Sometimes change is good. Look at you! You have everything you ever wanted, don't you?'

'I guess,' said Larry. He didn't sound very sure.

Teddy smiled. 'Let me tell you something, boy! The secret of being happy – truly happy – is ...'

At that moment, Larry's phone buzzed again. 'Sorry, Teddy. Just a moment.' He read another message. Then he turned to Teddy. 'What were you saying? The secret of being happy is ...'

But now the first sunlight was coming through the window and Teddy couldn't tell him. He was quiet again.

CHAPTER 2
Larry goes to Washington

Larry waited in his flat for Ed to come round. There was a lot of work to do before the big meeting. Suddenly his phone buzzed.

'Big man? It's me, Jed!'

Larry nearly dropped the phone in surprise.

'Jed! What …? How …?'

'It's a long story. Listen, we've got some BIG problems here …' Larry could hear lots of angry voices and the sound of fighting.

'What are you talking about?'

'Kahmunrah.'

'Who?'

'Kahmunrah. He's Ahkmenrah's big brother and, believe me, he's not very friendly! I don't know if we ...' Then the little voice was gone.

Larry had to think quickly. He ran to the door. Ed was there with a big box of papers. 'Sorry, Ed,' shouted Larry as he ran past. 'I have to go!'

Ed's mouth fell open. 'What about the meeting?' he said.

'I'll be there. But first I have to go to Washington!'

* * *

The airport was busy and Larry didn't arrive in Washington until the next day. It was already late afternoon when he got to the Smithsonian.

The many buildings of the Smithsonian stood in a large park. Larry didn't know where to go. He ran into the first building. It was the National Air and Space Museum. He looked round. Where were his friends? How could he find them?

The museum was full of fantastic old planes and famous airmen and women. But Larry was in a hurry and he didn't have time to look round. He saw a woman with a group of visitors.

'Excuse me,' he said. 'I hear that they keep some old exhibits in boxes here. Where can I see them?'

The woman smiled. 'I'm sorry. They don't allow visitors to see them. But there are some ...'

Larry didn't wait. He ran past a shop and out of the building. Then he ran into the next building called the Castle. It was very big and had lots of rooms with pictures and statues of famous people. Larry ran past a big black and white photo of Al Capone with his gun. Then he stopped. He was in front of a strange wall with some Egyptian writing on it. He read the words next to the door, 'The Door to the Underworld*.'

Larry lifted his hand to open the door.

'Don't touch!' said a loud voice. Larry turned. It was a young night guard and Larry knew the look in his eyes. He was looking for trouble.

'Let's have some fun!' said the guard. He took out his big torch. 'Touch anything and you're in trouble!'

Larry saw the guard's photo on his blue shirt. 'OK,' he thought. 'You want some fun ...' He smiled at the guard and touched the door. The guard jumped towards him. But Larry was too fast. He pulled the guard's arm behind his back and the young man dropped the light.

Larry put his mouth close to the young man's ear. 'You think you've seen it all, don't you?' he said softly. 'But, believe me, you haven't seen anything!' He picked up the guard's torch. 'Now you stay here. Do you understand?'

* People say bad people go to the 'underworld' when they die.

The young guard's face was white. Larry turned slowly away and walked into another room. Near him there was a door with the sign, 'Museum workers only'. Larry laughed and opened his hand. He had the guard's photo! The photo allowed him to go through the door. Now perhaps he could find his friends.

Larry found a night guard's work clothes and put them on. Now he was a night guard again! He looked at his watch. Twenty-eight minutes before the sun went down. Larry saw some more stairs. Quickly he went down into the darkness under the museum.

Larry found himself in a very large, dark room. He turned on his torch. There were boxes everywhere! He opened one and jumped back quickly. The arms of a very big squid fell out! As well as boxes, there were old cars and famous people. He saw General Custer on his horse and a tall woman called Amelia Earhart. Larry stopped to read about her. She was the first woman to fly across the Atlantic and she was beautiful. But time was passing and Larry hurried on.

He came to some Egyptian guards. 'Wait a minute,' he said to himself. The guards were holding spears and they were pointing them at a very big box. Next to them there was a tall, thin pharaoh. He looked angry. On the wall there was a broken telephone.

'They must be here!' cried Larry. Carefully he opened the box. All the exhibits from the Museum of Natural History were inside the box. The Tablet of Ahkmenrah was there, too. Larry quickly took the tablet, but the sun was already setting. He was too late!

CHAPTER 3
Meeting Amelia Earhart

'Give me the tablet!' said an angry voice behind Larry. He turned. The pharaoh was behind him and his guards were now pointing their spears at Larry.

'I am Kahmunrah. I am the great king of the great kings and I am alive!' he said loudly.

'Yes, you are,' agreed Larry.

Kahmunrah looked at him uncertainly. 'I'm alive,' he said again. 'Aren't you surprised?'

'I've seen this kind of thing before,' said Larry. 'It's no big deal.' He held out his hand. 'I'm Larry Daley and I'm a friend of your brother, Ahkmenrah. He's a nice guy.'

Kahmunrah's eyes shone with anger. 'Him! My parents gave everything to my stupid little brother. But now it will all be mine! With the tablet I can open the door. My soldiers in the underworld will finally be free!' Then he gave a small smile. 'Please give me the tablet, Mr Larry of Daley.'

Larry thought quickly. 'Sure, here's the tablet,' he said. He gave it to the pharaoh. 'But there's something even better. It's called the Rubik's cube* and it can help you to be king of the world! Come and see!'

Larry took Kahmunrah to the first box in the room. The pharaoh was excited.

'Open it! I want this cube of Rubik!' he cried. Larry opened the box and then stood back quickly. The squid's long arms flew out of the box. Its eyes were big and very angry. One long, moving arm lifted an Egyptian guard high above the floor. Another went round Kahmunrah. Kahmunrah cried out and dropped the tablet – right into Larry's waiting hands.

Larry turned and ran. But he was completely lost. All the rooms looked the same. He had the tablet but he needed to get back to his friends. Where were they? Then he saw the guards in front of him. He looked back. There was the squid! He couldn't escape.

Suddenly a noisy motorbike drove towards him. The rider was General Custer!

'Get on, boy! Get on!' he shouted, and he and Larry rode off very fast.

'What's the plan?' shouted Larry.

'Who needs a plan? Not me!' laughed Custer. His blond hair was flying behind him as they rode through the Egyptian guards. 'Always do things first and think later! You're in good hands, boy!' The general stood up on the bike. 'Yeee-haaa!' he shouted.

WHAM! The general hit a sign and fell to the floor. Larry stayed on the bike but had to stop suddenly. Amelia Earhart stood in front of him.

* 'Rubik's cube' is one of the world's best-selling games.

'What's the hurry?' she asked.

'Sorry. Can't explain now!' A spear hit the bike. Larry got off and ran between the boxes.

Amelia ran by his side. 'Tell me something,' she said. 'Where am I?'

'In a museum,' replied Larry. 'Well, under it. And I'm in danger so it's best to leave me alone.' Spears flew over their heads.

'I'm not frightened of danger,' she laughed. 'I love it!' Amelia was having a good time. 'Come on,' she said and pulled Larry through a door and up some stairs.

* * *

Larry and Amelia were now in the National Gallery of Art. There were famous pictures everywhere.

'Why are those strange men trying to catch you?' asked Amelia.

Larry showed her the tablet. 'They want this and they have my friends. I have to find a way back to them.' He was looking for another door.

Suddenly he saw that the people in the pictures were moving. He and Amelia stopped for a closer look. The tablet brought these people to life, too!

'Quick!' shouted Amelia. The Egyptian guards were behind them again. They ran, but this time there was a wall of photos ahead of them. At the last moment they jumped … and landed in Times Square in New York. They were inside one of the photos!

Larry stood up and looked round. 'Wow!' he thought. Everyone was laughing and dancing. It was the 1940s and everything was black and white! A soldier was kissing a girl. Suddenly Larry knew where he was. He was in a famous black and white photo from the end of World War II.

He looked back. The Egyptians were climbing into the picture. Behind them he could see the museum.

Larry stopped a soldier. 'Can you help us?' he asked. 'Those men are trying to catch me.' He pointed at the Egyptians.

The soldier saw them. 'Sure! Come on, everyone!' he shouted. 'These guys want to hurt our friend here.' The World War II soldiers started to fight the Egyptians.

Larry moved back towards the museum but one or two guards saw him.

'What now?' he thought. Then he had an idea. He ran up to the soldier who was kissing the girl. 'Excuse me,' he said and kissed the girl himself. The Egyptians ran past them.

'When you've finished, Mr Daley ...' said a voice, and Larry felt a hand on his jacket. Amelia was outside the picture and she was reaching in. She pulled him back into the museum.

'Call me!' shouted the girl from the photo.

Back in the museum, Larry and Amelia watched the Egyptians in the photo. They were running towards them again.

'I've got an idea,' shouted Larry. He lifted one side of the photo.

Amelia laughed. 'Yes!' she said, and lifted the other side.

Together they turned the photo to face the wall. Now the Egyptians couldn't get out!

'Brilliant!' said Amelia. 'What's next?'

CHAPTER 4
The pharaoh's new men

Kahmunrah was angry when his men did not come back. But he went round the museum and quickly found some new fighters. 'These three will be OK,' he thought.

Three very dangerous men from the past stood in front of the pharaoh – Ivan the Terrible from Russia, Napoleon Bonaparte from France and Al Capone from America.

'Welcome great leaders!' said Kahmunrah. 'Help me win this fight and I will give you the world! Any questions?'

Al Capone was the first to speak. 'Yeah,' he said slowly. 'Why are you wearing a dress?'

'It's not a dress,' the pharaoh said quickly. 'This was the fashion three thousand years ago.'

Ivan looked down at his own long coat. 'So do we have to wear a dress, too?' he asked.

Kahmunrah was angry. 'It's not a … Look, are there any other questions?'

'Can I kill people?' asked Al Capone, with a dark smile. 'I'm good at killing people.'

'Later,' said Kahmunrah. 'Now I want you to bring me Larry of Daley and the Tablet of Ahkmenrah. Go!'

* * *

General Custer was excited. He was in the box with the other exhibits. There was a battle ahead and he was ready for it!

'Listen,' he explained. 'I'll shout "Fire!" and then we fire. OK?'

Jedediah was worried. Custer wasn't famous for winning battles. He was famous for losing his last battle!

'We need to help Larry,' he said softly to Octavius. 'Custer is no use. Let's go!' And he pointed to a small hole at the bottom of the box.

Octavius smiled. 'Right, my friend. Let's go!'

* * *

Larry and Amelia were still lost. Every room was like a party! All the exhibits were walking round and talking. Then Larry saw a group of soldiers. They were wearing blue and white clothes.

'Oh no,' he thought. 'The pharaoh's got the French to help him.' He pulled Amelia to the door. Unfortunately they came face-to-face with Napoleon. Well, not exactly face-to-face because Napoleon was a lot shorter than them.

'Ah!' smiled Napoleon. 'I've got you! Come with me, little man.'

'Little!' laughed Larry. '*You* are calling me little?'

Napoleon tried to look taller. 'You're not tall. It's just your hair,' he said through his teeth. 'I am the great Napoleon, leader of the French! And soon I will be leader of the world! You will soon be very small compared to me!' Napoleon smiled and turned to Amelia. 'Goodbye!' he said. 'I need your boyfriend, not you!' And he took Larry away.

* * *

Kahmunrah was waiting for them at the Door to the Underworld. He was so excited that he couldn't stand still. Ivan and Capone stood next to him.

'Look!' Al Capone was holding Jedediah in his hand. 'The other one escaped. Can I kill him?'

'Not yet!' said Kahmunrah. 'Larry of Daley, give the tablet to me. Now I can unlock the door.' He pointed to some pictures above the door. They showed strange soldiers with the bodies of men and the heads of birds. 'These are the Horus and they will soon be free. Watch!' Kahmunrah held up the tablet. 'Now you will meet the terrible soldiers of the underworld!' He pushed some signs on the tablet and waited.

Nothing happened.

Kahmunrah tried again. The door still didn't open.

'And what about giving us the world?' asked Napoleon.

The pharaoh laughed uncomfortably. 'Perhaps Mum and Dad changed the numbers.' He looked at the tablet again. 'Maybe it's my Dad's birthday. 19.6.1105 BC,' he said and pushed some different signs.

The door stayed shut.

'What does it say on the tablet? Maybe that will help,' said Ivan's deep voice.

'I can't read!' shouted Kahmunrah.

Larry started to laugh. The pharaoh wasn't so dangerous after all!

'What are you laughing at?' Kahmunrah cried.

'Nothing!' said Larry. 'In two hours, the sun will come up and you will all be statues again. I'll take my friends home and it will be the end of your plans! I can wait. I have all night!'

Kahmunrah was quiet for a moment. Then he smiled to himself. He walked across the museum and came back with an hourglass*. He took Jedediah from Al Capone's hand and dropped him inside. Kahmunrah turned the hourglass over. The sand started to fall on top of the little cowboy.

'*He* hasn't got all night,' Kahmunrah laughed. 'He has one hour!' He pushed the tablet into Larry's hands. 'This is still my party! Find the number and save your friend. In one hour he will die!'

'You can do it, big man. I know you can!' Jedediah's voice was very small from behind the glass.

* * *

* Sand moves slowly from the top half to the bottom half of an 'hourglass'. It takes one hour.

Larry was worried. Where could he find the number for the door? He had no idea. Perhaps someone in the Smithsonian Natural History Museum could help. He ran towards the stairs.

'Are you OK?' said a voice. Amelia was standing there.

'Not really,' said Larry unhappily. 'I have to be able to read this Egyptian writing. If I can't, Jedediah dies.'

Amelia suddenly had an idea. 'I know someone who can help. In the room of statues! Come on!'

* * *

The room was buzzing with talking statues. In the centre there was a big, strong man. It was *The Thinker*, a famous French statue.

'Oh yes!' said Larry. 'Great idea!' He went up to the statue. 'Excuse me. I'm sure you can help us. Can you understand this Egyptian writing?'

The Thinker was quiet. 'I'm ... thinking,' he said in a slow, deep voice.

Suddenly a light came into The Thinker's eyes.

'Wow! Look at her! Hi, Beautiful!' Venus* was walking past and she smiled back at him.

'Oh well. He's certainly no Einstein**!' said Amelia.

'That's it!' cried Larry. 'You're wonderful! Einstein! I saw lots of them in the shop in the Air and Space Museum. They'll know the answer!'

* * *

Octavius was walking through the grass outside. The grass was very tall and he couldn't see the end of it. He

* In pictures, Venus is always a beautiful woman.

** Einstein was a very clever man. He won the Nobel Prize in 1921.

was very tired. 'I must find help,' he said.

Suddenly there was a strange sound behind him. He looked. Nothing. Then something moved in the darkness. It had long, white teeth and was much, much bigger than him. It was a squirrel.

Brave Octavius stood in the grass ready to fight, but the squirrel was too big. It easily pushed him over. Then it pulled him across the grass and into the trees.

'Help!' shouted Octavius.

But there was no one to hear him.

CHAPTER 5
A great escape

Larry and Amelia were running across the grass towards the Air and Space Museum when they saw Ivan's men. The men were coming towards them.

'Quick! Let's hide over here!' Larry pointed to a very large statue of Abraham Lincoln. He was sitting in a chair. Larry and Amelia hid under the chair.

'Do you like being a night guard?' Amelia asked.

Larry laughed. 'I'm not a guard now,' he said. 'I have my own business. I make things.'

'Oh?' Amelia was interested. 'Like planes and boats?'

'Not exactly.' Larry showed her his torch. 'I make things like this.' Then he looked at his watch. 'I've got a really big meeting in four hours.'

'Do you enjoy your new job?' Amelia asked.

'Yeah, it's really exciting,' said Larry. But he didn't sound very excited.

Suddenly there was a loud noise and the park seemed to move under their feet. They looked up. Abraham Lincoln was trying to stand up!

'No, Mr President! No!' shouted Larry. 'Don't get up! You'll frighten everyone!'

The president looked down at Larry. 'Ask nicely, little man.'

'Please, Mr President. Please sit down again!' asked Amelia very nicely.

The president turned slowly to look at her. 'I am doing this for you,' he said, and sat down heavily on his chair again.

Ivan's men were leaving the park. Abraham Lincoln watched them. 'I can see you have many problems,' he said to Larry and Amelia. 'There will be a big battle ahead. But remember – good will always win!'

* * *

The Air and Space Museum was very noisy and there were clouds of black smoke everywhere. The airmen were all starting their planes.

'Oh no!' shouted Larry. 'They mustn't fly!'

A voice came over a speaker. 'OK, Washington, you are clear. Ten – nine – eight – seven – six – five …' Larry ran to a news desk and shouted into the radio.

'No! Stop! The weather is too bad. It's too cloudy. It's too dangerous to fly today!' Luckily everyone believed him and stopped their planes.

'Well done!' smiled Amelia as they went into the shop. 'Now we can save your friends.' But then they stopped. All the Einsteins were gone!

* * *

Napoleon and Ivan the Terrible were looking through the window. 'There they are!' cried Napoleon. He could see Larry and Amelia in the Air and Space Museum. 'They are trying to escape with the tablet!'

'Bring them to me!' ordered Kahmunrah. 'Now!'

Al Capone had a big smile on his face. 'Is it the killing time?' he asked softly.

'Yes, Mr Capone!' said the pharaoh with cold eyes. 'It's the killing time!'

The three men left the room. Inside the box the exhibits were listening.

'They've gone!' said General Custer. His eyes shone again. 'Listen! We'll do it differently. I'll shout "Don't fire!". How about that?'

But no one answered.

* * *

'The Einsteins are there!' Amelia pointed to the information desk. She was right. About ten very small Einsteins were sitting on the desk. They were happily writing numbers on pieces of paper and talking about clever things.

'Mr Einstein?' said Amelia. They all looked up. She showed them the tablet. 'We need your help. Can you read this Egyptian writing?'

'Sure,' said one. 'It says you have to find the number in the home of the dead pharaohs.'

'What does that mean?'

Another Einstein laughed. 'Easy! Home of the dead – that's the Pyramids*. And the number is …'

'Pi!' Amelia jumped excitedly. 'It's 3.14.'

'3.14159265 – to be exact,' said another Einstein. 'The Egyptians knew all about pi.'

'Brilliant!' said Larry. He looked at his watch. 'Now we've got seven minutes to save Jed!'

'We make a good team, don't we?' Amelia smiled. Her face was a little red.

Larry looked at her. 'You're one of the coolest women

* The 'Pyramids' are buildings in Egypt. The bodies of dead pharaohs are inside.

I've ever met. You're also very beautiful. But, believe me, you and me … there are too many problems,' he said sadly.

'It's OK.' Amelia was still smiling. 'Hurry! Now we have only six minutes left. Let's take a plane. It will be quicker than running!' She saw Larry's face. He wasn't happy. 'You're scared, aren't you?' she said. 'You don't want to fly!'

'Look … I know you fly really well,' he said uncertainly. 'But … you're famous for getting lost!'

'Me?' Amelia was surprised. 'You're the one who gets lost! Come on!'

Just then, there was a loud buzz and the lift doors opened. It was Ivan, Napoleon, Al Capone and their men. They hurried into the museum.

Suddenly the room was full of soldiers. Al Capone saw Larry and pointed his gun at him. 'Bang! Bang!' he shouted. Luckily his gun wasn't real.

'What are you doing?' asked Napoleon.

'I'm killing them!' shouted Al Capone. He jumped up and down. 'This is the way we do it! Bang! Bang!'

Napoleon looked at Ivan. They moved quickly towards Larry and Amelia.

'We've got no choice. Come on!' shouted Amelia. She pulled Larry towards the nearest plane. Larry couldn't believe it. It was the oldest plane in the room.

'That's the Wright Flyer from 1903,' he said. 'We can't fly in that!'

The soldiers were coming closer. But the airmen ran and stood between them and the plane.

'Do you want to wait for them? Get in!' said Amelia.

Amelia pushed Larry into the plane and started the motor. WHOOSH! The plane lifted off the floor. Larry's face was white. Everything was going up and down and round and round. He didn't feel very well. Below them the airmen and the soldiers were fighting and in front … there was a wall!

'Open the doors!' he shouted to the airmen below. Luckily they heard him and the plane flew out into the night sky.

CHAPTER 6
The Battle of the Smithsonian

CRASH! The plane came through the Castle window and hit the floor hard. Larry fell out but the plane continued along the floor. Then it hit some exhibits and stopped. There were pieces of broken glass everywhere. Was Amelia hurt? Larry ran to find her but then he stopped. Kahmunrah was in front of him.

'Nice entrance, Mr Daley. I hope you know the number!' said the pharaoh. He was holding the hourglass high in the air. The sand was nearly up to Jedediah's head.

'First give me Jed!' said Larry.

'No, I want the number first!'

'No problem,' said a voice. Larry turned and saw Al Capone. 'I've got it. It's 3.14159265.' He looked at Larry. 'The clever guys talked!'

Kahmunrah was very happy. He could almost touch his dream. He threw the hourglass in the air and started pushing the signs on the tablet excitedly.

Larry caught the glass and quickly turned it over again. His friend was safe – for now.

'Sorry, Jed,' said Larry.

'Hey, you tried. OK?'

'No, I'm sorry I haven't been at the museum for the last two years. It's all my fault.'

'Look, big man. We've had problems before, and we've been OK. I didn't call because we needed you. I called because you needed us. This new life you've got – it isn't right for you!'

'It's true,' thought Larry. 'Here I feel really alive.'

Kahmunrah's eyes were dancing. A soft, yellow light was coming from the tablet. The signs on the tablet started turning. They went faster and faster. The museum floor was moving under Larry's feet! He couldn't look at the tablet because it was shining so brightly. Slowly the door opened and black smoke came from the darkness beyond. Larry heard horrible cries in the darkness. It was the sound of a place with no hope.

Then something came through the door. It had a man's body and a bird's head. Its eyes were dead and cold. Another followed. And another …

Kahmunrah's voice was loud and strong. 'Welcome, Horus! Kill that man!' He pointed to Larry. The Horus lifted their spears.

'This is the end,' Larry thought.

But at that moment, they heard a small voice. 'Stop!' shouted Octavius as he rode into the room on the squirrel's back.

Kahmunrah laughed loudly. 'Are you going to save him?'

'Oh no!' smiled Octavius. 'He is!' Suddenly a very large hand crashed through the window and a big leg followed. Abraham Lincoln climbed heavily into the room.

'What is that thing?' asked Kahmunrah.

'I am not a thing,' said Lincoln. 'And why are you wearing a dress?'

'It's not a dress!' shouted Kahmunrah. He looked at the Horus. 'What are you waiting for? Kill it!' he shouted.

The Horus threw their spears, but Lincoln just pushed them away. The Horus were scared. They ran back into the underworld and shut the door. BOOM!

'Capone! You kill him!' The pharaoh was very angry.

'No, you don't!' came another voice. Everyone turned round. General Custer was there on his horse and behind him was a very strange group. There was Amelia, the airmen, the little cowboys, the little Roman soldiers and all the other exhibits from New York. Then there was The Thinker and his statue friends, and at the back there was the big squid! All of them were ready for a big battle. No one wanted Kahmunrah as their leader.

'Don't fire!' shouted Custer, and the fighting started.

It was the strangest battle ever. Statues were fighting Russian soldiers and the little cowboys were fighting the French. The squid was catching people with his long arms and throwing them into the air.

'My work here is finished,' said Abraham Lincoln and he started to climb back through the window.

'Thank you, Mr President,' said Larry.

'Remember,' said Lincoln. 'Men must stand together or they will fall.'

* * *

Octavius broke open the hourglass and rescued Jed.

'I thought that was the end!' said Jed.

'It's not your time yet, friend,' smiled Octavius. 'Now let's fight!'

* * *

Who was winning? Larry knew it was hard for his men. Kahmunrah had three leaders but they only had … Larry looked round. Where was Custer? Then he found him. The general was hiding behind a box.

'What are you doing here?' shouted Larry. 'We need you out there. On the battlefield!'

'I always lose,' Custer said unhappily. 'In my last battle many of my soldiers died.'

'Hey!' Larry pulled the general to his feet. 'That was in the past. We will remember you for today, for this battle. You can win, General. We need a leader and that's you!'

Custer stood up tall. 'Perhaps you're right, my boy!' He got back on his horse.

'We can win!' he shouted to his men. 'Follow me!'

The air was thick with the smoke of battle. All around Larry, the exhibits were fighting for their lives. Spears flew and the sounds of guns and shouting filled the museum.

'What now?' thought Larry. He remembered Lincoln's words and had an idea. He ran to the door and took the tablet. Amelia was close by. 'Stay here!' he shouted. Then he ran up to the three leaders. Al Capone lifted his gun.

'Who wants this?' shouted Larry and he showed them the tablet.

'I do,' said Ivan slowly. 'I like being alive again!'

'And me,' said Napoleon.

'Me too,' said Al Capone.

'OK,' smiled Larry. 'I'll give it to the boss.'

'That's me!' All three leaders spoke at the same time.

'I am the leader of all Russia,' said Ivan angrily.

'I've won more battles,' Napoleon shouted.

'But I've done more bad things.' Al Capone jumped up and down.

Then the three leaders started to fight. Larry laughed. It was a good plan. But just then, something touched his back. It was Kahmunrah's spear.

'Very clever,' said the pharaoh.

'Thanks!' said Larry. 'But it was President Lincoln's idea.'

He turned quickly and took out his heavy torch. Kahmunrah lifted his spear. Larry hit it with his torch. The two men fought hard, but slowly Larry pushed Kahmunrah back towards the door. He threw the tablet to Amelia. 'Open the door!' he shouted.

Quickly she pushed the signs. The door opened. Kahmunrah was on the edge of the two worlds. He looked into Larry's eyes.

'What are you?' he asked.

Larry laughed as he pushed Kahmunrah into the darkness. 'I'm the night guard!' he said.

Larry looked around him. Kahmunrah's men were falling. The good guys were winning now. General Custer rode over.

'The Battle of the Smithsonian,' he said. 'The greatest battle the world has never known!'

CHAPTER 7
Larry goes home

Larry looked at his watch. It was nearly five o'clock in the morning. How could he get the exhibits back to New York quickly? Then he looked at Amelia and smiled.

'Can you fly us to New York in your plane?' he asked.

* * *

Amelia's little red plane, Old Bessie, had a lot of passengers. All the exhibits from the Museum of Natural History were there in the back. They were all excited.

As they flew out of the Air and Space Museum, Larry waved at all his new friends in the Smithsonian below. Then he looked at Amelia. She looked really happy and alive. This was her real home, he thought. Up here in the air.

They soon landed outside the museum in New York. All the exhibits got out of the plane.

Amelia looked at Larry. 'It's time for me to go,' she said sadly.

'Amelia, I was trying to tell you ... This isn't easy ...' Larry looked into her eyes.

'Ssh!' said Amelia. 'I know. I've always known. But I've had a fantastic adventure. Thank you!'

Larry pulled her close and kissed her. 'Goodbye,' he said.

'Remember, have fun!' said Amelia.

She smiled and got into her plane. Soon she was high in the air and flying over Central Park.

'Oh no!' said Jedediah from Larry's pocket. 'She's going towards ...'

'Canada!' said Octavius.

Suddenly the plane turned.

'Washington!' said Larry.

Larry turned to the exhibits. 'You must all go downstairs to the rooms under the museum,' he said. 'No one must know you are here.' He gave them the tablet. 'And take this back to Ahkmenrah.'

The exhibits ran back into the museum. Larry followed them. Teddy was very happy to see him.

'Well done, my boy!' he smiled. 'Thank you for bringing them back. But what's going to happen now? They can't stay downstairs.'

'I've got a plan, Teddy. A good one!' Then Larry remembered something. 'Teddy, the secret of being happy – is it doing something you love with people you love?'

The president smiled at him. 'Welcome home, Larry,' he said.

* * *

A few days later, Larry was back working in the museum. He was the night guard again. The only difference was, he wasn't alone. It was night time but the museum was full of visitors. Larry watched them all happily. Teddy was showing a group of people round and telling them about the different exhibits. In a corner some children, including Larry's son, Nicky, sat round Attila the Hun. Attila was waving his hands and shouting strange words. They couldn't understand him, but it was clearly an exciting story!

'This is my home,' thought Larry. 'Like Amelia in her plane. This is where I feel alive.'

Dr McPhee came up. 'I don't understand these new electronics,' he said. 'So, Mr Daley, were you bored with big business?' he asked.

'Yeah, that's right.'

'The world is a strange place,' said Dr McPhee. 'One day we're throwing all the old things away. And then we get lots of money from some rich guy if we keep everything the same!'

Larry tried to appear surprised but he knew all this already. *He* was the rich guy. After selling his business, he gave the money to the museum. He asked for two things. First, they had to keep the old exhibits and second, they had to open the museum at night. Everyone thought that the exhibits were holograms. But Larry knew different!

* * *

'Hey, Dad!' Nicky ran up to Larry. 'Attila the Hun is really cool!'

Larry smiled. 'Do you want to see something else that's really cool?' he asked. 'Come with me.'

Larry took Nicky upstairs. As they reached the top of the stairs, a small, red plane buzzed past their ears. It was Jedediah and Octavius.

'Look out, big man!' shouted Jed. 'Yeee-haaa!'

Larry and Nicky laughed. A cowboy and a Roman soldier together in a plane! Larry loved this job. Anything could happen during a night at the museum!

NIGHT AT THE MUSEUM THE FILMS

Battle of the Smithsonian is the second _Night at the Museum_ film. The first film was about the Museum of Natural History in New York. But where did the idea for the films come from? And why are they so popular?

A big hit

The first film, *Night at the Museum*, came out in 2006 and was a big hit. A lot of people liked the film because it was a clever idea and very funny. The special effects were fantastic. But it wasn't just funny. It taught people a lot about the past, too. After the film, 20% more people visited the Museum of Natural History.

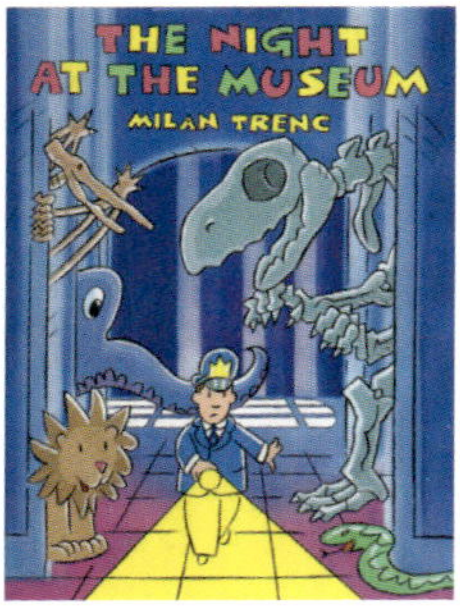

A clever idea

The idea first appeared in a picture story book in 1993. A Croatian writer, Milan Trenc, wrote it after a visit to the Museum of Natural History. Film maker Chris Columbus bought the book for his children and then decided to make the film.

DID YOU KNOW?

- **Some of the exhibits in the films are special effects. It was difficult for Ben Stiller to act with something that wasn't there! So the director, Shawn Levy, played these exhibits for him – including the T-Rex!**
- **For the second film, Ben Stiller gave the writers just one instruction: 'It has to be even funnier than the first film!'**

THE STARS

There are a lot of famous actors in both films. Some of the famous actors only have small parts! The stars of *Night at the Museum: Battle of the Smithsonian* are Ben Stiller and Amy Adams …

Ben Stiller

Plays: Larry Daley in both films.

Born: 30th November, 1965 in New York

Early years: His parents are actors and Ben grew up in Hollywood.

Other films: Ben is one of the most popular comedy actors in the USA. He has starred in hit films such as *Starsky and Hutch* and *Dodgeball*. He is also the voice of Alex the lion, in the *Madagascar* films.

Ben on Amy: 'She's very funny and very real, and she has great teeth!'

Amy Adams

Plays: Amelia Earhart

Born: 20th August, 1974 in Italy.

Early years: Amy lived with her family in Colorado in the USA. She has four brothers and two sisters. When she was growing up, she wanted to be a dancer.

Other films: *Junebug* (2005), *Enchanted* (2007), *Sunshine Cleaning* (2009)

Amy on Ben: 'Our characters have a lot of fun together.'

Imagine you are the director of the next *Night in the Museum* film. Which museum would you like the film to be in? Why? What stars would you like in the film?

What do these words mean? You can use a dictionary.

special effects act / actor director grow up (*past* grew up) comedy character

FACT FILE

THE SMITHSONIAN

The Smithsonian Museum is in Washington in the USA. It's one of the most famous museums in the world. But who started the museum? And what can you see there?

In the beginning

James Smithson

The man who started the Smithsonian wasn't American. James Smithson was English. When he died in 1829, he gave his money to the USA. He wanted them to build a museum. Nobody knows why Smithson did this, but it was the start of the largest museum in the world!

The National Mall

The Smithsonian today

Today the Smithsonian is not just one museum. There are 19 museums! Many of them are in the National Mall – a large park. These include the National Air and Space Museum and the National Gallery of Art. The National Zoo is also part of the Smithsonian group of museums. But this is in a different part of Washington.

The National Air and Space Museum

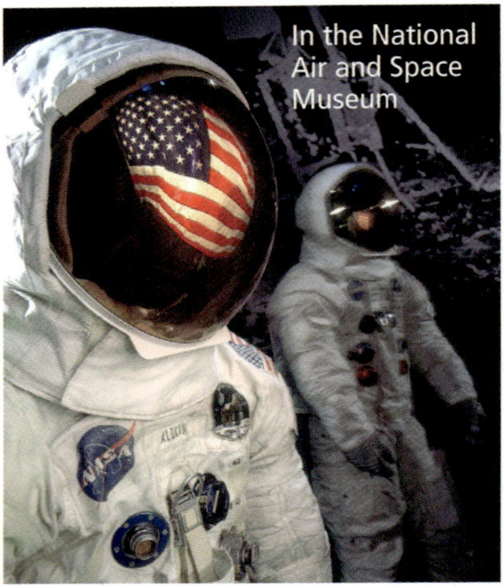

In the National Air and Space Museum

For a lot of people, the most fantastic part of the Smithsonian is the Air and Space Museum. Here you can see planes and spaceships, and learn about man in space. You can even see what the first man on the moon was wearing.

You can also see the bodies of two spiders – Arabella and Anita. They were the first spiders in space!

In 2008, there were over 25 million visitors to the Smithsonian. And around 172 million people visited the website!

Something for everyone

There are over 136 million things in the Smithsonian! You certainly can't see them all in a day ... or a week! Here are some more popular exhibits.

The Hope diamond

The Hope Diamond is the biggest deep blue diamond in the world. A lot of people have owned it. In 1958, the last owner of the diamond sent it to the museum in the post! Many people believe that there is a curse on the Hope Diamond – and anyone who touches it will die!

The Butterfly Pavilion

Visitors to the Smithsonian Museum of Natural History can see real butterflies in the Butterfly Pavilion. There are more than 400 butterflies from all over the world. The Pavilion has to be very warm – it's 80°F all year!

The Abraham Lincoln statue

In *Night at the Museum: Battle of the Smithsonian* the statue of Abraham Lincoln comes to life. The statue by Daniel Chester French is nearly 6 metres high and stands at the west end of the National Mall.

You can only see some of the exhibits from the Smithsonian on the museum website. These exhibits include John Lennon's stamp album from when he was a child.

Do you have a favourite museum? Why do you like it? Which museum would you most like to visit?

What do these words mean? You can use a dictionary.

space moon spider
diamond butterfly / butterflies
curse stamp album

WHY ARE THEY FAMOUS?

In *Night at the Museum: Battle of the Smithsonian* some famous people from the past come to life. Do you know why they are famous?

AMELIA EARHART
(1897 – 1937?)

- In 1921, the young Amelia Earhart saved all her money and bought her first flying lesson. In 1928, she was the first woman to fly as a passenger over the Atlantic Ocean.
- In 1932, she became the first woman to fly alone across the Atlantic. Amelia was now famous. She wrote two books about flying and women around the world followed her story.
- In 1937, she wanted to be the first woman to fly around the world. Sadly, she disappeared over the Pacific Ocean. Did she die in the sea? Or did she land somewhere? Nobody knows.

AL CAPONE
(1899 – 1947)

- Al Capone was a violent gangster during the Prohibition in 1920s America. During the Prohibition, alcohol wasn't allowed in the USA.
- In Chicago, he and his men ran bars and clubs. He soon became the head of Chicago's Mafia.
- Capone was popular with the people of Chicago because he gave clothes and food to the poor. However, this changed in 1929. Al Capone's men killed seven people in one of the worst gang killings ever in the USA.
- In 1932, Capone went to prison for ten years. He was ill when he came out and died in 1947.

IVAN THE TERRIBLE
(1530 – 1584)

- Ivan the Terrible was leader of Russia from 1544 until he died in 1584. During his rule, he made many changes in Russia and it became a very strong country.
- In his later years, Ivan was a violent leader and the Russian people were very frightened of him.
- In 1581, he got very angry with his son and hit him very hard. His son later died.

NAPOLEON BONAPARTE
(1769 – 1821)

- Napoleon was a great leader. Under Napoleon, France became a very strong country and ruled most of Western Europe.
- Napoleon also invaded Russia, but the Russian winter was too hard for his men. There are many books about this, including *War and Peace* by Tolstoy.
- Napoleon's rule ended in 1814. He went to prison on the island of St. Helena in the South Atlantic Ocean. He died there in 1821.
- People say Napoleon was a very short man. In fact, he was 1.7 metres tall – this was usual for men at that time!

Which famous people from history would you like to meet? Why?

What do these words mean? You can use your dictionary.

violent gang / gangster killing prison rule invade island

CHAPTERS 1–2

Before you read

1 Read 'People and Places' on pages 4–5. Answer these questions.
Who …

a) … worked at the Museum of Natural History in the past?
b) … was the youngest president of the USA?
c) … wants to make changes to the Museum of Natural History?
d) … is the brother of Ahkmenrah?
e) … flew across the Atlantic in 1928?

2 Answer the questions. You can use a dictionary.

a) Can you name a famous **statue**?
b) Where can you see a **guard**?
c) When do we use a **torch**?
d) Where does a **squid** live?
e) Can you name a famous **cowboy**?
f) What museum have you visited? What is a popular **exhibit** there?
g) What do people use a **spear** for?

3 Match the sentences.

a) It's not dead.	**i)** It's **magic**.
b) It's making a strange noise.	**ii)** It's a **hologram**.
c) That's impossible.	**iii)** It's **alive**.
d) That photo looks real.	**iv)** It's **buzzing**.

After you read

4 Are these sentences true or false? Correct the false sentences.

a) Larry has a very important meeting today.
b) Dr McPhee works at the Museum of Natural History.
c) Night guards like working at the Museum of Natural History.
d) The Tablet of Ahkmenrah brings everything to life in the day.
e) Teddy Roosevelt is going to the Smithsonian Museum.
f) Larry finds the tablet of Ahkmenrah at the Smithsonian.

5 What do you think?

a) What will happen when the sun sets?
b) Are holograms better than real exhibits? Why / why not?

CHAPTERS 3–4

Before you read

6 Complete the sentences with these words.

sand battle soldier kiss squirrel leader

- **a)** Many men died in the ...
- **b)** The ... fought for his country for many years.
- **c)** The men followed their ...across the river.
- **d)** The little boy didn't want to ...his sister.
- **e)** After a day on the beach, there was ... in my clothes!
- **f)** There's a ... at the top of the tree.

After you read

7 Put these parts of the story in order.

- **a)** Kahmunrah puts Jedediah in an hourglass.
- **b)** Napoleon takes Larry back to the pharaoh.
- **c)** Larry shows the squid to Kahmunrah.
- **d)** Jedediah and Octavius escape from the box.
- **e)** Larry meets Amelia.
- **f)** Kahmunrah's men chase Larry and Amelia.
- **g)** Larry and Amelia ask a statue for help.
- **h)** Kahmunrah finds some new men.

8 Answer the questions.

- **a)** Why does Kahmunrah want the tablet?
- **b)** Who rescues Larry on a motorbike?
- **c)** Who loves danger?
- **d)** Who pulls Larry out of the photo?
- **e)** What happens to the Egyptian guards in the photo?
- **f)** Who likes killing people?
- **g)** Why doesn't the Pharaoh open the door?
- **h)** What happens to Octavius when he's outside?

9 What do you think?

- **a)** Would you like to go inside a famous picture or photo? Which one? Why?
- **b)** Amelia helps Larry. Imagine you are Larry. What person from the past would you like to help you?

CHAPTERS 5–7

Before you read

10 What do you think will happen? Answer true or false.

a) Larry saves Jedediah.
b) Kahmunrah opens the door.
c) The exhibits fight.
d) The exhibits go back to New York
e) Larry gets a job at the Smithsonian.

After you read

11 Match the questions and answers.

a) What is the secret number for the door?	**i)** General Custer
b) Which plane flew in 1903?	**ii)** Pi
c) Who are Kahmunrah's soldiers?	**iii)** Old Bessie
d) What's the name of Amelia's plane?	**iv)** The Horus
e) Who lost his last battle?	**v)** The Wright Flyer

12 Choose the correct words.

a) The airmen *fly / don't fly* their planes.
b) The Einsteins *help / don't help* Larry and Amelia.
c) Larry and Amelia escape *on foot / by plane*.
d) Jed thinks that Larry is *happy / sad* in his new job.
e) *Lincoln's / Kahmunrah's* words give Larry an idea.
f) The Museum is now *open / closed* at night.

13 Who says these things?

a) 'Is it the killing time?'
b) 'Men must stand together or they will fall.'
c) 'Don't fire!'
d) 'You're one of the coolest women I've ever met.'
e) 'It's time for me to go.'
f) 'The world is a strange place.'

14 What do you think?

a) Do you like the story? Why / Why not?
b) Which character in the story do you like best? Why?
c) Which famous people from today will be exhibits in a museum in the future?